物流管理专业新形态精品系列教材
云南省普通高等学校"十二五"规划教材

物流管理概论
（第二版）

主　编　李严锋　解　琨
副主编　冉文学　张　焰

科学出版社

北　京

内 容 简 介

　　本书重点介绍物流及物流管理的基本概念和内涵,物流战略管理,供应链管理环境下的物流理论与应用,物流规划和物流系统设计的方法以及逆向物流的规划设计,物流信息技术以及信息技术及物联网技术在物流中的应用、物流配送模式的最新成果,仓储管理及库存控制的最新方法,国际物流的运作方式,以及物流成本管理、物流质量管理、物流与供应链金融的要点,各章均给出典型案例,力求理论与实践相结合,立足于基本理论、基本知识和基本技能的教育,着眼于运用。

　　本书可作为普通高等院校经济管理类物流管理专业的教学用书,也可供企业物流管理人员及从事物流活动或服务的人士参考使用。

图书在版编目（CIP）数据

物流管理概论/李严锋,解琨主编. —2 版. —北京:科学出版社,2017.3

物流管理专业新形态精品系列教材　云南省普通高等学校"十二五"规划教材

ISBN 978-7-03-052009-8

Ⅰ. ①物… Ⅱ. ①李… ②解… Ⅲ. ①物流管理–高等院校–教材
Ⅳ. ①F252

中国版本图书馆 CIP 数据核字（2017）第 044496 号

责任编辑：兰　鹏 / 责任校对：贾娜娜
责任印制：张　伟 / 封面设计：蓝正设计

科 学 出 版 社 出版
北京东黄城根北街 16 号
邮政编码：100717
http://www.sciencep.com

北京教图印刷有限公司 印刷
科学出版社发行　各地新华书店经销
*
2008 年 8 月第 一 版　开本：787×1092　1/16
2017 年 3 月第 二 版　印张：16
2018 年 1 月第七次印刷　字数：360 000

定价：42.00 元
（如有印装质量问题,我社负责调换）

编 委 会

主任委员：

赵林度　物流管理与工程类专业教学指导委员会副主任委员，东南大学经济管理学院，院长，教授

王旭东　物流管理与工程类专业教学指导委员会副主任委员，北京物资学院，校长，教授

刘志学　物流管理与工程类专业教学指导委员会副主任委员，华中科技大学管理学院，教授

委员（按姓氏拼音顺序排序）：

但　斌　物流管理与工程类专业教学指导委员会委员，重庆大学经济与工商管理学院，副院长，教授

龚　英　物流管理与工程类专业教学指导委员会委员，重庆工商大学商务策划学院，教授

黄福华　物流管理与工程类专业教学指导委员会委员，湖南商学院工商管理学院，院长，教授

靳志宏　物流管理与工程类专业教学指导委员会委员，大连海事大学交通运输管理学院，院长，教授

李文锋　物流管理与工程类专业教学指导委员会委员，武汉理工大学物流工程学院，副院长，教授

李严锋　物流管理与工程类专业教学指导委员会委员，云南财经大学物流学院，院长，教授

刘　刚　华东理工大学商学院，教授

王道平　北京科技大学东凌经济管理学院，教授

沈小静　北京物资学院，党委副书记，教授

孙家庆　大连海事大学交通运输管理学院，教授

夏火松　武汉纺织大学管理学院，院长，教授

张　锦　物流管理与工程类专业教学指导委员会委员，西南交通大学交通运输与物流学院，院长，教授

张旭凤　北京物资学院物流学院，院长，教授

第二版前言

物流管理是指为了以最低的成本达到客户服务水平，对物流活动进行计划、组织、指挥、协调与控制。通过物流管理，使各项物流活动实现最佳的协调与配合，以降低物流成本，提高物流效率和经济效益。物流产业是国民经济的动脉系统，它连接经济的各个部门并使之成为一个有机的整体，其发展程度成为衡量一个国家现代化程度和综合国力的重要标志之一。随着中国经济的高速发展，我国的现代物流业也得到迅猛发展，物流管理的理论与实践均有较大变化，相应的物流教育必须跟上现代物流业发展的步伐。

《物流管理概论》一书，自 2008 年面世以来，已经过去了 8 年的时光，物流管理又进入了一个新的发展阶段。为了适应物流管理新的发展，《物流管理概论》编写团队经过多年的积累和精心准备，在对第一版的教材体系进行完善和改进的基础上，推出了本书的第二版。我们主要对各个章节进行了精心修改，更新了部分案例，将最新的物流管理发展理论与实践成果体现在新版教材中，例如，李严锋将第 2 章 "物流管理的发展" 更换为 "物流战略管理"，对全书案例进行了修编，更新了大多数案例；宋志兰负责修改的第 5 章和第 8 章，补充了逆向物流系统的规划设计和现代库存管理的技术等；解琨负责修改的第 3 章完善了供应链的运作方式、第 6 章补充了物联网的知识；夏露负责修改的第 8 章、第 12 章，刘贲负责的第 10 章，均对相关章节进行了修改完善，提升了教材质量。

本书由教育部物流管理与工程类专业教学指导委员会委员、中国物流学会副会长、云南财经大学物流学院院长李严锋编写大纲并总撰写，解琨、宋志兰、夏露和刘贲参加了第二版的修改。由于编者学识水平有限，书中难免有不当之处，敬请读者批评指正。

编　者

2017 年 1 月 10 日于昆明

第一版前言

"物流"概念出现至今大约已有80年的历史,其间,物流管理理论和物流的实践活动均取得了飞跃性的发展,物流概念的内涵和外延也在不断地变化。物流活动已成为企业的基本经营职能之一,是发展国民经济的重要环节。随着商品生产的发展、流通范围的扩大,物流所发挥的作用在增强,对物流活动的科学管理也变得更加重要。

近几年,我国物流业得到持续快速发展,物流业发展发生了深刻变化,取得了实质性进展。党中央、国务院更加重视物流业,行业发展环境进一步改善。物流业与各行业,特别是制造业的融合进程加快。现代物流业发展开始由珠江三角洲、长江三角洲地区,迅速向环渤海地区和中西部地区延伸。农村物流服务体系正在逐步形成,物流业发展对于提高国民经济增长的质量和效益的作用越来越明显。我国物流业持续快速增长,促进了国民经济又好又快发展,物流管理水平的高低,从宏观层面上将决定一个国家经济发展的水平,从中观层面上将影响地区经济的发展,从微观层面上将决定企业的经济效益,因此加强物流管理的重要性显得越来越突出。

物流业的快速发展催生了物流教育的迅速发展,教育部物流类专业教学指导委员会发布的《中国物流发展与人才需求研究》报告表明,到2007年6月,高等教育本科物流管理与物流工程专业开设高校数量已达到273所,高职高专570余所,到2010年,我国物流从业人员总量预测为2060万人,其中全国物流人才总量预测为566万人,我国物流教育发展前景十分广阔。在物流类专业发展的同时,专业的融合也是一种发展趋势,经济管理类专业也纷纷开设了物流管理课程,因此为满足物流类专业开设物流管理概论课程或先导课程,经济管理类专业开设物流管理课程,以及社会各界人士对物流管理的认识和了解的要求,在继编写国家"十一五"规划教材《现代物流管理》的基础上,我们从物流管理的视角组织编写了本书。

本书编写的指导思想是将现代物流管理发展的实践与理论相结合,通过运输、保管、搬运、包装、流通加工、信息活动等过程的计划、组织、指挥、协调与控制的理论与实践总结,全面、系统地分析研究物流管理的理论、思想、方法和技术,揭示物流管理的发展规律、特点和管理模式。

本书重点介绍物流及物流管理的基本概念和内涵，国内外物流发展的现状，供应链管理环境下的物流理论与应用，物流规划和物流系统设计的方法，物流信息技术、物流配送模式的最新成果，第三方物流、第四方物流和国际物流的运作方式，以及物流成本管理、物流组织管理、物流质量管理、物流金融与保险的要点等，各章均给出典型案例，力求理论与实践相结合，立足于基本理论、基本知识和基本技能的教育，着眼于运用。

本书广泛参考了国内外相关物流著作和论文，在吸收它们的理论、思路、方法与实践经验的精华的基础上，结合作者多年的教学实践、物流企业服务和培训总结编写而成，注意围绕物流管理理论与实践的主线，突出重点，强调深入浅出，通俗易懂，选择具有代表性的标杆案例供读者借鉴。本书可作为普通高等院校经济、管理类本科学生、研究生、高职高专物流专业先导课程教材和其他专业物流管理课程的教学用书，也可供成人教育学生、企业物流管理人员和相关专业人员自学、提高之用，也可作为爱好或从事物流活动或服务人士的参考书。

全书由教育部物流类专业教学指导委员会委员、云南财经大学商学院院长李严锋编写体系大纲并总纂，李严锋编写了第1、2章，解琨编写了第3章，旷锦云编写了第4章，黄杜鹃编写了第5章，宋志兰编写了第6章，云永胜编写了第7章，鲍静溪编写了第8章，刘贲编写了第9章，李艳鹏编写了第10章，赵雨编写了第11章，刘文胜和康兆妍编写了第12章，冉文学编写了第13章，夏露编写了第14章等，冉文学、解琨及张丽娟进行了大量的修改和校对工作。由于编者学识水平所限，书中不当之处在所难免，敬请读者批评指正，科学出版社的领导及林建老师等对本书的出版给予了大力的支持和帮助。

本书吸取和参考了许多知名专家和学者的研究成果，有些文献并未直接引用，为方便读者寻源，亦将其列入参考文献中，谨表谢意。

李严锋

2008 年 5 月于昆明

目　录

第1章

物流管理概述

➤**本章导读**

1. 了解管理的概念。
2. 了解物流的概念和定义。
3. 掌握物流的分类。
4. 掌握现代物流的含义及现代物流业的基本特征。
5. 了解物流管理的定义及价值。
6. 熟悉现代物流管理的理念和研究对象。

■ 1.1 管理的概念

从词义上讲，管理通常解释为主持或负责某项工作。人们在日常生活中对管理的理解是这样的，平常人们也是从这个意义上去应用管理这个词的。但自从管理进入人类的观念形态以来，几乎每一个从人类的共同劳动中思考管理问题的人，都会对管理现象进行一番描述和概括，并且顽固地维护这种描述和概括的正确性甚至唯一性，人类从来就不曾取得对管理定义的一致理解。

由于管理概念本身具有多义性，它不仅有广义和狭义之分，而且还因时代、社会制度和专业的不同，产生不同的解释和理解。随着生产方式社会化程度的提高和人类认识领域的拓展，人们对管理现象的认识和理解的差别还会更为明显。

管理学者对"管理"的定义如下。

泰勒："确切知道要别人去干什么，并注意他们用最好最经济的方法去干。"

法约尔："管理是所有的人类组织（不论是家庭、企业或政府）都有的一种活动，这种活动由五项要素组成：计划、组织、指挥、协调和控制。管理就是实行计划、组织、指挥、协调和控制。"

孔茨："管理就是设计和保持一种良好环境，使人在群体里高效率地完成既定目标。"

小詹姆斯·唐纳利："管理就是由一个或更多的人来协调他人活动，以便收到个人单独活动所不能收到的效果而进行的各种活动。"

彼得·德鲁克："归根到底，管理是一种实践，其本质不在于'知'而在于'行'，其验证不在于逻辑，而在于成果，其唯一的权威就是成就。"

管理是一种行为，作为行为，首先应当有行为的发出者和承受者，即谁说谁做；其次，还应有行为的目的，为什么做。因此，形成一种管理活动，首先要有管理主体，即说明由谁来进行管理的问题；其次要有管理客体，即说明管理的对象或管理什么的问题；最后要有管理目的，即说明为何而进行管理的问题。

有了以上三个要素，就具备了形成管理活动的基本条件。同时，任何管理活动都不是孤立的活动，它必须要在一定的环境和条件下进行。

以上分析说明，任何一种管理活动都必须由以下四个基本要素构成。

（1）管理主体，回答由谁管的问题。

（2）管理客体，回答管什么的问题。

（3）管理目的，回答为何而管的问题。

（4）管理环境或条件，回答在什么情况下管的问题。

既然管理行为本身是由上述四个管理要素决定的，构成管理行为的这四个管理要素就应该在管理的定义中首先得到体现；其次，由于要真正进行管理活动，还必须要运用为达到管理目的的管理职能和管理方法，即解决如何进行管理的问题。这一点也应该在管理的定义中得到体现。但是，法约尔在管理的定义中直接指出了管理就是实行计划、组织、指挥、协调和控制，如果简单地把管理理解为计划、组织、指挥、协调和控制这些活动的总称，那么管理就成了一项项具体的活动而失去了它统一的实质。管理的定义应该反映客观管理活动的一般的、本质的特征，或者说，管理的定义中一定要反映管理的本质，即追求效率。

根据上述管理要素在实际管理活动中的作用和地位以及它们之间的内在逻辑联系，我们就可从一般意义上来概括管理，即一般地说，管理是在一定的环境下，为了达到组织的目的，组织内的成员从事提高组织资源效率的行为。

管理是指在一定组织中的管理者，运用计划、组织、指挥、协调和控制等一定的职能和手段来协调他人的劳动，使别人同自己一起高效率地实现组织既定目标的活动过程。

1.2 物流的概念

1.2.1 物的概念

物，物流中"物"的概念是指一切可以进行物理性位置移动的物质资料。物流中所指"物"的一个重要特点，是其必须可以进行物理性位移，而这一位移的参照系是地球。因此，固定了的设施等不是物流要研究的对象。

物资，我国专指生产资料，有时也泛指全部物质资料，较多地指工业品生产资料。其与物流中"物"的区别在于"物资"中包含相当一部分不能发生物理性位移的生产资料，这一部分不属于物流学研究的范畴，如建筑设施、土地等。另外，属于物流对象的各种生活资料又不能包含在作为生产资料理解的"物资"概念之中。

物料是我国生产领域中的一个专门概念。生产企业习惯将最终产品之外的，在生产领域流转的一切材料（不论其来自生产资料还是生活资料）、燃料、零部件、半成品、外协件以及生产过程中必然产生的边、角、余料、废料及各种废物统称为物料。

货物是我国交通运输领域中的一个专门概念。交通运输领域将其经营的对象分为两大类，一类是人，一类是物，除人之外，"物"的这一类统称为货物。

商品，商品和物流学的"物"的概念是互相包含的。商品中一切可发生物理性位移的物质实体，也即商品中凡具有可运动要素及物质实体要素的都是物流研究的"物"，有一部分商品则不属于此。因此物流学的"物"有可能是商品，也有可能是非商品。商品实体仅是物流中"物"的一部分。

物品是生产、办公、生活领域常用的一个概念。在生产领域中，一般指不参加生产过程，不进入产品实体，而仅在管理、行政、后勤、教育等领域使用的与生产相关的或有时完全无关的物质实体；在办公生活领域则泛指与办公、生活消费有关的所有物件。在这些领域中，物流学中所称的"物"，就是通常所称的"物品"。

1.2.2　流的概念

流，物流学中的"流"指的是物理性运动。

流通，物流的"流"，经常被人误解为"流通"。"流"的要领和流通概念是既有联系又有区别的。其联系在于流通过程中，物的物理性位移常伴随交换而发生，这种物的物理性位移是最终实现流通不可缺少的物的转移过程。物流中"流"的一个重点领域是流通领域，不少人甚至只研究流通领域，因而就将"流"与"流通"混淆起来。"流"和"流通"的区别主要有两点：一是涵盖的领域不同，"流"不但涵盖流通领域也涵盖生产、生活等领域，凡是有物发生物理性位移的领域，都是"流"的领域，流通中的"流"从范畴来看只是全部"流"的一个局部；二是"流通"并不以其整体作为"流"的一部分，而是以其实物物理性运动的局部构成"流"的一部分。流通领域中商业活动中的交易、谈判、契约、分配、结算等所谓的"商流"活动和贯穿于之间的信息流等都不能纳入物理性运动之中。

流程，物流中的"流"可以理解为生产的"流程"。生产领域中的物料是按工艺流程要求进行运动的，这个流程水平高低、合理与否对生产的成本和效益以及生产规模影响颇大，因而生产领域"流"的问题是非常重要的。

物流是指物质资料从供给者到需求者的物理性运动，主要是创造时间价值和场所价值，有时也创造一定加工价值的活动。

■ 1.3　物流的定义

物流的概念最早始于美国，1915 年阿奇·萧提出物流（physical distribution），汉语是"实物分配"或"货物配送"，阿奇·萧被认为是最早提出物流概念并进行实践探讨的学者。1935 年，美国销售协会阐述了"实物分配"的概念："实物分配是包含于销售之中的物质资料和服务在从生产场所的流动过程中所伴随的种种经济活动。"1963 年，物流的概念被引入日本，当时的物流理解为："在连接生产和消费间对物资履行保管、运输、装卸、包装、加工等功能，以及作为控制这类功能后援的信息功能，它在物资销售中起了桥梁作用。"我国是在 20 世纪 80 年代才接触"物流"这个概念的，此时的物流已被称为 logistics，已经不是过去的概念了。

Logistics 的原意为"后勤"，这是第二次世界大战期间军队在运输武器、弹药和粮食等供给时使用的一个名词，它是维持战争需要的一种后勤保障系统。后来把 logistics 一词转用于物资的流通中，这时，物流就不单纯是考虑从生产者到消费者的货物配送问题，而且还要考虑从供应商到生产者对原材料的采购，以及生产者本身在产品制造过程中的运输、保管和信息等各个方面，全面地、综合性地提高经济效益和效率。因此，现代物流是以满足消费者的需求为目标，把制造、运输、销售等市场情况统一起来考虑的一种战略措施，这与传统物流把它仅看作"后勤保障系统"和"销售活动中起桥梁作用"的概念相比，在深度和广度上又有了进一步的含义。

物流定义出处很多，比较有影响力的有以下几种。

现代物流作为一种先进的组织方式和管理技术，被广泛地认为是企业在降低物资消耗、提高劳动生产率以外重要的第三利润源泉。

物流是为满足消费者需求而进行的对原材料、中间库存、最终产品及相关信息从原始地到消费地的有效流动，以及为实现这一流动而进行的计划、管理和控制过程（美国物流管理协会的定义）。

物流作为客户生产过程中供应环节的一部分，它的实施与控制提供了有效的、经济的货物流动及存储服务，提供了从货物原始地到消费地的相关信息，以期满足客户的需求（美国物流管理委员会的定义）。

有计划地将原材料、半成品及产成品由生产地送到消费地的所有流通活动。其内容包括为用户服务、需求预测、情报信息联系、材料搬运、订单处理、选址、采购、包装、运输、装卸、废料处理及仓库管理等（美国物流协会的定义）。

物流是产品从卖方到买方的全部转移过程。为了全面实现某一战略、目标或任务，把运输、供应仓储、维护、采购、承包和自动化综合成一个单一的功能，以确保每个环节的最优化（日本通商产业省运输综合研究所的定义）。

物流是一种物的实体流通活动的行为，在流通过程中，通过管理程序有效结合运输、仓储、装卸、包装、流通加工、资讯等相关物流机能性活动，以创造价值，满足顾客及社会需求。简单地说，物流是物品从生产地到消费者或使用地点的整个流通过程（台湾物流协会的定义）。

物流是若干经济活动系统的、集成的、一体的现代概念。它的基本含义可以理解为按用户（商品的购买者、需求方、下一道工序、货主等）要求，将物的实体（商品、货物、原材料、零配件、半成品等）从供给地向需求地转移的过程。这个过程涉及运输、储存、保管、搬运、装卸、货物处置、货物拣选、包装、流通加工、信息处理等许多相关活动。物流就是这些本来各自独立但又有某种联系的相关活动所形成的集成的、一体化的系统。这种集成的、一体化的发展是现代经济领域的趋势之一，所以物流是上述这些相关活动向现代化发展的产物（中国物流权威王之泰教授的定义）。

在中华人民共和国国家标准《物流术语》（GB/T 18354—2006）中，物流的定义是物品从供应地向接收地的实体流动过程。根据实际需要，将运输、储存、装卸、搬运、包装、流通加工、配送、回收、信息处理等基本功能实施有机结合。

1.4　物流的分类

按照不同的标准，物流可作不同的分类。通常，物流可以按以下几种方式分类。

（1）按物流的范畴分为社会物流和企业物流。社会物流属于宏观范畴，包括设备制造、运输、仓储、装饰包装、配送、信息服务等，公共物流和第三方物流贯穿其中；企业物流属于微观范畴，包括生产物流、供应物流、销售物流、回收物流和废弃物流等。

（2）根据作用领域的不同，物流分为生产领域的物流和流通领域的物流。生产领域的物流贯穿生产的整个过程。生产的全过程从原材料的采购开始，便要求有相应的供应物流活动，即采购生产所需的材料；在生产的各工艺流程之间，需要原材料、半成品的物流过程，即所谓的生产物流；部分余料、可重复利用的物资的回收，就是所谓的回收物流；废弃物的处理则需要废弃物物流。

流通领域的物流主要是指销售物流。在当今买方市场条件下，销售物流活动带有极强的服务性以满足买方的需求，最终实现销售。在这种市场前提下，销售往往以送达用户并经过售后服务才算终止，因此企业销售物流的特点是通过包装、送货、配送等一系列物流实现销售。

（3）根据发展的历史进程，将物流分为传统物流、综合物流和现代物流。传统物流主要精力集中在仓储和库存的管理和派送上，有时又把主要精力放在仓储和运输方面，以弥补在时间和空间上的差异。

综合物流不仅提供运输服务，还包括许多协调工作，是对整个供应链的管理，如对陆运、仓储部门等一些分销商的管理，还包括订单处理、采购等内容。由于很多精力放在供应链管理上，因此责任更大，管理也更复杂，这是与传统物流的区别。

现代物流是为了满足消费者需要而进行的从起点到终点的原材料、中间过程库存、最终产品和相关信息有效流动及储存计划、实现和控制管理的过程。它强调了从起点到终点的过程，提高了物流的标准和要求，是各国物流的发展方向。国际上大型物流公司认为现代物流有两个重要功能：一是能够管理不同货物的流通质量；二是开发信息和通信系统，通过网络建立商务联系，直接从客户处获得订单。

（4）根据提供服务的主体不同，将物流分为代理物流和企业内部物流。代理物流也叫第三方物流（third party logistics，3PL），是指由物流劳务的供方、需方之外的第三方去完成物流服务的运作模式。第三方就是提供物流交易双方的部分或全部物流功能的外部服务提供者。

企业内部物流是指一个生产企业从原材料进厂后，经过多道工序加工成零件，然后零件组装成部件，最后组装成成品出厂，这种企业内部物资的流动称为企业内部物流。

（5）按物流的流向不同，还可以分为内向物流和外向物流。内向物流是企业从生产资料供应商进货所引发的产品流动，即企业从市场采购的过程。外向物流是从企业到消费者之间的产品流动，即企业将产品送达市场并完成与消费者交换的过程。

■ 1.5 现代物流的含义及现代物流业的基本特征

1. 现代物流

现代物流（modern logistics）是相对于传统物流而言的。它是在传统物流的基础上，引入高科技手段，即运用计算机进行信息联网，并对物流信息进行科学管理，从而使物流速度加快，准确率提高，库存减少，成本降低，以此延伸和放大传统物流的功能。在中国，许多专家学者认为："现代物流是根据客户的需要，以最经济的费用将物资从供给地向需求地转移的过程。它主要包括运输、储存、加工、包装、装卸、配送和信息等活动。"六部委（国家经济贸易委员会、铁道部、交通运输部、信息产业部、对外经济贸易部、中国民用航空局）在 2001 年 3 月《关于加快我国现代物流发展的若干意见》的通知中，对现代物流的定义是这样表述的："原材料、产成品从起点至终点及相关信息有效流动的全过程。它将运输、仓储、装卸、加工、整理、配送、信息等方面有机结合，形成完整的供应链，为用户提供多功能、一体化的综合性服务。"

2. 现代物流产业

著名物流专家徐寿波提出"大物流产业论"：整个国民经济由物的生产、物的流动和物的消费三大领域组成，即整个国民经济由生产、物流和消费三大支柱产业群组成。物流是一个支柱产业群，涉及运输、仓储、配送、包装、流通加工、物流信息、物流设备制造、物流设施建设、物流科技开发、物流教育、物流服务、物流管理等产业。

现代经济中的物流产业是利用现代信息技术进行货物储存、交易、卸运的运作方式和管理机制。信息化技术的突飞猛进为现代物流产业的发展带来巨大的推动作用。在促进物流产业加速发展的几个基本条件中，电子商务是最重要的因素。网上购物的兴起，信用制度的完善，使相应货品配送的服务需求量越来越大。专家预言，21 世纪的物流与配送是把握市场的关键所在。

目前国际上流行的趋势是对涉及运输、仓储、装卸搬运、包装、流通加工、配送、流通信息处理等 7 个方面的现代物流企业，逐步向规模化、网络化、利用信息技术为客户提供低成本服务方向发展。相关研究人员认为，未来电子商务运作模式基于计算机网络间的信息交换，供应商、制造商及客户间通过信息网络交换货品订单等多项商务内容，直接由配送中心、物流企业来衔接生产、批发、零售和销售各环节。现代物流业不仅能使更多的企业实现"无仓库无车队"运作，更多商品实现"不停留不留地"卸运，而且能提高现有交通运输设施的使用效率，实现高效低耗的物流过程。

3. 现代物流业的基本特征

（1）物流过程一体化。现代物流具有系统综合和总成本控制的思想，它将经济活动中所有供应、生产、销售、运输、库存及相关的信息流动等活动视为一个动态的系统总体，关心的是整个系统的运行效能与费用。

物流一体化的一个重要表现是供应链（supply chain）概念的出现。供应链是把物流系统从采购开始经过生产过程和货物配送到达用户的整个过程，可看作一条环环相扣的"链"，物流管理以整个供应链为基本单位，而不再是单个的功能部门。在采用供应链管理时，世界级的公司力图通过增加整个供应链提供给消费者的价值，减少整个供应链成本的方法来增强整个供应链的竞争力，其竞争不再仅仅是单个公司之间的竞争，而是上升为供应链与供应链的竞争。

（2）物流技术专业化。表现为现代技术在物流活动中得到了广泛的应用，例如，条形码技术、射频识别技术、电子数据交换技术、自动化技术、网络技术、智能化和柔性化技术等。运输、装卸、仓储等也普遍采用专业化、标准化、智能化的物流设施设备。这些现代技术和设施设备的应用大大提高了物流活动的效率，扩大了物流活动的领域。

（3）物流管理信息化。物流信息化是整个社会信息化的必然需求。现代物流高度依赖于对大量数据、信息的采集、分析、处理和即时更新。在信息技术、网络技术高度发达的现代社会，从客户资料取得和订单处理的数据库化、代码化以及物流信息处理的电子化和计算机化，到信息传递的实时化、标准化和信息化渗透至物流的每一个领域。为数众多的无车船和固定物流设备的第三方物流者正是依赖其信息优势展开全球经营的。从某种意义上来说，现代物流竞争已成为物流信息的竞争。

（4）物流服务社会化。突出表现为第三方物流与物流中心的迅猛发展。随着社会分工的深化和市场需求的日益复杂，生产经营对物流技术和物流管理的要求也越来越高。众多工商企业逐渐认识到依靠企业自身的力量不可能在每一个领域都获得竞争优势。它们更倾向于采用资源外取的方式，将本企业不擅长的物流环节交由专业物流公司，或者在企业内部设立相对独立的物流专业部门，而将有限的资源集中于自己真正的优势领域。专业的物流部门由于具有人才优势、技术优势和信息优势，可以采用更为先进的物流技术和管理方式，取得规模经济效益，从而达到物流合理化——产品从供方到需方全过程中，达到环节最少、时间最短、路程最短、费用最省。

（5）物流活动国际化。在产业全球化的浪潮中，跨国公司普遍采取全球战略，在全世界范围内选择原材料、零部件的来源，选择产品和服务的销售市场。因此，其物流的选择和配置也超出国界，着眼于全球大市场。大型跨国公司普遍的做法是选择一个适应全球分配的分配中心以及关键供应物的集散仓库，在获得原材料以及分配新产品时使用当地现存的物流网络，并且把这种先进的物流技术推广到新的地区市场。例如，耐克公司通过全球招标采购原材料，然后在中国台湾或东南亚生产（中国大陆也有生产企业），再将产品分别运送到欧洲、亚洲的几个中心仓库，然后就近销售。同样，对于汽车制造商，全球采购原材料和零部件已经大大降低了汽车的成本，改变了汽车生产线的位置。

■ 1.6　物流管理的定义及价值

1. 物流管理的定义

在中华人民共和国国家标准《物流术语》（GB/T 18354—2006）中，物流管理是指为了以合适的物流成本达到用户满意的服务水平，对正向及反向的物流活动过程及相关信息进行的计划、组织、协调与控制。

现代营销之父菲利普·科特勒在《市场营销管理》中对物流管理作了这样的表述："物流是物的流通过程，是通过计划、执行与控制原材料和最终产品从产地到使用地点的实际流程，并在赢利的基础上满足顾客的需要。"

综上所述，本书认为物流管理是为实现商品价值，使物质实体从生产者到消费者之间的物理性经济活动。具体地说，是通过运输、保管、搬运、包装、流通加工、信息活动等过程的计划、组织、指挥、协调与控制，在这一过程中实现了物的价值增值和组织目标。

2. 物流管理的价值

物流管理水平的高低，从宏观层面上将决定一个国家经济发展的水平，从中观层面上将影响地区经济的发展，从微观层面上将决定企业的经济效益。加强物流管理，体现出的作用有如下几点。

1）对国民经济增长的基础性支撑

新制度经济学的流行和新兴古典经济学的兴起使经济学对运输业的重要性有了进一步的认识。新兴古典经济学家杨小凯认为，运输发展作为改进交易效率的重要方式，可以提高分工水平。分工演进产生下列共生现象：商品化和市场化程度增加、贸易依存度上升、人与人之间互相依赖程度上升、市场容量增加、市场种类增加、生产率上升、内生比较利益增加、经济结构多样化增加、专业化增加、自给自足率下降以及生产集中程度和市场一体化程度上升。人们可以通过改进法律制度、发展运输基础设施、发展银行等交易基础设施，发展城市化，减少人与人之间的距离来改进交易效率。政府也可以通过减税来改进交易效率。这些措施都会一方面提高分工水平和生产力，另一方面增加人民福利。我国一些学者认为，在特定条件下，物流是国民经济的支柱。物流对国民经济起支柱作用或者物流与其他生产活动起支柱作用的国家已有一定数量，这些国家处于特定的地理位置或特定的产业结构条件下，物流在国民经济和地区经济中能够发挥带动作用和支撑整个国民经济的作用，能够成为国家或地区财政收入的主要来源，能提供主要就业领域，能成为科技进步的主要发源地和现代科技的应用领域。例如，欧洲的荷兰、亚洲的新加坡和中国香港地区、美洲的巴拿马等，特别是日本以流通立国，物流的支柱作用是显而易见的。

2）带动区域产业结构升级及形成区域支柱产业

现代物流业作为某一地区的主导产业并不是孤立地发展起来的，一个主导部门同与它有联系的若干部门一起构成一个主导部门综合体系。物流主导部门的核心由铁道、公路、水运、空运、仓储、托运等行为主体组成，通过三种影响带动其他产业的成长。

（1）后向效应，指物流产业对某些供给资料部门的影响。

（2）旁侧效应，指物流产业对所在地区的商业、供销、粮食、外贸等行业及地区经济的所有行业的供应、生产、销售中的物流活动的影响。

（3）前向效应，指物流产业对物流新工艺、新技术、新原料、新能源、新装备工具出现的诱导作用。

3）区域性物流中心成为地区经济增长极

增长极思想最初由法国经济学家佩罗克斯在 20 世纪 50 年代提出来，其要点是：在高度工业化的背景下，社会生产集聚是在经济发展冲动的地点首先实现的。借喻磁场内部运动在磁极为最强这一规律，经济发展的这种区域"极化"称为"增长极"；作为"增长极"发展及作用基础的产业称为关键产业，当关键产业开始增长时，该企业（或部门）所在区域的其他产业也开始增长。经济增长的动力将逐步渗透，最终波及整个地区。"增长极"从两个方向作用于周围地区：一是"极化过程"，即增长极以其较强的经济技术实力和优越条件将周围区域的自然及社会经济潜力吸引过来，如矿产资源、原材料、劳动力、投资、地方工业或企业；二是扩散过程，即增长极对周围地区投资及其他经济技术支援，形成附属企业或子公司，为周围地区初级产品提供市场，吸收农业剩余劳动力等。

物流中心或物流园区，既是自身增长极的形成过程，又是逐步开始发挥增长极作用的过程。物流中心的形成和发展过程有三个明显特点：人力资源迅速聚集；主导产业迅速形成，物流产业有很强的关联效应、乘数效应和竞争优势，呈现出发展快、竞争力强的特点；资金迅速聚集。物流中心的增长极作用主要体现在两大方面：区域经济增长的带动效应，改造传统产业的辐射效应。

4）降低企业物流成本

企业重视物流管理的一个重要原因是在保证一定的服务水平下，尽可能降低物流成本，从而形成企业第三利润源泉。根据汤浅和夫的研究，物流费用在销售额中所占的比例约在 9%。英国物料搬运中心进行的一次调查表明，物流费用在整个生产和流通领域的费用比例高达 63%，估计我国的物流费在销售额中所占的比例还要高。即使按日本最保守的算法计算，例如，当一个企业销售额为 1000 亿日元时，物流成本占销售额 10%，就是 100 亿日元。这就意味着，只要降低 10%的运输、保管、装卸、包装等各环节的物流费就等于增加 10 亿日元的利润。假如这个企业的销售利润率为 2%，则创造 10 亿日元的利润需要增加 500 亿日元的销售额，这将是很困难的，但与此相比降低 10%的物流费却容易办到。同时也可以说，降低 10%的物流费用所起的作用相当于销售额增加 50%。

现代物流使货物从起始地到目的地之间进行正确速度的流动能够大大节约企业的时间成本。马克思指出："流通时间越等于或近于零，资本的职能越大，资本的生产效率就越高，它的自行增值就越大。"这就告诉人们，物流时间的缩短可以把物流过程中节约的资金再投入生产领域，使资金发挥更大的效益。马克思还指出："劳动时间起着双重作用，一方面，劳动时间的社会有计划的分配调节着各种劳动职能同各种需要的适当的比例；另一方面，劳动时间又是计量生产者个人在共同产品的个人消费部分所占份额的尺度。""时间的节约，以及劳动时间在不同的生产部门之间有计划的分配，在共同生产的基础上仍然是首要的经济规律。"可见，时间的节约就是成本的节约。时间的节约可体现为两方面：一是生产过程中劳动时间的节约，主要是提高劳动生产率，减少单位产品生产的劳动时间；二是减少非劳动时间的生产时间，如原材料的储备时间等。

■ 1.7 现代物流管理的理念

（1）物流五要素（five elements of logistics）。物流五要素是指评价物流体系的五个主要要素：品质、数量、时间、地点和价格。品质是指物流过程中，物料的品质保持不变；数量是指符合经济性的数量要求和运输活动中往返运输载重尽可能满载等；时间是指以合理费用及时送达为原则做到的快速；地点是指选择合理的集运地及仓库，避免两次无效运输及多次转运；价格是指在保证质量及满足时间要求的前提下尽可能降低物流费用。

（2）物流"第三个利润源"说。"第三个利润源"说法主要出自日本。从历史发展来看，人类历史上曾经有过两个大量提供利润的领域：第一个是资源领域，第二个是人力领域。在前两个利润源潜力越来越小，利润开拓越来越困难的情况下，物流领域的潜力被人们所重视，按时间序列排为"第三个利润源"。

（3）物流效益背反说。物流效益背反说是物流领域中很普遍的现象，是这一领域中内部矛盾的反映和表现。例如，包装问题，包装方面每少花一分钱，这一分钱就必然转到收益上来，包装越省，利润则越高。但是，一旦商品进入流通之后，如果简省的包装降低了产品的防护效果，造成了大量损失，就会造成储存、装卸、运输功能要素的工作劣化和效益大减。

（4）物流冰山说。物流冰山说是日本早稻田大学西泽修提出来的，他在专门研究物流成本时发现，现行的财务会计制度和会计核算方法都不可能掌握物流费用的实际情况，因而人们对物流费用的了解是一片空白，甚至有很大的虚假性，他把这种情况比作"物流冰山"，冰山露出茫茫海面的只是它巨大躯体的一小部分，更大的部分则隐藏在海面之下，物流成本也有类似的特征。传统会计中所计算的外付运费和外付储存费，不过是冰山一角，大量的物流成本混入企业其他费用中，如不把这些费用核算清楚，很难看出物流费用的全貌。目前，各企业计算物流成本的方法和范围也不尽相同，因此无法与其他企业进行比较，也很难计算行业的平均成本。即大部分沉在水面以下的是我们看不到的黑色区域，而我们看到的不过是物流的一部分。

（5）物流黑大陆学说。著名的管理学权威德鲁克曾经讲过："流通是经济领域里的黑暗大陆。"德鲁克泛指的是流通，但是，由于流通领域中物流活动的模糊性尤为突出，是流通领域中人们更认识不清的领域，所以，"黑大陆"说法现在主要针对物流而言。

（6）物流服务中心说。物流服务中心说代表了美国和欧洲等一些国家和地区学者对物流的认识，这种认识认为物流活动最大的作用并不在于为企业节约了消耗、降低了成本或增加了利润，而在于提高企业对用户的服务水平进而提高企业的竞争能力。因此，他们在描述物流的词汇上选择了后勤一词，特别强调其服务保障的职能。通过物流的服务保障，企业以其整体能力来压缩成本增加利润。

（7）物流成本中心说。物流成本中心说的含义是物流在整个企业战略中，只对企业营销活动的成本发生影响，物流是企业成本的重要产生点，因此，解决物流的问题并不主要是为搞合理化、现代化，不在于支持保障其他活动，而主要是通过物流管理和物流的一系列活动降低成本。所以，成本中心既指主要成本的产生点，又指降低成本的关注点，物流是"降低成本的宝库"等说法正是这种认识的形象表述。

（8）物流服务理念。物流的核心是服务，随着服务理念的深化，物流服务出现了层次性变化，从物流的基本服务延伸到增值服务、高水平的"零缺陷"服务和高投入高产出的超值服务。物流服务平台与服务战略已成为企业物流管理的基本战略之一。

（9）物流系统化管理理念。物流系统是一个复杂的、庞大的系统，物流管理必须依循系统化管理原理，通过系统优化、系统整合和集成管理，来实现物流合理化和取得最佳效益。

（10）物流一体化管理理念。物流管理从"企业内部一体化"到"供应链过程的一体化"管理，物流管理跨部门、跨职能直至跨企业，把所有涉及物流的功能和工作结合起来进行。

（11）联盟与合作理念。"基于物流的联盟作为最可观的合作"理念，把发展物流联盟和广泛开展合作关系的思想作为物流管理的实践基础。传统物流管理中业务关系的特点是建立在权利基础上的对手间的谈判，而今则是建立在发展有效组织间的联合作业，形成多种形式的业务关系。

（12）精益物流理念。运用精益思想对物流活动进行管理，以顾客的角度来确定产品、服务和工作的价值，精简物流环节，消除各种浪费，追求完善，在提供满意的顾客服务水平的同时，尽可能把物流成本降至最低。

（13）绿色物流理念。环境共生型的物流管理理念是指在物流过程中，在抑制物流对环境造成危害的同时，实现对物流环境的净化，使物流资源得到最充分的利用。绿色物流不仅是一种环保理念，绿色物流对企业来说更具有现实的和潜在的巨大价值。

■ 1.8　物流管理的研究对象

本书将对物流管理过程中的供应链管理思想、物流战略与规划、物流系统、仓储管理、配送管理、第三方物流和第四方物流管理、国际物流管理、物流成本管理、物流组织管理、物流质量管理和物流金融等展开论述，由于篇幅限制，以下方面的研究内容仅在此作解释说明。

（1）废弃物物流（waste material logistics）。废弃物物流指将经济活动中失去原有使用价值的物品，根据实际需要进行收集、分类、加工、包装、搬运、储存等，并分送到专门处理场所时所形成的物品实体流动，即对企业排放的无用物进行运输、装卸、处理等的物流活动。从环保的角度关注，对包装、流通加工等过程产生的废弃物进行回收再利用。

（2）回收物流（returned logistics）。回收物流指不合格物品的返修、退货以及周转使用的包装容器从需方返回到供方所形成的物品实体流动，即企业在生产、供应、销售的活动中总会产生各种边角余料和废料，这些东西的回收是需要伴随物流活动的。如果回收物品处理不当，往往会影响整个生产环境，甚至影响产品的质量，占用很大空间，造成浪费。

（3）绿色物流（environmental logistics）。在物流过程中抑制物流对环境造成危害的同时，实现对物流环境的净化，使物流资源得到最充分利用。绿色物流其实是物流管理与环境科学交叉的一门分支。在研究社会物流和企业物流时，我们必须考虑到环境问题。尤其在原材料的取得和产品的分销过程中，运输作为主要的物流活动，对环境可能会产生一系列的影响。而且，废旧物品如何合理回收，减少对环境的污染且最大可能的再利用也是物流管理所需要考虑的内容。

（4）分销物流（distribution logistics）。分销物流指生产企业、流通企业出售商品时，物品在供方与需方之间的实体流动，即伴随销售活动，将产品所有权转给用户的物流活动。其特点是通过包装、送货、配送等一系列物流实现销售，这需要研究送货方式、包装水平、运输路线等，并采取各种如少批量、多批次、定时、定量配送等特殊的物流方式达到目的。

（5）生产物流（production logistics）。生产过程中，原材料、在制品、半成品、产成品等从企业仓库或企业"门口"进入生产线的开端，随生产加工过程流过各个环节，直到生产加工终结，再流至生产成品仓库。

（6）环保物流。环保物流也有许多种，以社区垃圾回收为例，任何一种社区中的家庭均会产生各式各样的垃圾，而需由当地环保单位规划，执行回收系统。首先，必须依据家庭垃圾的特性及产生量规划垃圾车的需求量；再细分社区成为许多小分区，由每一垃圾车负责回收小分区的垃圾量；最后将回收的垃圾送到掩埋场或焚化炉。如今的环保，由于土地有限，掩埋场地越来越不足，新环保策略要求垃圾分类、回收可再生垃圾促使垃圾回收的困难度增加。如果环保物流从业人员能接受物流管理的教育训练，学习如何有效处理运输、储存、搬运及顾客服务等重要物流技术，相信必能提升其环保物流规划及作业能力。

■ 本章小结

管理是指在一定组织中的管理者运用计划、组织、指挥、协调和控制等一定的职能和手段来协调他人的劳动，使别人同自己一起高效率地实现组织既定目标的活动过程。

物流的定义是：物品从供应地向接收地的实体流动过程。根据实际需要，将运输、储存、装卸、搬运、包装、流通加工、配送、信息处理等基本功能实施的有机结合。

物流可以按以下几种方式分类：根据物流的范畴分为社会物流和企业物流；根据物流的作用领域分为生产领域的物流和流通领域的物流；根据物流发展的历史进程可分为传统物流、综合物流和现代物流；根据物流提供服务的主体可分为代理物流和企业内部物流；按物流的流向可以分为内向物流和外向物流。

物流管理是指为了以合适的物流成本达到用户满意的服务水平，对正向及反向的物流活动过程及相关信息进行的计划、组织、协调与控制。

物流管理水平的高低，从宏观层面上将决定一个国家经济发展的水平，从中观层面上将影响地区经济的发展，从微观层面上将决定企业的经济效益。

■ 关键概念

管理　物流　物流管理　现代物流　物流产业　废弃物物流　绿色物流　生产物流　环保物流　回收物流　社会物流

■ 思考题

1. 管理的主要含义是什么？
2. 怎样理解物流？物流的定义是什么？
3. 现代物流与传统物流有什么区别？
4. 物流产业涵盖哪些方面？
5. 物流管理的核心是什么？
6. 影响较大的主要的物流管理理念有哪些？
7. 哪些新的物流形态值得关注？

■ 案例分析

全球四大物流企业的成功经验

第 2 章

物流战略管理

▶本章导读

1. 了解战略、战略管理概念，掌握物流战略、物流战略管理的内涵。
2. 学习并掌握物流战略制定的流程。
3. 掌握物流战略实施的主要步骤。

■ 2.1 物流战略与物流战略管理概述

2.1.1 战略、战略管理、企业战略管理的内涵

1. 战略

在我国，"战略"一词自古有之，先是"战"与"略"分别使用。"战"指战斗和战争，"略"指筹略、策略、计划。《左传》和《史记》中已使用"战略"一词，西晋史学家司马彪曾有以"真理"为名的著述。在西方，战略一词来源于希腊文"strategos"，其含义是"将军"。当时这个词的意义是指挥军队的艺术和科学，因此，战略一词原是个军事方面的概念。在中国，它起源于兵法，指将帅的智谋。西方的战略概念起源于古代的战术，原指将帅本身，后来指军事指挥中的活动。

战略一词引入企业管理中也只有几十年的时间。在企业管理这个范畴中究竟什么是战略，目前尚无一个统一的定义，不同的学者赋予战略不同的含义。

在众多的关于战略的定义中，本书认为战略是与目标紧密相连的，是关于一个组织长远的、全局的目标以及组织为实现目标在不同阶段实施的不同方针和对策。

2. 战略管理

战略管理一词最初是由安索夫在其 1976 年出版的《从战略规划到战略管理》一书中提出的。战略管理是指组织确定其使命，根据组织外部环境和内部条件而采取的一系列决定组织长期发展的管理决策和措施。

这里有两个问题需要说明：第一，战略管理不仅涉及战略的制定和规划，而且也包含着将制定出的战略付诸实施的管理，因此是全过程的管理；第二，战略管理不是静态的、一次性的管理，它是需要根据外部环境的变化、企业内部条件的改变，以及战略执行结果的反馈信息等，不断进行新一轮战略管理的过程，是不间断的动态管理。

3. 企业战略管理

企业战略管理是确定企业使命，根据企业外部环境和内部经营要素确定企业目标，保证目标的正确落实并使企业使命最终得以实现的一个动态过程。

战略管理的关键词不是战略而是动态管理，它是一种崭新的管理思想和管理方式。这种管理方式是指导全部企业活动的企业战略，全部管理活动的重点是制定战略和实施战略。而制定战略和实施战略的关键在于对企业外部环境进行研究，对企业内部条件进行分析，并在此基础上确定企业的战略目标，使三者之间达成动态平衡。战略管理的任务就在于通过战略制定、战略实施和日常管理，在保持动态平衡的条件下，实现企业的战略目标。

2.1.2　物流战略的含义及特征

1. 物流战略的含义

关于物流战略迄今为止尚未有统一的定义，目前国内外物流战略的概念很多，主要有以下四个。

物流战略是企业面对激烈竞争的经营环境，为求得长期生存和不断发展而采取的竞争行动与物流业务的方法，为了实现企业目标并支持企业战略所需的与"物"相关的，包括原材料、半成品、成品、废弃物及一般供应用品及专业服务的控制系统的规划、组织、执行和控制的谋划和方法。

企业物流战略（logistics strategy）是指针对企业内部物流的目标、任务和方向而制定的政策和措施。企业物流战略是企业为了更好地开展物流活动而制定的行动指南。

物流战略是指通过增加价值和客户服务来获得竞争优势的统一的、综合的、一体化的规划过程。它以整个公司的战略目标和计划为基础，通过预测未来的物流服务需求和管理整个供应链资源来获得高度的客户满意。

在国家标准《物流术语》中将物流战略定义为：为寻求物流的可持续发展，就物流体系的发展目标以及达成目标的途径与手段而制定的长远性、全局性的规划与谋略。

2. 物流战略的特征

（1）目的性。物流战略的制定与实施服务于一个明确的目的，那就是使现代组织在变化着的竞争环境中能够生存和发展。

（2）长远性。物流战略是对组织未来一定时期生存和发展的统筹谋划，规定了组织的奋斗目标，实现这些目标需要较长时间，少则 3～5 年，多则 5 年以上。因而，为了实现组织物流事业的快速发展，必须制定长远规划，并分阶段实施。

（3）竞合性。竞合性即具有竞争性和合作性的特点。市场上参与竞争的各方并非一定要拼个你死我活。面对强大的对手，弱者各方可以联合起来，对付强大的对手实现双赢。即使实力强的企业也需要实力弱的中小企业协作配合，共谋发展。通过竞争走向合作，这也是一个重要趋势。

（4）动态性。物流战略动态性的特征源于组织内外环境总是处在变幻莫测的不确定状态中，而物流战略目标是在这一变化状态中产生的，各种相关因素对物流战略均起着影响和制约的作用。因此，在制定物流战略时，需要以变应变，不断调整，最终确定出适宜组织发展的物流战略。

（5）系统性。任何战略都有一个系统的模式，既要有一定的战略目标，也要有实现这一目标的途径和方针，还要制定政策和规划，组织的物流战略也不例外，也是一个战略网络体系。

2.1.3 物流战略管理的含义和过程

1. 物流战略管理的含义

物流战略管理，在西方战略文献中尚未有统一的看法，不同的学者有不同的认识，主要有以下三个。

物流战略管理是为达到某个目标，物流企业特定的时期，特定的市场范围内，根据某种组织结构，利用某种方式，向某个方向发展的全过程的管理。

物流战略管理是指为有效实现物流战略活动的预定目标，完成物流战略活动的既定任务，而运用的战略计划、组织、指挥、协调和控制等综合性活动。

本书认为物流战略管理是指物流组织根据已制定的物流战略，付诸计划、组织、指挥、协调、控制的动态创造性活动过程。

2. 物流战略管理的重要性

随着 21 世纪全球经济一体化的迅猛发展，欧美各国许多不同类型的企业在不断地进行物流变革，建立物流战略系统。我国加入世界贸易组织后，物流在国民经济中的重要性日益突出，现代物流业将在国民经济发展中发挥越来越重要的作用。一方面，现代物流作为调整经济结构、转变经济增长方式的重要途径，是降低成本、提高效率与效益关键的因素之一；另一方面，我国物流业的发展仍处在初级阶段，全社会的物流成本与先进国家相比，还存在许多差距，现代物流作为第三利润源泉，有待于我们更好地去挖掘，同时国内企业的物流战略管理需要与国际接轨。所以，物流战略管理工作显得尤为重要，其重要性主要表现在以下三个方面。

（1）物流战略管理是适应物流需求不断变化的客观要求。现代物流活动是在动态的环境中生存和发展的。物流需求的不断变化不但要求企业要善于积极主动地适应这种高速发展的物流需求，还要善于创造顾客并满足其欲望，物流战略管理成功的首要条件就是对物流需求的敏锐观察和有效把握。因此，物流战略管理是适应物流需求不断变化的客观要求。

（2）物流战略管理是在竞争日趋加剧形势下的迫切需要。从事物流经营的企业之间竞争日益激烈化，一方面是由于参与竞争的企业越来越多；另一方面，随着物流技术与手段的发展，物流竞争的程度也越来越深，这种竞争程度上的变化既反映在物流服务的多样化，即外延上，又反映在物流服务的高技术、高效率，即内涵上。所有这一切都使物流竞争比以往任何时期更为激烈，更需要在战略上来指导物流活动。

另外，随着全球经济一体化，特别是世界贸易组织所推进的服务贸易自由化，物流市场竞争越来越具有国际化的特性，这无疑给本来就具有竞争性的物流经营带来更深刻的影响。从我国物流市场来看，随着改革开放的不断深入，航空货运市场竞争日趋激烈，从 1998 年下半年开始，来自欧洲、美洲和亚洲等地的航空公司都在我国国内空运市场投入了更大的运力。日本货运航空公司、韩国航空公司也已于 1998 年进入上海市场，美国联邦快递公司也进入上海市场。自 1999 年以来，又有汉莎货运航空公司、卢森堡货运航空公司进入我国市场，法国航空公司也增加了到我国的货运运力。这些都表明物流服务的竞争已是一种国际间企业的竞争，所以，没有统一、合理的物流战略，将无法在国际竞争中取胜。

（3）有效地进行物流战略管理是适应经济可持续发展的必然要求。随着多频度、小单位配送以及企业物流的广泛展开，如何有效地协调物流效率与经济可持续发展的关系，也是促使物流企业强化物流战略研究的重要因素。物流功能向大范围、纵深化发展，以及物流需求的高度化延伸，带来的一个直接效应是物流量的急剧膨胀。但是，物流量的巨大化往往会阻碍物流效率的提高，这主要是因为它对社会和周围环境可能会产生两方面的负面影响：一是巨大的物流量在没有有效管理和组织的情况下，极易推动运输、配送车辆以及次数增加，而车辆、运行次数上升带来的结果首先是城市堵车，交通阻塞现象日趋严重，特别是在大都市、中心城市，原来交通状况就比较严重，如果再不断增加路面负荷，更容易产生效率低下以及各种社会问题；二是环境破坏问题，即对社会产生了负的外部效应，特别是物流产业中货车运输已成为大气污染、噪声、振动等现象的元凶之一。在这种状况下，选用何种适合环境的运输工具、如何安排共同配送等都是企业经营应当考虑的问题。所以，经济的可持续发展也要求物流企业制定合理的经营战略。

3. 物流战略管理的过程

物流战略管理过程是一个具体的、动态的、创造性的工作活动过程。通常包括战略环境分析、战略设计与选择、战略制定、战略实施、战略控制与战略评价五个阶段。

（1）战略环境分析。战略环境分析是战略制定的前提条件，使现代企业的物流发展目标与环境变化和现代企业资源能力实现动态平衡。工作的重点是外部环境分析和企业内部资源评价。

（2）战略设计与选择。选择战略目标和战略方案是一个全面的系统分析过程，主要包括四大环节：一是确定战略目标，这个目标是在外部环境分析研究和内部资源评价的基础上，达成动态平衡的前提下形成的；二是寻找优势，趋利避害，扬长避短；三是决定战略方案；四是设立评价战略方案的标准。

（3）战略制定。战略制定就是物流管理者在进行战略设计和选择后，提出的具体物流战略方案。

（4）战略实施。战略实施是为了贯彻执行已制定的物流发展战略所采取的一系列措施和政策，包括选择合适的管理者、调整组织结构、提高组织的有效性、进行合理的资源配置、制定激励措施和政策等。

（5）战略控制与战略评价。物流管理者在战略实施工作中，必须对正在实施的战略进行监督调控，即将战略实际执行情况与预定标准相比较，然后采取措施纠正偏离标准的误差。战略控制的目的是防患于未然，以保证战略的顺利实施，最后达到预期目标。

■ 2.2 物流战略类型

由于有不同类型的物流，必然产生与之相适应的战略分类，以便能区别认识和研究。

如果从企业物流战略的角度进行分类，可以从功能、企业业态、业务流程和管理重点四个不同角度进行区分，见图 2-1。

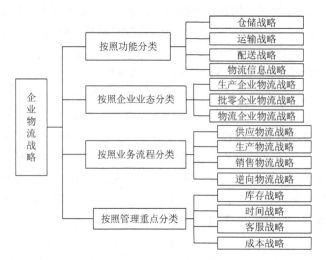

图 2-1　企业物流战略分类

关于物流战略分类，迄今为止尚未有统一的标准，综合中外学者的观点和看法，本书把物流战略划分为以下四种类型。

（1）宏观物流战略和微观物流战略。宏观物流战略研究的是社会再生产总体的物流活动，是从社会再生产总体角度认识和研究物流活动。这种物流战略活动的参与者是构成社会总体的大产业、大集团。宏观物流战略也是研究社会再生产总体物流。微观物流战略研究的内容是消费者、生产者企业所从事的实际的、具体的物流活动，是那些在整个物流活动中的一个局部、一个环节的具体物流战略活动，如企业物流战略、生产物流战略、供应物流战略、销售物流战略、回收物流战略、废弃物物流战略和生活物流战略等。

（2）社会物流战略和企业物流战略。社会物流战略研究的内容主要是超越一家一户以一个社会为范畴的面向社会为目的的物流。社会物流的范畴是社会经济的大领域，具有综观性和广泛性。企业物流战略研究的内容主要是从企业角度上研究与之有关的物流活动，是具体的、微观的物流活动的典型领域。

（3）国际物流战略与区域物流战略。国际物流战略研究的内容主要是伴随和支撑国际间交往、贸易活动和其他国际交流所发生的物流活动，如经济全球化等。区域物流战略研究的内容主要是指相对于国际物流而言的，一个国家范围内的物流，一个城市的物流，一个经济区域的物流都处于同一法律、规章、制度之下，都受相同文化及社会因素影响，都处于基本相同的科技水平和装备水平之中，因而都有其独特的特点和区域的特点。区域物流战略研究的一个重点是城市物流。

（4）一般物流战略和特殊物流战略。一般物流战略研究的内容是物流活动的共同点和一般性，物流活动的一般规律，建立普遍适用的物流标准化战略。特殊物流战略研究的内容是专门范围、专门领域、特殊行业，在遵循一般物流规律的基础上，带有特殊制约因素、特殊应用领域、特殊管理方式、特殊劳动对象、特殊机械装备特点的物流，皆属于特殊物流范围。

2.3　物流战略的制定

2.3.1　影响物流战略制定的主要因素

影响物流战略制定的因素很多，有外部因素，也有内部因素，在诸多因素中，最主要的有三种。

（1）环境因素。物流管理中通常要考虑的环境因素有：社会经济发展的变化趋势因素、物流服务产业发展变化因素、市场需求变化因素、行业竞争因素、科技发展因素、法规与政策因素等。

（2）内部资源因素。一般而言，影响物流战略制定的内部资源可归纳为七大类，即人力资源、物力资源、财力资源、物流技术资源、组织资源、物流信息资源和信誉资源。

（3）物流战略管理者。物流战略管理者指负责制定物流战略的主要管理者，他们所具备的知识、能力、判断力和创新力都会直接影响物流战略制定工作的优劣，因此，选择优秀的管理者就显得十分重要。

2.3.2　物流战略制定的原则

物流战略的本质特征是如何实现物流的高效化，以较低的物流成本和优良的顾客服务完成商品实体从供应领域到消费领域的运动。把握这一本质特征，在制定物流战略时，应遵循的法则和标准如下。

（1）顾客价值最大化原则。一切工作都应围绕满足顾客需求为中心，以最好的服务，提高顾客的满意度，使顾客获取的价值最大。保住现有顾客，力争潜在顾客变为现实顾客，不断提高组织的竞争力和生命力。

（2）成本最低化原则。在满足顾客需求的前提下，考虑如何降低各项费用、开支，寻求最低固定成本和变动成本的合理组合，使成本达到最低水平。

（3）竞争优势最大化原则。物流管理者在制定物流战略方案时，应认真分析竞争形势，力争寻求最大的竞争优势。例如，通过改进某项服务，则能有效满足顾客的需求，防止顾客被竞争对手抢走，充分发挥自身的竞争优势，提高竞争实力。

（4）风险最小化原则。物流战略是在许多不确定的因素下制定的。这种不确定性势必会带来不同程度的风险。为此，物流管理者要善于合理利用各种物流资源和要素。例如，利用仓库和公共运输、第三方物流或第四方物流等，即用最低的成本支出，以达到实现物流战略目标的要求，有效地降低各种风险。

（5）利润最大化原则。物流管理者在制定物流战略工作中，一旦遵循了上述四项原则，实质上就是遵循了利润最大化原则，因为顾客是唯一的利润源泉。

2.3.3　物流战略制定的流程

物流战略制定是物流战略管理者重要的工作内容。工作中，必须考虑与其他组成部

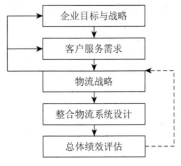

图 2-2　物流战略的制定流程

分相互衔接与平衡，物流战略的制定流程如图 2-2 所示。

物流战略制定的流程主要是根据企业的目标与战略以及客户服务的需求，对物流环境进行分析、对物流资源进行评价，在此基础上，通过多方案的分析、研究、比较，最后确定出适宜组织长远发展的物流战略。

1. 物流环境分析

物流战略制定首先要认识影响绩效的外部环境因素，其目的在于保证该战略能使物流运作减少外部环境的限制，具有一定的灵活性。一般考虑的环境因素有：行业竞争性评价、地区市场特征、技术评价、经济与社会发展趋势、物流服务产业趋势、法规与政策。

为了有效地制定物流战略，物流管理人员应该了解这些环境因素变化趋势及其所处行业的特征。了解的方法包括数据收集、评估和预测变化等。下面对这些因素进行讨论，并说明这些因素对物流运作的潜在影响。

1）行业竞争性评价

行业竞争性评价包括对企业所在行业的机会和潜力的系统评价，如市场规模、成长率、赢利潜力、成功的关键因素等问题。竞争力分析包括行业领导的影响和控制力、国际竞争、竞争与对峙、客户与供应商的权利、主要竞争对手的核心竞争力。为了成为有效的行业参与者，应在对客户物流需求分析的基础上，对竞争对手的物流能力做出分析研究。

了解同行业的物流水平，分析出自己的优势和劣势，是组织制定战略时必须重视的问题。

2）地区市场特征

企业的物流设施网络结构直接和客户及供应商的位置有关。人口密度、交通状况以及人口变动都会影响物流设施选址。企业要从市场因素去考虑最有潜力的物流设施的位置。

3）技术评价

现代的物流技术设施为物流作业带来了革命性的影响，条形码、数据库、卫星定位、机械化仓库、现代化立体库等，都为物流及时、准确、高效地运作提供了技术上的支持。但不是所有的技术都适合一个特定的企业，所以企业应结合实际，如企业规模和企业所在具体环境的差异，选择对自身物流实用性最强的技术，不要盲目引进，造成不必要的浪费。

在技术领域中对物流系统具有影响力的技术很多。例如，计算机、卫星、扫描、条形码和数据库等均是对物流实施具有革命性影响的技术；及时准确的信息流是企业成功的关键，能够跟踪货物运动的整合的数据库已经用来改进实时管理控制及决策支持；多式联运、集装箱等改变了运输技术；机器人、自动导向搬运系统的使用，影响了物料搬运技术；包装上的创新，包括使用更坚固的材料、可返回的重叠式集装箱、改进的托盘及识别技术，改变了包装技术。现在大多数上述的创新技术已经具有商业使用价值。

（1）现代科技带给企业物流新的发展机会和发展动力。每一种新技术的运用都会使物流环节的效率得以提高，物流运作加速完成。随着新技术的采用，企业物流基础设施得以优化利用，物流工具更加现代化、智能化，为企业物流发展创造了新的动力。

（2）现代科技提高了企业物流管理水平。先进的设备、仪器、管理系统、信息系统在企业物流中得以运用，使得企业物流的经营管理效率得到了极大的提高。

（3）现代科技促进了企业物流装备的现代化发展。一方面，如企业物流设备、集装设备、运输设备、仓库设备、装卸机具、输送设备、分拣与理货设备、物流工具各种物流装备有较大的发展；另一方面，与现代企业物流发展相适应的信息技术及网络设备得到较快发展。

4）经济社会发展趋势

经济活动的水平及其变化以及社会变化都对物流有重要的影响。例如，运输的总需求是直接与国内生产总值相关的。利率的改变直接影响到存货战略。若利率增加，在所有营销渠道中减少库存的压力就会增大。社会发展趋势、生活方式等都会影响物流需求。这就要求现代企业物流发展必须重视和分析影响、制约企业物流活动的经济因素。

（1）生产力的发展推进着企业物流的发展。一方面生产力的发展创造了企业物流机会，为物流发展提供技术及设备；另一方面生产力的分布及结构也决定了企业物流能力的分布及物流生产力结构。

（2）市场经济体制的建立加快了企业物流的发展。一方面，市场经济体制的建立与完善，要求大力发展社会化大生产，形成大市场、大流通、大交通，为现代物流提供了发展舞台和生存空间；另一方面，为现代企业物流发展提供了新的管理制度，先进的组织管理方式，创造了更好的发展条件。

5）物流服务产业趋势

与物流特别有关的服务是运输、仓储、订单处理以及存货要求，还有信息系统，这些相关服务在重组物流系统设计时可通过外包得到。选择将物流全包给第三方物流企业的比重在不断增加。从物流系统设计的角度看，这种服务具有增加灵活性和减少固定成本的潜力。

6）法规与政策

环境变化也包括在运输、金融与通信等行业的法规变化。物流管理人员面临着国家及地方各级政府的法规变化。例如，我国最近的十几年对公路运输的放开，使整个公路运输格局发生了深刻的变化。一些民营的运输企业得到了迅速发展，公路运输的运力有创纪录的增长。

在任何社会制度下，企业物流活动都必将受到一定政治和法律环境的规范、强制和约束。

（1）企业必须懂得本国和业务范围内国家的法律法规，保护企业物流活动的合法权益，以更好地促进商品流、资金流、信息流的运行。

（2）法规在一定时期内是相对稳定的，但是政府的具体方针政策则具有可变性，会随政治经济形势的变化而变化。

（3）我国加入世界贸易组织以后，企业物流发展也必须遵循世界贸易组织的有关规定，按国际惯例和规定开展物流经营活动。

2. 物流资源评价

1）物流的主要资源

物流发展资源内容丰富，主要有七大类。

一是人力资源。包括物流人员数量、物流人员素质、物流人员结构、物流人员配置、物流人员培训、人力资源管理制度和运行机制、人员流动和人员的劳动保护等。

二是物力资源。包括经营场地、物流设施设备、物流设备维修状况、能源供应状况、商品供应状况、存货状况等。

三是财力资源。包括资产结构、负债和所有者权益结构、销售收入、销售成本、赢利状况、现金流量、融资渠道、投资风险等。

四是物流技术资源。包括物流信息技术、工程技术、物资综合利用、环保、新技术应用等。

五是组织资源。包括组织结构、领导班子结构、劳动纪律、管理效率等。

六是物流信息资源。包括环境监测、竞争情报、内部信息、物流信息共享等。

七是信誉资源。包括服务质量、品牌形象、经营信誉、管理模式等。

2）物流资源评价的核心内容

对物流资源进行合理的分配与协调是确定物流发展战略的核心内容，需要进行资源价值的评估。从物流发展战略出发，对资源进行价值分类、竞争权衡，确定优势资源，努力集中优势资源，共享优势资源，创造更大的资源价值。为此，可以通过价值、吸引力、持久力三个主要因素的评价来完成资源价值的整体评价。价值的评价就是企业资源与顾客需求匹配的程度和形成的竞争优势；吸引力是对顾客形成吸引的企业资源力量，包括资源的独特性、传递方式和转移效用；持久力是企业优势资源积蓄提高的速度、等级，以及资源可持续利用的能力。

3. 确定物流战略

1）物流战略评价标准

物流战略选择的评价标准分为三种。

（1）适宜性。适宜性即衡量一种物流战略是否与企业自身条件相适应。例如，某种物流战略是否有效地利用了企业的现有实力，克服或避开了企业的弱点，并能抵御环境的威胁。物流战略分析的一个最主要的任务就是要使企业对其自身和它所处的物流环境有一个清醒的认识，认识企业面临的主要机会和威胁，同时分析内部的优势和劣势，衡量这种物流战略能否与战略分析中所得到的企业内外部条件相适应，适应的程度如何。有时也把这种适宜性称为"一致性"。我们通过对以下几个问题的回答来评价一个物流战略的适宜性。

所选物流战略克服困难的程度如何？这里，困难是在物流战略分析中得出的企业自身弱点和企业面临的物流环境威胁。例如，企业所选战略是否能使企业的竞争地位有所提高或能否解决企业的资产流动性问题，或能否使企业减弱，甚至摆脱对某一家供应商的特别依赖。

所选物流战略是否能增强企业的实力，并给企业更多的机会。例如，战略的实施是否能为每个劳动者提供适合的工作岗位，利于他们发挥自己的特长，从而提高企业的整体实力。物流战略的实施是否有助于企业打入一个新市场领域，并站稳脚跟，不断发展，或将现有的高效系统充分利用起来。

所选物流战略是否与企业的各方面目标相吻合。这里的目标可以是总体效益、增长速度或管理控制的有效性等。

（2）可行性。可行性即评价一种物流战略具体实现的可行程度。例如，现有资源条件是否满足战略实施的要求。可行性评价主要是围绕着物流战略目标能否实现的问题。例如，战略实施将引起有计划的内部调整，其规模是否在企业各方面资源（人力、物力等）允许的范围内。事实上关于战略可行性的问题，在选择战略的过程中就应予以考虑。本书将从以下几个方面进行更细致的评价：①战略实施是否具有充足的资金来源；②企业自身的能力能否达到物流战略要求的水平（如质量水平、服务水平等）；③企业在战略实施前是否已具备一定的市场竞争地位和必要的市场推销技能；④企业能否处理好战略实施可能带来的竞争压力；⑤企业是否确保无论是管理层还是操作层都具有一定的技能；⑥企业在生产过程和技术等方面是否已具备了一定的竞争力。

在实际进行可行性评价的时候，并不只局限于以上列出的这些方面，应该根据企业实际情况进行具体分析。另外，在回答这些问题的同时，还必须考虑到战略调整时间的影响。

（3）可接受性。可接受性即评价一种物流战略实施的结果是否可接受或令人满意。例如，战略实施所带来的效益或对企业发展速度的推进是否达到了高层管理者、持股人或其他相关人员的期望值，另外，可接受性还包括评价物流战略实施中包含的风险。除了评价物流战略的适宜性和可行性，可接受性是战略评价的第三个内容。关于可接受性的评价有一定的困难，因为它在很大程度上与人的主观期望密切相关。所以，本书谈到战略的可接受性时必须明确是相对于"谁"的可接受性，这需要仔细地进行分析。下面列出的这些问题将有助于分析的进行：①所选物流战略为企业创造的效益如何；②从财务的角度考虑，所选战略带来的风险较原来有多大变化，如资产流动性等方面；③战略实施对企业的资金结构会产生什么样的影响，如股份的结构；④战略实施带来的调整能否使企业内部各级工作人员普遍予以接受，例如，战略实施可能会使某些人员面临更大的风险，那么他们对所选战略的态度如何、是拥护还是抵触，这将会严重影响战略实施的效果；⑤战略实施是否会使企业内某些部门、小组或个人的工作安排、组织结构产生重大的变动，这也许会直接影响到他们对整个战略的态度；⑥战略实施是否要改变企业与外部相关机构的关系，如供应商、政府、协会以及消费者等；⑦所选战略是否与现存的整套管理体制相吻合、是否需要大的变动。

当然，物流战略的实施不可能使方方面面都能满意，所以需要权衡利弊，有重点地加以考虑。

2）物流战略的类型

确定物流战略方案是制定物流战略最关键的流程，通常可供选择的物流战略有以下五种。

（1）服务最优战略。服务最优战略的核心在于追求最佳的物流服务水平，系统设计的重点要从成本优化转移到系统有效性和运输绩效上来。要为客户提供最优的服务就必须充分利用服务设施，认真规划线路布局，尽量缩短运输的时间。在提供最优服务的同时也必须能够得到与之相适应的收益，否则这种战略就得不偿失。同时，什么是最优的服务对不同的客户来说也是不同的，这就要求企业必须认真分析客户的需求，针对客户的不同需求进行差别化的优质服务，从而构筑起企业的差别竞争优势。

（2）成本最低战略。成本最低战略的核心是要设计一个固定成本与可变成本最低的物流系统。实施成本最低战略必须将目标确定为满足较为集中的客户需求，向客户集中的地区提供快速服务，通过储运资源和库存政策的合理搭配使物流成本达到最小化。物流系统的基本服务能力受到系统中仓库的数目、工作周期、运营速度或协调性、安全库存政策等诸多因素的影响，其中安全库存政策和仓库与客户的距离决定了物流系统的基本能力。为满足客户的基本需求，要按照有效库存和系统目标对物流系统进行整合，以求在成本最低的条件下达到最佳的服务水平。

（3）利润最高战略。利润最高战略是大多数物流系统希望通过战略规划达到的最终目标。这种战略需要对每一种物流设施所带来的利润进行认真的分析，构建起能够以最低成本得到最高利润的物流系统。

（4）竞争力最强战略。竞争力最强战略是对以上几种战略的优化，它不单纯追求某一方面的最优，而是力争达到整体的竞争力最强，寻求最大的竞争优势，这种优势可以采用针对性的服务改进和合理的市场定位两种方法来获得。

成本最低战略的缺陷在于客户可能被竞争者抢走，因此必须对服务进行改进。管理层必须保证最能为企业带来利润的客户能得到最好的服务，如果发现有重要的客户没有接受到卓越的服务，就必须改进服务水平或增加服务能力来适应这些客户。要获得竞争优势还可以确立更加合理的市场定位，这特别适合小企业。大公司僵化的运营机制和价格政策使它们易于忽视地域性市场上的个体化需求，也几乎不可能调整市场营销和物流系统去适应这些需要。但小公司的灵活性使它们能够调整市场定位，在物流服务能力上进行重要投资去占领本地市场，提供个性化的服务。

（5）资产占用最少战略。资产占用最少战略是追求以最少的资产投入物流系统，以此降低物流系统的风险，增加总体的灵活性。这种战略更有利于企业集中优质资产开展主业经营，提高运营效率和资产回报。

一个要保持最大灵活性的企业可能不愿自行投资建设物流设施或设立物流部门，因为这些资产一旦成为实物形态就难以灵活变现，使企业资产灵活性大为下降。为此，企业经常利用外界的物流服务和资源，如公共仓库、运输、配送服务等。但同时企业也必须考虑自行满足一些关键性物流需求，完全依赖外界服务有可能在环境急剧变化或竞争空前激烈时威胁企业的经营稳定性，造成竞争的被动或成本的上升。

■ 2.4 物流战略的实施

物流战略实施是为了贯彻执行已制定的物流发展战略所采取的一系列措施和活动。

主要有确定物流战略目标、制定物流战略行动计划和项目、物流战略资源配置、物流战略控制与评价四个活动步骤。

2.4.1　确定物流战略目标

（1）降低成本。降低成本指战略实施的目标是将总成本降到最低，即使与运输和存储相关的可变成本降到最低。通常要评估各备选方案，在不同的仓库选址中进行选择或者在不同的运输方式中进行选择，以形成最佳战略。服务水平一般保持不变，与此同时，需要找出成本最低的方案。该战略目标是通过降低成本以实现利润最大化。

（2）减少资金占用。物流战略实施的目标是使物流系统的投资最小化。减少资金占用的根本出发点是实现投资回报的最大化。例如，为避免进行仓储而直接将产品送达客户，放弃自有仓库选择公共仓库，选择适时供给的办法而不采用储备库存的办法，或者是利用第三方供应商提供物流服务。与需要高额投资相比，这个战略方案可能导致可变成本增加，但是投资减少了，资金占用少了，投资回报率得到了提高。

（3）改进服务。一般认为，企业收入取决于所提供的物流服务水平。一般情况下，物流服务水平越高，相应地，销售收入会提高。尽管提高物流服务水平将大幅度提高成本，但收入的增长可能会超过成本的增长。要实现该目标，需制定与竞争对手截然不同的服务战略。

2.4.2　制定物流战略行动计划和项目

物流战略行动计划是组织为实施其物流战略而进行的一系列资源重组活动的汇总。各种行动计划往往通过具体项目来实施。成功的实施需要一个详细的、把所有的人和活动聚集到一起能发挥巨大作用的行动方案。

2.4.3　物流战略资源配置

资源配置是物流战略实施的重要内容。在企业的物流战略实施过程中，必须对所属资源进行优化配置。

企业物流战略资源是指企业用于物流战略行动及其计划推行的人力、物力、财力等的总和。具体来讲，战略资源包括对采购与供应实力、生产能力和产品实力、财务实力、人力资源实力、物流技术开发实力、物流管理实力、时间、物流信息等无形资源的把握能力。

企业物流战略资源的分配是指按物流战略资源配置的原则方案，对企业所属物流战略资源进行的具体分配。企业在推进战略过程中所需要的物流战略转换往往就是通过资源分配的变化来实现的。企业物流战略资源的分配一般可以分为人力资源的分配和物流资金的分配两种。

1. 人力资源的分配

人力资源的分配一般有三方面的内容。

（1）为各个物流战略岗位配备管理和技术人才，特别是关键岗位上关键物流人物的选择。

（2）为物流战略实施建立人才及技能的储备，不断为物流战略实施输送有效的人才。

（3）在物流战略实施过程中，注意整个队伍综合力量的搭配和权衡。

2. 物流资金的分配

企业中一般采用预算的方法来分配物流资金资源，而预算是一种通过财务指标或数量指标来显示企业目标的方法。物流战略通常采用以下几种现代预算方式。

（1）零基预算。即一切从零开始的预算。它不是根据上年度的预算编制，而是将一切经营活动都从彻底的成本—效益分析开始，以防止预算无效。

（2）规划预算。它是按照规划项目而非职能来分配物流资源。规划预算的期限较长，常常与项目规划期同步，以便直接考察一项规划对资源的需求和成效。

（3）灵活预算。它允许费用随产出指标而变动，因而有较好的弹性。

此外，企业组织结构是实施物流战略的一项重要工具，一个好的企业物流战略还需要通过与其相适应的组织结构去完成。还有一点在物流战略实施过程中也是很重要的，就是企业文化。它既可以成为物流战略的推动因素，又可能对物流战略的执行起抵触作用，即成为物流战略实施的阻力因素。

2.4.4　物流战略控制与评价

1. 物流战略控制的定义

控制是企业管理的重要职能之一。控制活动就是指管理者按照计划标准衡量计划的完成情况和纠正计划执行中的偏差，以确保计划目标的实现。物流战略控制就是指企业物流战略管理者和一些参与物流战略实施的管理者，依据战略计划的目标和行动方案对战略的实施状况进行全面的评价，发现偏差并纠正偏差的活动。明确而有效的控制不仅可能纠正偏差，而且还可能导致确立新的目标，提出新的计划，改变组织结构以及在指导和领导方法上做出巨大转变。物流战略控制行动可能会产生两种结果：一是物流战略的顺利进行；二是物流战略的结构性调整或新物流战略方案的采用。这两种情况都是取得和保证企业物流生存和发展的途径。

2. 物流战略控制的步骤

物流战略控制过程大致有四个基本步骤：制定标准；衡量、评价物流战略实施的成效；信息反馈；实施纠正措施。

1）制定标准

用于控制过程的衡量、评价标准是根据制定战略计划的前提假设和战略计划本身来确定的。因此在制定衡量、评价标准时，首先要弄清楚制定战略计划的前提假设，其中包括对组织文化、组织环境、市场变化趋势、竞争对手等的分析和估计；其次，要了解物流战略计划的进展状况和各个时期所要达到的目标。由于战略计划的各前提条件和计划本身的详尽程度、复杂程度不同，在制定衡量、评价标准时需要将前提假设和战略计划具体化、数据化，使衡量和评价过程能准确顺利地得到实施。评价标准包括定性的和定量的两种。

定性的评价标准主要是指对企业内外部环境、市场动态、竞争状况、资源供给状况等变化趋势的粗略的定性估计。如果这些环境状况和资源供给趋势未能按预先估计的那样发展，也就是说，这些前提假设未被较好地满足，那么在此前提条件下制定出来的物流战略计划和目标是不适合的或者是过时的。

这种根据定性评价标准来衡量企业的物流战略决策是否与形势变化相符或是否已过时的过程，称为定性评价过程。要明确回答怎样确定企业的战略决策是否仍然适合所处的环境和怎样确定物流战略决策是否过时等问题，物流战略决策者必须对企业所处的环境和市场变化趋势有明确的了解。至少要弄清下面几个问题：一是对企业实施战略目标影响最大的关键因素，组织在实施过程中是否始终拥有并直到整个物流战略目标的实现仍然拥有这些关键因素，如人力、物力、财力资源；二是企业在制定战略目标和计划时所遵循的基本假设前提有哪些，这些前提假设在战略实施过程中是否始终具备；三是在实施物流战略时，企业内外部环境的新的变化，企业战略目标是否能适应这种变化，市场需求变化趋势、资源的供给趋势、物流战略目标的实施对市场需求和资源供给有什么新的要求等。企业决策者通过对上述问题的思考、分析、判断，就可以很明确地知道组织的物流战略目标是否适合或过时。

这个过程要求决策者具有较强的综合、分析、判断能力，能准确地把握好形势的变化并作出相应的决策。这一过程实施起来比较困难，但决策者切不可忽视。

定量标准就是数量化了的标准。与定性标准相比，决策者更热衷于运用定量的标准来衡量、评价企业实施物流战略所取得的成效。因为定量标准用起来方便，一目了然。可以帮助决策者迅速、明确地知道物流战略实施的进程和所取得的成效。

定量标准的制定要求企业物流决策者将计划和目标以及各个时期所要达到的各种指标数量化。企业的物流战略计划和战略目标可以从以下几个方面考虑：赢利情况，物流战略实施过程中企业要实现的利润（营业额、投资回收额、纯利等）；市场状况，市场的需求状况和变动趋势，以及物流战略实施过程中企业所要达到的市场占有率，市场覆盖面的拓宽幅度以及销售量等；生产情况，决策者要对企业在战略实施过程中所要实现的产量、合格率、资源的利用率等进行数字说明；行业地位，企业决策部门应规定战略实施过程中企业要达到的行业地位，如企业资产、产量以及质量评比过程中在同行业中的名次。

定量标准是根据往年的经验、需求状况进行判断和估计，运用统计规律推测未来的变化趋势而制定出来的。而这种根据过去的经验，推测得出的标准，有时会因为环境的变化而变得不适宜。如果用这种不适宜的标准来衡量战略实施结果，显然毫无意义，有时甚至是有害的。因此企业决策者一定要注意定量标准的准确性。另一个值得注意的问题是定量标准有时会导致组织的决策者以及那些物流战略经营单位的领导者或物流战略实施的执行者追求短期利益。此外，定量标准还有可能把决策者的注意力引到数据分析方面，而忽视那些不能计量的信息。

2）衡量、评价物流战略实施的成效

物流战略控制过程的第二步是运用制定的标准衡量企业战略实施的成效，掌握物流战略实施的状况、取得的成效、与预计目标的差距，估计战略实施的发展趋势。

根据确定的标准，特别是定量标准来衡量、评价企业物流战略的实施进程是比较容易的。困难的是决策者如何决定在什么时候、什么地点以及以什么方式、采用怎样的方法对战略实施过程进行评价。过多或过少的评价都不利于对物流战略实施的有效控制。困难的是对那些无法计量的现象或状态进行评价。物流战略实施过程中并非所有的状态都能计量，而这种不能计量的现象（有时甚至是微小的变化）却可能产生深远的影响。决策者必须给予充分的重视。一个卓有远见、经验丰富的决策者能根据自身的经验，对这种现象进行恰如其分的分析、判断，从而推测出企业在物流战略实施过程中可能会出现的偏差以及发展趋势，以便及早地采取预防措施，避免企业蒙受损失。而缺乏远见和经验的决策者常常会因面临这种困难而使企业战略实施过程达不到预计的目的。对资源供给状况的衡量，有时难以借用计量的方法。

3）信息反馈

信息反馈是将通过衡量和评价所获得的信息，及时地传递给有关决策者，这里所指的有关的决策者是指对物流战略实施负有责任并具有相应权力的决策者。

信息反馈是必不可少的，因为没有信息反馈过程，企业物流决策者就无法准确、及时地得到信息，而不能获得所需要的信息，企业物流管理者就无法采取有效的行动或作出合乎实际需要的决策。

4）实施纠正措施

物流战略方案实施过程发生偏差是正常现象，完全没有偏差是不可能的。当偏差在允许的范围内时，可以不采取纠正措施，当发生的偏差可能危及物流战略计划和物流战略目标实现时，应当采取纠正措施。有时由于客观环境和主观条件发生了很大变化，由此而发生的偏差难以纠正，或采取纠正措施需要投入很多财力、物力、人力和时间，使纠正的花费大于偏差的损失时，也不必采取纠正措施，当决定采取纠正措施时，实际上又开始了新一轮的决策过程。

3．物流战略的评价

企业物流战略评价就是指对企业物流战略实施的衡量和评价，是物流战略控制的第三步。企业物流战略评价是物流战略控制的指南和前提。对于物流战略评价有许多方法，各个公司因时因地而异。跟踪评价控制法是在阿波罗飞船研制中提出的并且取得了良好的效果。跟踪评价的大致步骤如下。

1）监测各物流战略行动的进展

物流战略所示的行动目标分别在一系列具体的、局部的后果之中，每一物流战略行动的推进都应当分为若干具体步骤。对前期进行的步骤，应当制订详细的计划，充分利用并合理分配资源来完成那些早期步骤。这样，物流战略管理者就可以将大而泛之的物流战略变为具体的、有计划的行动和结果。跟踪控制可以从监测这些具体的先期行动入手，从而在得到的进展数据中进行评价。评价的主要内容有：各战略行动是否与总体战略合拍，从早期行动情况发现物流战略是否需要纠正。

物流战略行动与短期经营交织在一起，使物流战略监测变得模糊，迫切的短期问题常使人们无法专心关注战略。较好的办法是找出实施物流战略的关键因素，把这些因素同目前经营活动中的其他因素区别开来，并对此予以特别关注和监测。

2）监测关键的外部环境变化

企业物流战略是在预测和假设的环境背景下制定的。跟踪控制的一个重要内容是检查这些前提是否始终可靠。如果一个关键假设不能成立，战略可能就应该修改了。如果对修改战略的前提能够得到很快的确认，那么制定物流战略转变的机会就好把握。因此，每个企业都应该标记出关键外部变化因素，并对之进行监测，同时能在恰当的时候提出监测报告。

3）分阶段的全面评审

在物流战略实施过程中，企业内外会发生一连串不断积累起来的小变化，逐渐使整个形势发生改变。跟踪控制原理则要求对新的条件具有适应性而进行调整。这种动态调整是战略本质的一部分。因此控制系统必须根据新的变化，重新评价物流战略及其进展。分阶段评审的目的就在于此。

阶段评审是着眼于物流战略整体的一种全面检查工作。全面评审不仅要投入大量的时间和精力，还会给贯彻现行物流战略的各层管理者和职工带来一些疑虑。只有当下一步行动必须明确是否得到有效的保证时，才应该采取全面评审。因此，评审阶段如何划分，这就是跟踪控制要解决的另一个问题，一般有以下三种划分方法。

（1）里程碑法。里程碑法就是对事先划分的物流战略实施阶段进行评审。例如，在设计阶段完成后的评审、市场调研阶段完成后的评审，或是在正式投资之前、进行全面生产之前的评审。采用这种办法，企业应当率先确定评审阶段的时间，以便有计划地收集情报。

（2）重大事件法。重大事件法即通过外部监测，发现将有重大事件发生，而且会对物流战略实施产生影响，即使在评审阶段也要进行全面的评审。

（3）期限法。期限法即对那些执行期限长的战略项目，虽然没有到某一里程碑，而且也没有重大事件发生，但由于经过了很长时间（如两年）很可能会存在一些问题，因此应根据物流战略项目的性质，确定评测期限。

评价、控制都是为了使工作正常开展，不致偏离轨道，以保证目标的实现。而跟踪评价控制方法则是物流战略实施控制中经常采用并被证明了的一种最好的方法。

■ 本章小结

物流战略是为寻求物流的可持续发展，就物流体系的发展目标以及达成目标的途径与手段而制定的长远性、全局性的规划与谋略。物流战略具有五大特征，即目的性、长远性、竞合性、动态性、系统性。

物流战略管理是指物流组织根据已制定的物流战略，付诸计划、组织、指挥、协调、控制的动态创造性活动过程。物流战略管理工作十分重要，主要表现为三个方面：①物流战略是适应物流需求不断变化的客观要求；②物流战略管理是在竞争日趋加剧形势下的迫切需要；③有效地进行物流战略管理是适应经济可持续发展的必然要求。

物流战略管理过程包括：战略环境分析、战略设计与选择、战略制定、战略实施、战略控制与战略评价五个阶段。

　　影响物流战略制定的因素主要是：环境因素、内部资源因素、物流战略管理者即人的因素。

　　物流战略管理者在制定物流战略时必须遵循顾客价值最大化原则、成本最低化原则、竞争优势最大化原则、风险最小化原则和利润最大化原则。

　　物流战略实施是为了贯彻执行已制定的物流发展战略所采取的一系列措施和活动。主要有确定物流战略目标、制定物流战略行动计划和项目、物流战略资源配置、物流战略控制与评价四个活动过程。

■ 关键概念

　　物流战略　战略管理　企业物流战略

■ 思考题

　　1. 什么是物流战略？物流战略有哪些基本特征？

　　2. 战略管理与物流战略管理有哪些相同点和不同点？

　　3. 制定物流战略有什么意义？

　　4. 制定物流战略时，要注意哪些环节？

　　5. 简述物流战略实施工作的主要程序。

■ 案例分析

浙江物流产业集团物流战略

第3章

供应链管理环境下的物流

➤ 本章导读

1. 了解供应链管理的概念和基本原理，认识物流与供应链的关系和特点。
2. 学会进行供应链分析，进行基于产品的供应链设计。
3. 掌握供应链合作伙伴选择、组织结构以及供应链运作方式等基本知识。
4. 重点学习快速反应、有效客户反应、联合计划、预测与补货等物流在供应链管理中的实施方式。

■ 3.1 物流与供应链

20 世纪 80 年代以来，面对市场竞争的加剧、客户要求以及能否获得原材料的严重不可预测性，企业被迫采取一系列新的生产过程并实施不同的制造战略。同时，制造企业也意识到提高整个供应链的管理，即要从快速交货以及缩短从产品订购到支付款项的周转时间才是企业提高竞争能力的最佳手段。物流是供应链管理的重要内容。

目前，供应链和供应链管理的观念在企业管理领域中越来越深入人心，只有了解供应链和供应链管理才能更好地了解物流。

3.1.1 供应链与供应链管理的概念

1. 供应链的概念

供应链目前尚未形成统一的定义，许多学者从不同的角度出发给出了许多不同的定义。

早期的观点认为供应链是制造企业中的一个内部过程，它是指把从企业外部采购的原材料和零部件，通过生产转换和销售等活动，再传递到零售商和用户的一个过程。传统的供应链概念局限于企业的内部操作层上，注重企业自身的资源利用。有些学者把供应链的概念与采购、供应管理相关联，用来表示与供应商之间的关系，这种观点得到了研究合作关系、准时生产制关系、精细供应、供应商行为评估和用户满意度等问题的学者的重视。但这样一种关系也仅仅局限在企业与供应商之间，而且供应链中的各企业独立运作，忽略了与外部供应链成员企业的联系，往往造成企业间的目标冲突。

后来的供应链概念注重了与其他企业的联系，注重了供应链的外部环境，认为它应是一个"通过链中不同企业的制造、组装、分销、零售等过程将原材料转换成产品，再到最终用户的转换过程"，这是更大范围、更为系统的概念。例如，美国的史迪文斯（Stevens）认为："通过增值过程和分销渠道控制从供应商的供应商到用户的用户的流就是供应链，它开始于供应的源点，结束于消费的终点。"这些定义都注意了供应链的完整性，考虑了供应链中所有成员操作的一致性（链中成员的关系）。

而到了最近，供应链的概念更加注重围绕核心企业的网链关系，如核心企业与供应商、供应商的供应商乃至与一切前向的关系，与用户、用户的用户及一切后向的关系。此时对供应链的认识形成了一个网链的概念，像丰田、耐克、尼桑、麦当劳和苹果等公司的供应链管理都从网链的角度来实施。哈里森（Harrison）进而将供应链定义为："供应链是执行采购原材料，将它们转换为中间产品和成品，并且将成品销售到用户的功能网链。"这些概念同时强调供应链的战略伙伴关系问题。菲利普（Phillip）和温德尔（Wendell）认为供应链中战略伙伴关系是很重要的，通过建立战略伙伴关系，可以与重要的供应商和用户更有效地开展工作。

综上所述，供应链是指从采购原材料开始，制成中间产品（如零部件）以及最终产品，最后由销售网络把产品送到消费者手中的将供应商、制造商、分销商、零售商直到最终用户连成一个整体的功能网链结构。

根据以上供应链的定义，其结构可以简单地归纳为如图 3-1 所示的模型。

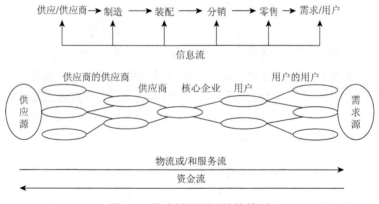

图 3-1　供应链的网链结构模型

从图 3-1 中可以看出，供应链由所有加盟的节点企业组成，其中一般有一个核心企业（可以是产品制造企业，也可以是大型零售企业，如美国的沃尔玛等），节点企业在需求信息的驱动下通过供应链的职能分工与合作（生产、分销、零售等），以资金流、物流或/和服务流为媒介实现整个供应链的不断增值。

2. 供应链管理的概念和内容

1）供应链管理的概念

供应链是一条连接供应商和用户的增值链。这一系统能否达到总体绩效最优，取决于对它的整体协调与控制，因而产生了供应链管理的概念。

供应链管理就是使围绕核心企业建立的供应链最优化，能以最低的成本使供应链从采购开始，到满足最终顾客的所有过程，包括工作流（work flow）、实物流（physical flow）、资金流（funds flow）和信息流（information flow），均能有效地操作，把合适的产品以合理的价格及时送到消费者手上。

因此，供应链管理是一种集成化的管理理念，其核心意义在于使企业充分了解客户及市场需求，与供应商及其他合作伙伴在经营上保持步调一致，实现资源共享与集成，协调支持供应链所有企业的协同运作，从而取得整体最优的绩效水平，达到提高供应链整体竞争力的目的。从总体上讲，供应链管理要保证供应链价值的创造和提高，因此，简言之，供应链管理是对供应链增值的管理，采用集成化的管理思想和方法，把供应链上的各个企业作为一个不可分割的整体来实施网络化管理，将各个节点成员分别承担的职能协调起来，形成一个能快速适应市场的、有效地满足顾客需要的功能系统，实现总体上的高效益和低成本。

2）供应链管理的内容

供应链管理主要涉及四个主要领域：供应（supply）、生产（schedule plan）、物流（logistics）、需求（demand）。由图 3-2 可见，供应链管理是以同步化、集成化生产计划为指导，以各种技术为支持，尤其以 Internet/Intranet 为依托，围绕供应、生产作业、物流（主要指制造过程）、需求来实施的。供应链管理主要包括计划、合作、控制从供应商到用户的物料（零部件和成品等）和信息。供应链管理的目标在于提高用户服务水平和降低总的交易成本，并且寻求两个目标之间的平衡（这两个目标往往有冲突）。

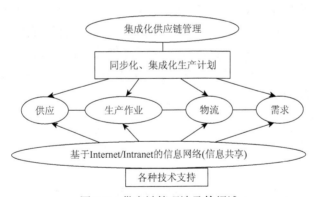

图 3-2　供应链管理涉及的领域

3.1.2　供应链管理环境下物流的特征

供应链管理观念的引入，直接影响了物流的应用环境，使之产生了新变化。

（1）物流和物流业大大扩展。如前所述，供应链管理实质上是一个扩展模式，表现为建立战略联盟，提高企业核心能力；扩大资源的利用和共享；合作竞争，创造群体价值；同步运作，实现快速反应；用户驱动，满足市场需求。这些特点深入影响到物流管理，最重要的变化是物流的范围和业务量大大扩展，进一步超越时间、空间的局限。例如，建立跨行业、跨国界物流，物流专业产销分工的扩大化、精细化，建立多种形式的运输网络和配送中心，提高物流系统的重组和适应能力等。

（2）信息量大大增加，透明度提高。在传统条件下，物流过程的信息传递是纵向一体化式的。无论是需求信息还是供给信息，都是从顾客到供应商或者从供应商到顾客这样一层层单向传递的，中间环节多，容易发生歪曲和阻滞。而在供应链管理环境中，成员之间的横向联盟使得信息的传递也是网络式的，因而信息量大大增加，任何一个企业都可以通过联网形式掌握供应链上不同环节的供求信息和市场信息。

信息流增加主要表现为共享信息的增加。通过信息共享，供应链上任何节点的企业都能及时地掌握到市场的需求动态和整个供应链的运行态势，每个环节的物流信息都能与其他环节进行交流与沟通，从而减少了信息歪曲现象，能正确反映现实情况。共享信息的增加和透明度的提高，使供应链物流过程更加清晰化，也为实时控制物流过程提供了条件。依靠共享信息系统和信息反馈机制，许多企业有能力跟踪企业之外的物流过程，提高了企业对外界的适应性。

（3）物流网络规划能力增强，物流作业精细化。供应链管理环境下的物流是一种统一规划下的物流系统，它具有供应链的管理特征，表现出集成化优势。例如，可以设计一个专业化的灵活多变的物流网络，建立合理的路径和节点，全面提高运行系统的能力。它可以充分利用第三方物流系统、代理运输等多种形式的运输和交货手段，降低库存的压力和安全库存水平等。

供应链管理中"业务流程重组"的思想，也导致了作业流程快速重组能力的极大提高，进一步带来了物流系统的敏捷性，通过消除不增加价值的部分，为供应链的物流系统进一步降低成本和精细化运作提供了基本保障。

（4）物流过程的高度协调性。供应链是一个整体，合作性与协调性是供应链管理的一个重要特点。在这一环境中的物流系统也需要"无缝链接"，它的整体协调性得到强化。例如，运输的货物要准时到达，顾客的需要才能及时得到满足；采购的物资不能在途中受阻，才会增强供应链的合作性。因此，供应链物流系统获得高度的协调性是保证供应链获得成功的前提条件。

■ 3.2 供应链管理分析

供应链管理本身是不断发展的一种战略思路和模式。进入 21 世纪，供应链管理从初期的提高效率和降低成本发展到满足顾客日益增强的需要方面，转向以用户价值为中心，将重点放在创造顾客价值上。

3.2.1 供应链管理新模式的特点

（1）以客户价值为导向的"需求动力"模式。传统的供应链模式可称为"推销"模式，即根据商品的库存情况，有计划地将商品推销给客户，而现今流行的供应链模式是"需求动力"模式。

新的供应链模式是以客户价值为导向的模式，其基本思想是供应链上的企业必须首先了解客户需要该企业生产什么样的产品，提供什么样的服务。商业的成功取决于在尽可能降低满足客户需求成本的同时，对变化的客户需求的反应能力。只有通过提供更好的客户使用价值，才能实现企业自身的价值，由此，"有效客户反应"的实施作为一项战略方针应运而生。

（2）以供应链各环节上的信息集成与共享为条件。从客户价值导向出发，企业必须加强信息集成和共享。因为只有在信息集成和共享条件下，企业才能够使客户订单、库存报告、零售数据报告以及其他关键信息从一个企业（部门）开放地、迅速地流向另一个企业（部门），才能实现对客户的快速反应。例如，在超市的收款台前，扫描器采集到客户所购商品的确切信息后，将导致产品从分销仓库中发出，数据在分销仓库进一步集中后又传给制造商，这样，制造商就可以据此做好准备，确定下一次交货以补充分销仓库中的货物。据此，制造商将调整和更新原有计划，以便使上游各方相应地调整各自的交货计划。

（3）供应链的竞争新概念。在创造顾客价值的过程中，靠着信息联系和控制，企业与企业之间、部门与部门之间都是由市场拉动的。在这种新的模式中，市场竞争不再被单纯地看作企业与企业之间的竞争，而是供应链与供应链之间的竞争，所以，培养供应链的能力就显得非常重要。综上所述，供应链新模式要求面对顾客和市场，增加产品的可替换形式，缩短订货周期，改进质量，降低单元成本，提高运作优势，建立完善的评估机制和执行系统。

3.2.2　供应链管理的主要业务流程

从实际运行来看，供应链管理环境下的主要业务流程包括以下几个方面。

1. 计划

在传统管理中也包括计划职能，但供应链管理中的计划却和以往有很大的不同。供应链管理中的计划超越了狭义的职能范围，指的是使顾客所需的产品在合适的时间和合适的地点到达顾客手中的这样一个总体设计和规划过程。

在计划系统中，首先要深入了解客户的需求，即客户需要什么，何时何地需要。例如，利用在零售终端采集到的销售点（point of sales，POS）现场数据，实现客户需求信息在供应链中的传递，从零售商直接传给分销商、制造商、原材料供应商和运输商。计划系统也包括需求预测和货源补充。由客户需求牵动订单沿着供应链传递直至原材料供应商，然后导致产品沿着供应链反向流回零售商一端。在电子商务下，信息的流动在整个商品的流通中是无纸化的，并且由参与方共享。计划制订是以整个供应链客户的购买为动力的，计划的目标是实现客户价值。

为了支持"需求拉动"模式，计划过程还需要规定三项支持性工作，以完成计划方案。

（1）有效地收集客户需求信息，以适应需求变动。

（2）使需求信息和数据应用于包括安全库存、库存周转和补货频率在内的库存投资。

（3）为订单的生成、执行和记录制订完善的操作方案。

2. 实施

实施是促使货物和服务在供应链中实际流动。实施系统主要关注的是运作效率，因此有必要寻求一个新的解决方案，使日常的运作流水线化和自动化，以降低成本，提高生产效率。而提高运作效率的第一步在于将一般的商业应用提升为能够运作于整个过程的简单的集成系统，以保证产品在供应链中高效地流动。

实施系统的一个中心任务是进行跨职能集成。所谓跨职能集成是指从总体功能出发，将不同职能部门的子系统功能整合起来，使局部利益最大化，服从于整个供应链效益最大化的目标。这样的大系统需要更高水平的集成化。管理实践发现，跨职能优化的效果往往要超过某一职能的局部优化产生的效果。例如，生产力利用率最大化目标常与库存最小化的目标相抵触，企业就不得不在客户服务、存货以及生产成本之间权衡，以便最大限度地利用现有的人力、物力和信息资源。因此，实施系统旨在将订单履行、采购、制造以及分销管理综合起来，以加强供应链上的合作。

3．执行评估

执行评估过程是对供应链运行情况的跟踪。这有利于制定较为开放的决策并对变化的市场做出有效的反应，特别是对于会计和财务管理系统进行定量化的评估，是比较重要的焦点问题，因为它们是系统运行状况的标志和特征表现。可应用电子商务工具和技术来解决这些问题，如数据库管理，进行有效的信息审核和分析。要使这种评估更好地服务于企业的管理决策，就要充分利用现代化信息技术和通信手段，设计和建立一个能有效和快速获取相关信息的决策支持系统。

3.2.3　供应链业务流程的特点

（1）不同业务流程的运作具有同步性。在供应链管理环境下，制造商与供应商、制造商与分销商、供应商与分销商之间一般要借助于互联网或电子数据交换等信息技术的支持，进行业务联系。由于实施了电子化商务交易，有的人工环节不需要了，所以业务流程便简化了。例如，传统模式中的纵向流程，具有"顺序工作"方式的特点，供应商总是在接到制造商的订货要求后，再进行生产准备等工作，等到零部件生产出来，已消耗很多的时间，这样产品生产周期很长。而在供应链管理环境下，合作企业间可以通过互联网方便地获得需求方生产进度的实时信息，从而可以同步运作，主动做好供应或出货工作。例如，供应商企业可以通过互联网了解提供给制造商配件的消耗情况，在库存量即将达到订货点时，就可以在没有接到制造商要货订单前主动做好准备工作，从而大大缩短供货周期。这种合作方式的出现，使得我们可以考虑重新设计业务流程，省去不必要的环节或流程。

（2）业务流程信息化程度高。供应链管理的应用提高了管理信息计算机化的程度。在供应链管理环境下，以一定的信息技术作为支持平台，数据实现共享后，原有的工作方式可能发生变化，内外联系及时性和稳定性大大增加了。例如，生产部门制订完生产计划后，采购供应部门就可以通过数据库读取计划内容，计算需要消耗的原材料、配套件的数量，迅速制订出采购计划。通过查询数据库的供应商档案，获得最佳的供应商信息，就可以迅速向有关厂家发出要货单。更进一步地，可以通过互联网或电子数据交换渠道，将采购信息发布出去，由供应商接受处理。

（3）业务流程的技术支持性提高。供应链管理环境下业务流程的重组在相当大的程度上借助了供应链管理中应用的信息技术等现代化手段，才能促使其发生变革。在信息技术比较落后的情况下，企业的内外信息传递都要借助于纸质媒介等实体化方式，制约了工作速度，即使能够以复制文件方式传达信息给不同部门，但很难做到同步更新，也难以保证信息的可靠性。在落后的信息处理条件下，按序处理自然就成了最有效的工作方式。而现在已经开发出很多管理软件，借助于强大的数据库和网络系统，供应链成员可以快速交换各类信息，共享支持企业不同业务及其并行处理的相关数据库信息，为实现同步运作提供了技术保障。新的信息处理技术给实施了供应链管理的企业带来了巨大变化。

3.3 供应链系统设计

3.3.1 供应链设计原则

设计和运行一个有效的供应链对于每一个企业都是至关重要的，运行有效的供应链可以使企业获得提高用户服务水平、达到成本和服务之间的有效平衡、提高企业竞争力和柔性、渗透新的市场、通过降低库存提高工作效率等好处。但是供应链也可能因为设计不当而导致浪费和失败。

在供应链的设计过程中，应遵循一些基本的原则，以保证供应链的设计和重建能满足供应链管理思想得以实施和贯彻的要求。

（1）集成与分解相结合原则。在供应链系统建模设计方法中，存在两种设计方法，即自顶向下和自底向上的方法。自顶向下的方法是从全局走向局部的方法，自底向上的方法是从局部走向全局的方法，自顶而下是系统分解的过程，而自底而上则是一种集成的过程。在设计一个供应链系统时，往往是先由主管高层做出战略规划与决策，规划与决策的依据来自市场需求和企业发展规划，然后由下层部门实施决策，因此供应链的设计是自顶向下和自底向上的综合。

（2）简洁性原则。简洁性是供应链的一个重要原则，为了能使供应链具有灵活快速响应市场的能力，供应链的每个节点都应是简洁的、具有活力的、能实现业务流程的快速组合。例如，供应商的选择就应以少而精的原则，通过和少数的供应商建立战略伙伴关系，减少采购成本，推动实施准时采购方法和准时生产。生产系统的设计更是应以精细思想为指导，努力实现从精细的制造模式到精细的供应链这一目标。

（3）互补性原则。供应链的各个节点的选择应遵循强强联合的原则，达到实现资源利用的目的，每个企业只集中精力致力于各自核心的业务过程，就像一个独立的制造单元（独立制造岛），这些所谓单元化企业具有自我组织、自我优化、面向目标、动态运行和充满活力的特点，能够实现供应链业务的快速重组。

（4）协调性原则。供应链的业绩好坏取决于供应链合作伙伴关系是否和谐，因此建立战略伙伴关系的合作关系是实现供应链最佳效能的保证。所谓供应链合作关系的和谐可以描述为是否形成了充分发挥供应链系统成员和子系统的能动性、创造性及系统与环境的总体协调性。只有和谐而协调的供应链系统才能发挥最佳的效能。

（5）动态性原则。不确定性在供应链中随处可见，企业在实施供应链运作时常常面对不确定性问题。不确定性的存在，导致需求信息的扭曲，因此要预见各种不确定因素对供应链运作的影响，减少信息传递过程中的信息延迟和失真。例如，很多情况下，降低安全库存总是和服务水平的提高相矛盾。增加透明性，减少不必要的中间环节，提高预测的精度和时效性对降低不确定性的影响都是极为重要的。

（6）创新性原则。创新设计是供应链系统设计的重要原则，没有创新性思维，就不可能有创新的管理模式，因此在供应链的设计过程中，创新性是很重要的一个原则。要产生一个创新的系统，就要敢于打破各种陈旧的思维框框，用新的角度、新的视野审视原有的管理模式和体系，进行大胆的创新设计。进行创新设计要注意几点：一是创新必须在企业总体目标和战略的指导下进行，并与战略目标保持一致；二是要从市场需求的角度出发，综合运用企业的能力和优势；三是发挥企业各类人员的创造性，集思广益，并与其他企业共同协作，发挥供应链整体优势；四是建立科学的供应链和项目评价体系及组织管理系统，进行技术经济分析和可行性论证。

（7）战略性原则。供应链的建模应有战略性观点，通过战略的规划考虑减少不确定影响。从供应链的战略角度考虑，供应链建模的战略性原则还体现在供应链发展的长远规划和预见性，供应链的系统结构发展应和企业的战略规划保持一致，并在企业战略指导下进行。

3.3.2　基于产品的供应链设计

供应链设计首先要明白用户对企业产品的需求是什么，产品寿命周期、需求预测、产品多样性、提前期和服务的市场标准等都是影响供应链设计的重要问题。必须设计出与产品特性一致的供应链，也就是所谓的基于产品的供应链设计策略。

供应链设计的最终目的在于使产品与供应链相匹配。费歇尔（Fisher）认为供应链的设计要以产品为中心，要充分考虑产品类型与供应链结构之间的匹配性。

1）产品类型

不同的产品类型对供应链设计有不同的要求。按照产品的需求特征可将产品分为功能型产品和创新型产品。一般来说，功能型产品是指那些满足客户基本需要的产品，这些产品的边际利润比较低、需求比较稳定，如牙膏、方便面、大米等产品；创新型产品是指那些满足客户个性化需求或时尚需求的产品，这些产品的边际利润很高，但需求极不稳定，如流行服装，如表 3-1 所示。

表 3-1　功能型产品和创新型产品的比较

产品特征	功能型产品	创新型产品
需求特征	可预测	不可预测
产品寿命周期	2 年以上	3 个月到 1、2 年
产品的多样化程度	较低	很高
边际贡献率	5%～20%	20%～60%
预测的误差率	10%	40%～100%
平均缺货率	1%～2%	10%～40%
季末降价率	0	10%～25%
按订单生产所需的提前期	6 个月到 1 年	1 天到 2 周

由表 3-1 可以看出，功能型产品一般是为了满足用户的基本需求，变化很少，具有稳定的、可预测的需求和较长的寿命周期，但它们的边际利润较低。为了避免过低的边际利润，许多企业在产品的外形或技术上创新，以刺激消费者购买，从而获得较高的边际利润，这种创新型产品的需求一般难以预测，寿命周期也较短。正因为这两种产品的特点不同，才需要有不同类型的供应链去满足不同的管理需要。

2）供应链类型

一般来说，供应链主要划分为两种不同类型：效率型供应链（efficient supply chain）和反应型供应链（responsive supply chain）。效率型供应链主要体现供应链的物料转化功能，即以最低的成本将原材料转化成零部件、半成品、产品，以及在供应链中的运输等；而反应型供应链主要体现供应链对市场需求的反应功能，即把产品分配到满足用户需求的市场，对未预知的需求作出快速反应等。两种类型的供应链的比较见表 3-2。

表 3-2　效率型供应链与反应型供应链的比较

	效率型供应链	反应型供应链
主要目标	以最低的成本供应可预测的需求	快速反应不可预测的需求，减少缺货、过期降价、废弃库存造成的损失
产品设计策略	绩效最大、成本最小	使用模块化设计，尽量延迟产品差异化
制造策略	维持高平均利用率	消除多余的缓冲能力
库存策略	使库存最小以减少成本	维持缓冲库存，满足不确定性需求
提前期	在不增加成本的前提下缩短提前期	采取主动措施缩短提前期
选择供应商指标	依据成本和质量	依据速度、柔性和质量

3）基于产品类型的供应链设计策略

在设计供应链时需要根据产品的特性和供应链的特性来设计，才能保证设计出与产品需求一致的供应链。设计策略如图 3-3 所示。对于功能型产品，假设边际贡献率为 10%，平均缺货率为 1%，则边际利润损失仅为 0.1%。因此，为改善市场反应能力而投入大量资金是得不偿失的。生产这类产品的企业，主要目标是尽量降低成本。企业通常通过制订合理的产出计划，协调销售、生产与采购等环节，提高生产效率、缩短提前期、降低成本，最终提高竞争力。对于创新型产品，假设边际贡献率为 40%，平均缺货率为 25%，则边际利润损失为 10%。因此，通过投资，改善供应链对市场的反应能力是经济可行的。

	功能型产品	创新型产品
效率型供应链	匹配	不匹配
反应型供应链	不匹配	匹配

图 3-3　供应链设计与产品类型策略矩阵

策略矩阵的四个元素代表四种可能的产品和供应链的组合，从中可以看出产品和供应链的特性，管理者可以根据它判断企业的供应链流程设计是否与产品类型一致：效率型供应链流程适于功能型产品，反应型供应链流程适于创新型产品，否则就会产生问题，即产品与供应链不匹配，结果将不能很好地满足市场需求，使供应链缺乏市场竞争力。对于图 3-3 右上方不匹配的情况，可以采用两种改进方法：一种方法是向左平移，将创新型产品变为功能型产品；另一种方法是向下垂直移动，实现从效率型供应链向反应型供应链的转变。正确的决策取决于创新型产品所产生的边际利润是否足以弥补采用反应型供应链所增加的成本。

对于功能型产品来说，关键在于如何以低的成本满足市场的需要，通常可采取以下措施。

（1）加强企业与供应商、分销商之间的合作，有效降低整个供应链的成本。

（2）维持价格的稳定，避免频繁的价格促销活动。

对于创新型产品来说，由于产品需求的不确定性，在市场中取胜的关键在于如何快速地满足市场的需求，通常可采取以下措施。

（1）通过共享零部件提高零部件需求的预测准确性，从而减少需求的不确定性。

（2）通过缩短提前期和增加供应链的柔性，实现按订单生产，从而避免需求的不确定性。

（3）通过设置库存缓冲和能力缓冲，从而防范需求的不确定性。

4）基于产品的供应链设计步骤

（1）分析市场竞争环境。分析市场竞争环境的目的在于找到针对哪些产品开发供应链才有效，为此，必须知道现在的产品需求是什么、产品的类型和特征是什么。分析市场特征的过程要向供应商、用户和竞争者进行调查，提出如"用户想要什么？""他们在市场中的份额有多大？"之类的问题，以确认用户的需求和因供应商、用户、竞争者产生的压力。这一步骤的输出是每一产品按重要性排列的市场特征描述，同时对于市场的不确定性要有分析和评价。

（2）总结、分析企业现状。主要分析企业供需管理的现状，如果企业已经有供应链管理，则分析供应链的现状。这一步骤的目的不在于评价供应链设计策略的重要性和适应性，而是着重于研究供应链开发的方向，分析、总结企业存在的问题及影响供应链设计的阻力等因素。

（3）根据基于产品的供应链设计策略提出供应链设计的目标。主要目标在于获得高用户服务水平和低库存投资、低单位成本两个目标之间的平衡（这两个目标往往有冲突），同时还应包括以下目标：①进入新市场；②开发新产品；③开发新的营销渠道；④改善售后服务水平；⑤提高用户满意程度；⑥降低物流成本；⑦通过降低库存提高工作效率等。

（4）分析供应链的组成，提出供应链组成的基本框架。分析供应链的组成成员可以为确定供应链模式提供基本框架。供应链中的成员组成分析主要包括制造工厂、设备和工艺、供应商、分销商、零售商及用户的选择与定位，以及确定选择与评价的标准。

（5）分析和评价供应链设计的技术可能性。这不仅仅是提出某种策略或改善技术的推荐清单，而且是在可行性分析的基础上，结合本企业的实际情况为开发供应链提出技术选择建议和支持。这也是一个决策的过程，如果认为方案可行，就可进行下面的设计。如果不可行，就要重新进行分析和评价。

（6）解决供应链设计中的关键问题。在供应链设计中，要解决的关键性问题包括：①供应链的成员，如供应商、设备、工厂、分销中心的选择与定位、计划与控制方法；②原材料的来源问题，包括供应商、流量、价格、运输等问题；③生产方式设计，如需求预测、生产什么产品、生产能力、供应给哪些分销中心、价格、生产计划、生产作业计划和跟踪控制、库存管理等问题；④分销任务与能力设计，如产品服务于哪些市场、运输、价格等问题；⑤相关信息管理系统设计；⑥物流管理系统设计等。

在供应链设计中，要广泛地应用许多工具和技术，包括归纳法、流程图、模拟和设计软件等。

（7）检验供应链。供应链设计完成以后，应通过一定的方法、技术进行测试检验或试运行，如不行，返回第（3）步重新进行设计。如果没有什么问题，就可实施供应链管理了。

3.3.3　供应链组织模型

从系统论的观点来看，组织结构决定组织功能。不同的组织结构，管理职能的发挥也就不同。供应链管理作为一种新的管理模式，它是建立在企业与企业之间的一种组织结构模式。其内部构成和相互之间的关系必然不同于单个企业，因此讨论供应链的组织模型就非常重要。

供应链以一种链网的形式存在，其中必然有一个企业起着核心作用。它除了能创造特殊价值，长期控制比竞争对手更擅长的关键性业务工作，还要协调好整个链中从供应商、制造商、分销商直到最终用户之间的关系，控制好整个增值链的运行。为了能够管理好整个供应链，核心企业必然要作为整个供应链的信息集成中心、管理控制中心、物料集成中心而发挥作用。所以供应链的组织结构应当围绕着核心企业来构建。

一般来说，成为核心企业的企业，要么为其他企业提供产品或服务，要么接受它们的产品或服务，要么在供应商与用户之间起连接作用。以核心企业为中心建立组织结构模型包括以下四种。

（1）核心企业作为用户企业的组织结构模型。作为用户企业的核心企业，它本身拥有强大的销售网络和产品设计等优势，销售、用户服务这些功能就由核心企业自己的销售网络来完成。因此供应链组织结构的构建主要集中在供应商这一部分。供应链管理的中心转到供应商的选择、信息网络的设计、生产计划、生产作业计划、跟踪控制、库存管理、供应商与采购管理等方面。

（2）核心企业作为产品或服务的供应者的结构模型。作为这类核心企业，它本身享有供应和生产的特权，或者享有在制造、供应方面不可替代的优势，如能源、原材料生产企业。但其在分销、用户服务等方面则不具备竞争优势。因此在这一模型中，供应链管理主要集中在经销商、用户的选择、信息网络的设计、需求预测计划与管理、分销渠道管理、用户管理与服务等方面。

（3）核心企业同时作为产品与服务的供应者和用户。这类核心企业主要具有产品设计、管理等优势，但是，在原材料的供应、产品的销售及各市场用户的服务，缺乏足够的力量，因此，它必须通过寻求合适的供应商、制造商、分销商和用户构建成整个供应链。供应链管理主要是协调好产、供、销的关系，信息网络的设计、计划、控制、支持管理、信息流管理等方面。

（4）核心企业作为连接组织。这类核心企业往往具有良好的商誉和较大的规模，并且掌握着本行业大量的信息资源。它主要通过在众多中小经销企业和大的供应商之间建立联系，代表中小经销企业的利益取得与大的供应商平等的地位，从而建立起彼此合作的战略伙伴关系。供应链管理主要集中在中小经销企业与大的供应商之间的协调、信息交换和中小经销企业的控制等方面。

对于现有组织模式如何转变为供应链管理模式，首先是识别企业自身优势，将非优势职能通过供应链中其他企业完成，其次集中本企业的资源发展企业自身优势，寻求合作伙伴。因此可以说，供应链的组织重构是建立在个体企业组织重构的基础之上的。

3.4 供应链运作方式

从对市场的反映方式上看，企业供应链运作系统可以分为供给推动模式、需求拉动模式和推拉结合混合供应链模式，不同的运作系统模式对物流的要求也不同。企业供应链运作系统决定了物流形式和物流管理方式。

（1）供给推动模式。供给推动模式如图 3-4 所示。推动式的供应链运作方式以制造商为核心，产品生产出来后从分销商逐级推向用户。分销商和零售商处于被动接受的地位，各个企业之间的集成度较低，通常采取提高安全库存量的方法应付需求变动，因此整个供应链上的库存量较高，对需求变动的响应能力较差。

图 3-4 供给推动模式

（2）需求拉动模式。需求拉动式供应链的驱动力产生于最终用户的需求，整个供应链的集成度较高，信息交换迅速，可以根据用户的需求实现定制化服务。采用这种运作方式的供应链系统库存量较低。需求拉动模式如图 3-5 所示。

图 3-5 需求拉动模式

（3）推拉结合模式。推动式供应链和拉动式供应链都各有其优点及局限性，并且二者的优缺点之间存在着相当的互补关系。例如，拉动式供应链难以实现制造和运输的互补关系，而推动式则可以实现。因此，将推动式和拉动式结合起来形成混合式的供应链模式（图3-6）将更为有效，这种混合式供应链可以利用单一模式各自的优点而回避它们的缺点。

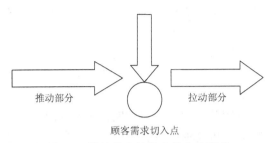

推动部分　　　　　　拉动部分

顾客需求切入点

图3-6　推拉结合的混合供应链模式

在图3-6中，推动阶段和拉动阶段之间的分界点称为顾客需求切入点，在切入点之前，是推动式的大规模通用化半成品生产阶段，能形成规模经济。生产是按预测进行的，这些中间产品生产出来后，就保持在这种中间状态，使以后的加工装配成型过程延迟，顾客的需求信息在切入点切入生产过程，接到用户的订单后，根据确实掌握的订单资讯，尽快地将中间产品按客户的定制要求加工成最终产品，实现快速有效的顾客反应。因此，切入点之后是拉动式的差别化定制阶段。这种混合供应链模式可以扬长避短，既能有效地响应市场、降低库存，又可以实现规模经济，降低实施难度。

3.5　供应链管理的实施策略

本节将讨论三种供应链管理方法：快速反应，有效客户反应，联合、计划、预测与补给。

3.5.1　快速反应

1. 快速反应产生背景

20世纪六七十年代，美国的杂货行业面临着国外进口商品的激烈竞争。到了80年代初期，美国国产的鞋、玩具以及家用电器的市场占有率下降到20%，而国外进口的服装占据了美国市场的40%。面对与国外商品的激烈竞争，纺织与服装行业采取的主要对策是，一方面寻找法律保护，要求政府和国会采取措施防止纺织品的大量进口；另一方面，加大现代化设备的投资，以提高服装行业的生产能力和效率。尽管80年代中期，美国的纺织与服装行业是美国通过进口配额系统保护最重的行业之一，而且纺织业是美国制造业生产率增长最快的行业，但廉价的服装行业进口商品的渗透却在继续增加。一些行业的先驱认识到，保护主义措施无法保护美国服装制造业的领先地位，他们必须寻找其他方法。

在这种背景下，1984年，美国服装、纺织以及化纤行业的先驱成立了一个用国货为荣委员会，该委员会的任务是为购买美国生产的纺织品和服装的消费者提供更大的利益，研究如何长期保持美国的服装纺织行业的竞争力。研究结果发现，美国服装纺织业系统的各个部分具有高运作效率，但整个系统的效率却十分低。供应链的长度是影响其高效运作的主要因素。

整个服装供应链，从原材料到消费者购买，时间为 66 周；11 周在制造车间，40 周在仓库或转运，15 周在商店。这样长的供应链不仅各种费用高，更重要的是，建立在不精确需求预测上的生产和分销，因数量过多或过少造成的损失非常大。整个服装供应链系统的总损失每年可达 25 亿美元，其中 2/3 的损失来自于零售或制造商对服装的降价处理以及在零售时的缺货。进一步的调查发现，消费者离开商店而不购买的主要原因是找不到合适尺寸和颜色的商品。

这项研究导致了快速反应策略的应用和发展。快速反应是零售商及其供应商密切合作的策略，应用这种策略，零售商和供应商通过共享销售点系统信息、联合预测未来需求、发现新产品营销机会等，对消费者的需求作出快速的反应。从业务操作的角度来讲，贸易伙伴需要用电子数据交换来加快信息的流动，并共同重组他们的业务活动，以将订货前导时间和成本极小化。在补货中应用快速反应可以将交货前导时间大大降低。

2. 快速反应的概念

快速反应是指物流企业面对多品种、小批量的买方市场，不是储备了"产品"，而是准备了各种"要素"，在用户提出要求时，能以最快速度抽取"要素"，及时"组装"，提供所需服务或产品。

快速反应是美国纺织服装业发展起来的一种供应链管理方法。它是美国零售商、服装制造商以及纺织品供应商开发的整体业务概念，目的是减少原材料到销售点的时间和整个供应链上的库存，最大限度地提高供应链管理的运作效率。

快速反应要求零售商和供应商一起工作，通过共享销售点信息来预测商品的未来补货需求，以及不断地监视趋势以探索新产品的机会，以便对消费者的需求能更快地作出反应。

快速反应的着重点是对消费者需求作出快速反应。快速反应的具体策略有：待上架商品准备服务（floor ready merchandise）、自动物料搬运（automatic material handling）等。

3. 实施快速反应

1）成功实施快速反应的条件

1991 年，Blackburn 在对美国纺织服装业快速反应研究的基础上总结出成功实施快速反应的 5 项条件，这也是快速反应的主要特征。

（1）改变传统的经营方式、企业经营意识和组织结构。

①企业不能局限于依靠本企业独自的力量来提高经营效率的传统经营意识，要树立通过与供应链各方建立合作伙伴关系，努力利用各方资源来提高经营效率的现代经营意识。

②零售商在垂直型快速反应系统中起主导作用，零售店铺是垂直型快速反应系统的起始点。

③在垂直型快速反应系统内部，通过销售点数据等销售信息和成本信息的相互公开和交换，来提高各个企业的经营效率。

④明确垂直型快速反应系统内各个企业之间的分工协作范围和形式，消除重复作业，建立有效的分工协作框架。

⑤必须改变传统的事务作业的方式，通过利用信息技术实现事务作业的无纸化和自动化。

（2）开发和应用现代信息处理技术。这些信息技术包括条码技术、电子订货系统、销售点系统、电子数据交换技术、电子资金转账、卖方管理库存、连续补货等。

（3）与供应链各方建立战略伙伴关系。具体内容包括以下两个方面：一是积极寻找和发现战略合作伙伴；二是在合作伙伴之间建立分工和协作关系。合作的目标定为削减库存，避免缺货现象的发生，降低商品风险，避免大幅度降价现象发生，减少作业人员和简化事务性作业等。

（4）改变传统的对企业商业信息保密的做法。将销售信息、库存信息、生产信息、成本信息等与合作伙伴交流共享，并在此基础上，要求各方在一起发现问题、分析问题和解决问题。

（5）供应方必须缩短生产周期，降低商品库存。具体来说供应方应努力做到：缩短商品的生产周期，进行多品种少批量生产和多频度少数量配送，降低零售商的库存水平，提高顾客服务水平，在商品实际需要将要发生时采用准时生产方式组织生产，减少供应商自身的库存水平。

2）实施快速反应可分为三个阶段

第一阶段：对所有的商品单元条码化，利用电子数据交换传输订购单报文和发票报文。

第二阶段：在第一阶段的基础上增加与内部业务处理有关的策略，如自动补库与商品即时出售等，并采用电子数据交换传输更多的报文，如发货通知报文、收货通知报文等。

第三阶段：与贸易伙伴密切合作，采用更高级的快速反应策略，以对客户的需求作出快速反应。一般来说，企业内部业务的优化相对来说较为容易，但在贸易伙伴间进行合作时，往往会遇到诸多障碍，在快速反应实施的第三阶段，每个企业必须把自己当成集成供应链系统的一个组成部分，以保证整个供应链的整体效益。

4. 快速反应的收益

实施快速反应的收益是巨大的，它远远超过其投入。

（1）条形码和销售点扫描技术使企业可以跟踪销售和库存商品的详细信息，带来的收益包括：①消除商店的账簿；②降低甚至消除促销商品的标签费用；③降低配送中心的标签费用；④通过更准确的定价减少削价损失；⑤提高商店付款台的工作效率；⑥零售商和生产厂商通过电子数据交换可以使零售商小批量频繁地订货，同时大大地减少了文档工作和订单错误；⑦运输包装标志使企业扫描货箱标签时，不需要开箱、分类和盘点货物即可知道货箱的内容，从而使配送中心能够更快地处理货物并把货物送到目的商店；⑧这些信息技术与快速反应战略结合后使零售商获得了更多的收益。

（2）增加销售额。

（3）降低购销费用。

（4）降低配送费用。

（5）降低管理费用。

（6）降低库存利息。

（7）降低快速反应的成本。

快速反应在过去的发展中取得了巨大的成功。商品的供应商和零售商通过这一方法为他们的客户提供了更好的服务，同时也减少了整个供应链上的非增值成本。快速反应作为一种供应链管理方法，必将向其更高的阶段发展，必将为供应链上的贸易伙伴——供应商、分销商、零售商和最终客户带来更大的价值。

3.5.2 有效客户反应

1）有效客户反应产生背景

美国日杂百货业的竞争，进入 20 世纪 80 年代特别是 90 年代以后，从零售商角度来看，新的零售业态，如仓储商店、折扣店大量涌现，以相当低的价格销售商品，从而使日杂百货业的竞争日趋激烈，在这种状况下，许多传统超市业者开始寻找对应这种竞争方式的新管理方法；从生产厂家角度来看，由于日杂百货商品的技术含量不高，大量无实质性差别的新商品被投入市场，使生产厂家之间的竞争趋同化。生产厂家为了获得销售渠道，通常采用直接或间接的降价方式作为向零售商促销的主要手段，这种方式往往会大量牺牲厂家自身的利益。所以，如果生产商能与供应链中的零售商结成更为紧密的联盟，将不仅有利于零售业的发展，同时也符合生产厂家自身的利益；另外，从消费者的角度来看，过度竞争往往会使企业在竞争时忽视消费者的需求。通常消费者要求的是商品的高质量、新鲜、服务好和在合理价格基础上的多种选择，然而，许多企业往往不是通过提高商品质量、服务好和在合理价格基础上的多种选择来满足消费者，而是通过大量的诱导型广告和广泛的促销活动来吸引消费者转换品牌，同时提供大量非实质性变化的商品供消费者选择，这样，消费者不能得到他们需要的商品和服务。对应于这种状况，客观上要求企业从消费者的需求出发，提供能满足消费者需求的商品和服务。

在上述背景下，美国食品市场营销协会联合包括 Coca-Cola、P&G、Safeway Store 等 6 家企业与流通咨询企业 Kurt Salmon Associates 公司一起组成研究小组，对食品业的供应链进行调查、总结、分析，于 1993 年 1 月提出了改进该行业供应链管理的详细报告。在该报告中系统地提出有效客户反应的概念体系。经过美国食品市场营销协会的大力宣传，有效客户反应概念被零售商和制造商所接纳并广泛地应用于实践。

2）有效客户反应的概念

有效客户反应是在分销系统中，以满足顾客要求和降低与消除分销商与供应商体系中不必要的成本和费用为原则，能及时作出准确反应，使提供的物品供应或服务流程最佳化的一种供应链管理策略。有效客户反应的最终目标是建立一个具有高效反应能力和以客户需求为基础的系统，使零售商及供应商以业务伙伴方式合作，提高整个食品杂货供应链的效率，而不是单个环节的效率，从而大大降低整个系统的成本、库存和物资储备，同时为客户提供更好的服务。

3）有效客户反应的构成

有效客户反应是一种运用于工商业的策略，供应商和零售商通过共同合作（如建立供应商、分销商、零售商联盟），而不是以单方面不协调的行动来提高生产力，这样能节省由生产到最后销售的贸易周期的成本。因而有效客户反应整个过程主要由贯穿供应链的 4 个部分组成（图 3-7）。

（1）有效新产品导入（efficient new product introduction）：采集和分享供应链伙伴间时效性强的更加准确的购买数据，以此为指导来有效地开发新产品，合理安排产品的生产计划，提高新产品的成功率。

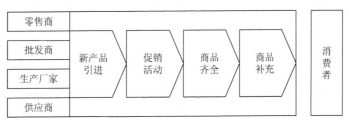

图 3-7　有效客户反应的运作过程

（2）有效促销（efficient promotions）：提高仓储、运输和生产的效率，减少预先购买、供应商库存及仓储费用，简化分销商与供应商的贸易关系，使贸易和促销的整个系统效率最高。

（3）有效商店空间管理（efficient store assortment）：通过建立空间管理系统、有效商品品种等手段，有效地利用店铺的空间和店内布局，来最大限度地提高商品的获利能力。

（4）有效补货（efficient replenishment）：从生产线到收款台，通过电子数据交换，以需求为导向进行自动连续补货和计算机辅助订货，使补货系统的时间和成本最优化，从而降低商品的售价。

4）实施有效客户反应

首先，应联合整个供应链所涉及的供应商、分销商以及零售商，改善供应链中的业务流程，使其最合理有效；然后，再以较低的成本，使这些业务流程自动化，以进一步降低供应链的成本和时间。

具体地说，实施有效客户反应需要将条码、扫描技术、销售点系统和电子数据交换集成起来，在供应链（由生产线直至付款柜台）之间建立一个无纸系统，如图 3-8 所示，以确保产品能不间断地由供应商流向最终客户，同时，信息流能够在开放的供应链中循环流动。这样，才能满足客户对产品和信息的需求，即给客户提供最优质的产品和适时准确的信息。

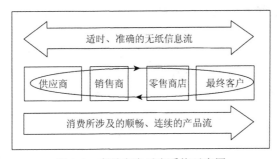

图 3-8　有效客户反应系统示意图

（1）实施有效客户反应的原则。

①以较少的成本，不断致力于向食品杂货供应链客户提供更优的产品、更高的质量、

更好的分类、更好的库存服务以及更多的便利服务。

②有效客户反应必须由相关的商业带头人启动。该商业带头人应决心通过代表共同利益的商业联盟取代旧式的贸易关系，而达到获利的目的。

③必须利用准确、适时的信息以支持有效的市场、生产及后勤决策。这些信息将以电子数据交换的方式在贸易伙伴间自由流动，它将影响以计算机信息为基础的系统信息的有效利用。

④产品必须随其不断增值的过程，从生产至包装，直至流动到最终客户的购物篮中，以确保客户能随时获得所需产品。

⑤必须采用通用一致的工作措施和回报系统。该系统注重整个系统的有效性（即通过降低成本与库存以及更好的资产利用，实现更优价值），清晰地标识出潜在的回报（即增加的总值和利润），促进对回报的公平分享。

（2）实施有效客户反应的主要技术。有效客户反应的成功运行，需要一些关键技术的支撑。

①连续库存补充计划（continuous replenishment program，CRP）。连续库存补充计划是利用及时准确的销售点数据确定销售出去的商品数量，根据零售商或批发商的库存信息和预先规定的库存补充程序确定发货补充数量和发送时间。由制造商负责对零售商的库存补货。连续补货计划的成功实施，取决于有效的信息共享。以小批量多频度方式进行连续配送，补充零售店铺的库存，提高库存周转率，缩短交纳周期时间。

②计算机辅助订货（computer assisted ordering，CAO）。计算机辅助订货是一种专家订货决策的计算机软件，能自动分析来自销售点系统和仓库的商品销售数据及交货数据，并进行销售预测，在最小的人为干扰下，确定补货量。计算机辅助订货能提高订货决策水平，节约劳动力，防止和解决传统模式中由于缺乏对各种数据进行系统分析而产生的随意订货现象。

③直接转运（cross docking）。直接转运是物流实现快速运转的一种运输策略。在直接转运系统中，仓库是库存的协调中心，而不是储存中心。在典型的直接转运系统中，商品从制造商直接运往仓库，然后转移到为零售商店配送的车辆上，并以尽可能快的速度送到零售商手中。商品在仓库的停留时间很短，通常不会超过 12 小时。这种系统通过缩短储存时间而降低了库存成本并缩短了提前期。实现直接转运，必须用先进的信息系统把配送中心、零售商和供应商连接起来，以保证在要求的时间内完成商品的挑拣和运输。另外，为了使直接转运系统能够运作起来，必须有一个快速反应的运输系统。

④预先发货通知（advanced shipping notice，ASN）。预先发货通知是生产厂家或者批发商在发货时利用电子通信网络提前向零售商传送货物的明细清单。这样零售商事前可以做好货物进货准备工作，同时可以省去货物数据的输入作业，可以使商品检验作业效率化等。

5）实施有效客户反应的收益

由于在流通环节中缩减了一些不必要的成本，零售商和分销商之间的价格差异也随之降低，这些节约了的成本最终将使消费者受益，各贸易商也将在激烈的市场竞争中赢得一定的市场份额。对客户、分销商和供应商来说，除这些有形的利益，有效客户反应还有着重要的不可量化的无形利益（表 3-3）。

表 3-3　有效客户反应的无形利益

客户	增加选择和购物便利，减少无库存货品，货品更新鲜
分销商	提高信誉，更加了解客户情况，改善与供应商的关系
供应商	减少缺货现象，加强品牌完整性，改善与分销商的关系

6）有效客户反应与快速反应的比较

有效客户反应主要以食品行业为对象，其主要目标是降低供应链各环节的成本，提高效率。而快速反应主要集中在一般商品和纺织行业，其主要目标是对客户的需求作出快速反应，并快速补货。这是因为食品杂货业与纺织服装行业经营产品的特点不同：杂货业经营的产品多数是一些功能型产品，每一种产品的寿命相对较长（生鲜食品除外），因此，订购数量过多（或过少）造成的损失相对较小；纺织服装业经营的产品多属创新型产品，每一种产品的寿命相对较短，因此，订购数量过多（或过少）造成的损失相对较大。

二者共同特征表现为超越企业之间的界限，通过合作追求物流效率化。具体表现在如下三个方面。

（1）贸易伙伴间商业信息的共享。即零售商将原来不公开的销售点系统单品管理数据提供给制造商或分销商，制造商或分销商通过对这些数据的分析来实现高精度的商品进货、调达计划，降低产品库存，防止出现次品，进一步使制造商能制订、实施所需对应型的生产计划。

（2）商品供应方进一步涉足零售业，提供高质量的物流服务。作为商品供应方的分销商或制造商比以前更接近位于流通最后环节的零售商，特别是零售业的店铺，从而保障物流的高效运作。当然，这一点与零售商销售、库存等信息的公开是紧密相连的，即分销商或制造商所从事的零售补货机能是在对零售店铺销售、在库情况迅速了解的基础上开展的。

（3）企业间订货、发货业务全部通过电子数据交换来进行，实现订货数据或出货数据的传送无纸化。企业间通过积极、灵活运用这种信息通信系统，来促进相互间订货、发货业务的高效化。计算机辅助订货、卖方管理库存、连续补货以及建立产品与促销数据库等策略，打破了传统的各自为政的信息管理、库存管理模式，体现了供应链的集成化管理思想，适应市场变化的要求。

从具体实施情况来看，建立世界通用的唯一的标识系统以及用计算机连接的能够反映物流、信息流的综合系统，是供应链管理必不可少的条件，即在销售点信息系统基础上确立各种计划和进货流程。也正因为如此，由电子数据交换导入的数据，使得到最终顾客全过程的货物追踪系统和贸易伙伴间的沟通系统的建立，成为供应链管理的重要因素。

3.5.3　联合、计划、预测与补给

1）联合、计划、预测与补给的产生

20 世纪 80 年代末到 90 年代初，在市场竞争的强大压力之下，一些先导企业开始考虑评估和重构做生意的方式，从而导致了对供应链物流和信息的重组活动。在 80 年代，人们对供应链优化的聚焦点是技术解决方案，现在已转变为重组他们做生意的方式以及与贸易伙伴的密切合作方面。供应链管理开始进一步向无缝连接转化，促使供应链的整

合程度进一步提高。例如，P&G 与 Wal-Mart 通过密切合作来确定库存水平和营销策略。P&G 与 Wal-Mart 的合作改变了两家企业的营运模式，实现了双赢。为了实现对供应链的有效运作和管理，以及对市场变化的科学预测和快速反应，一种面向供应链的策略——联合计划、预测与补给应运而生，并逐渐成为供应链管理的一个成熟的商业流程。他们合作的这四个理念 CPFR，也演变成供应链管理的标准。

1995 年，Wal-Mart 开始与 P&G、Warner-Lambert 等大供应商协同，要把联合、计划、预测与补给变成一种用软件固化的业务模式和高效执行系统。SAP、Manugistics 等软件商、咨询公司 Benchmarking Partners 等随即加盟，联合成立了零售供应和需求链工作组（retail supply and demand chain working group），进行联合、计划、预测与补给研究和探索，其目的是开发一组业务过程，使供应链中的成员利用它能够实现从零售商到制造企业之间的功能合作，显著改善预测准确度，降低成本、库存总量和现货百分比，发挥出供应链的全部效率。

在联合、计划、预测与补给取得初步成功后，组成了由 30 多个单位参加的联合、计划、预测与补给理事会，与自愿行业间商业标准（voluntary inter-industry commerce standards，VICS）理事会一起致力于联合、计划、预测与补给的研究、标准制定、软件开发和推广应用工作。特别是美国自愿行业间商业标准于 1998 年发布了联合、计划、预测与补给指导准则以后，越来越多的优秀企业开始采用联合、计划、预测与补给来推动企业业绩的大幅提高，尤其是许多世界 500 强的企业大多已开始实施、建立或研究联合、计划、预测与补给。联合、计划、预测与补给正越来越明显地影响着企业运营管理的基本模式，它日益证明联合、计划、预测与补给是当今企业供应链管理的主导趋势和骨干框架。

2）联合、计划、预测与补给的概念

联合、计划、预测与补给是一种面向供应链的新型合作伙伴的策略和管理模式。它通过零售企业与生产企业共同预测和补货，并将各企业内部的计划工作（如生产计划、库存计划、配送计划、销售计划等）由供应链各企业共同参与，改善零售商和供应商的伙伴关系，以提高预测的准确度，改进计划和补货的过程和质量，最终达到提高供应链效率、减少库存和提高消费者满意程度的目的。

联合、计划、预测与补给最大的优势是能及时准确地预测由各项促销措施或异常变化带来的销售高峰和波动，从而使销售商和供应商都能做好充分的准备，赢得主动。同时联合、计划、预测与补给采取了一种"双赢"的原则，始终从全局的观点出发，制定统一的管理目标以及方案实施办法，以库存管理为核心，兼顾供应链上的其他方面的管理。它既是一个概念，也是一个软件系统，即整个概念和模式是通过一套软件系统的运行来实现的。从联合、计划、预测与补给的基本思想看，供应链上下游企业只有确立共同的目标，才能使双方的绩效都得到提升，取得综合性的效益。联合、计划、预测与补给的指导性原则有以下三点。

（1）贸易伙伴框架结构和运作过程以消费者为中心，并且面向价值链的成功运作。

（2）贸易伙伴共同负责开发单一、共享的消费者需求预测系统，这个系统驱动整个价值链计划。

（3）贸易伙伴均承诺共享预测并在消除供应过程约束上共担风险。

3）联合、计划、预测与补给的实施

联合、计划、预测与补给的实施可划分为计划、预测和补给 3 个阶段，包括 9 个主要流程活动。第 1 个阶段为计划，包括第 1、2 步；第 2 个阶段为预测，包括第 3～8 步；第 3 个阶段为补给，包括第 9 步。

第 1 步：供应链伙伴达成协议。这一步是供应链合作伙伴包括零售商、分销商和制造商等为合作关系建立指南和规则，共同达成一个通用业务协议，包括合作的全面认识、合作目标、机密协议、资源授权、合作伙伴的任务和成绩的检测。

第 2 步：创建联合业务计划。供应链合作伙伴相互交换战略和业务计划信息，以发展联合业务计划。合作伙伴首先建立合作伙伴关系战略，然后定义分类任务、目标和策略，并建立合作项目的管理简况（如订单最小批量、交货期、订单间隔等）。

第 3 步：创建销售预测。利用零售商销售点数据、因果关系信息、已计划事件信息创建一个支持共同业务计划的销售预测。

第 4 步：识别销售预测的例外情况。识别分布在销售预测约束之外的项目，每个项目的例外准则需在第 1 步中得到认同。

第 5 步：销售预测例外项目的解决/合作。通过查询共享数据、E-mail、电话、交谈、会议等解决销售预测例外情况，并将产生的变化提交给销售预测（第 3 步）。

第 6 步：创建订单预测。合并销售点数据、因果关系信息和库存策略，产生一个支持共享销售预测和共同业务计划的订单预测，提出分时间段的实际需求数量，并通过产品及接收地点反映库存目标。订单预测周期内的短期部分用于产生订单，在冻结预测周期外的长期部分用于计划。

第 7 步：识别订单预测的例外情况。识别分布在订单预测约束之外的项目，例外准则在第 1 步已建立。

第 8 步：订单预测例外项目的解决/合作。通过查询共享数据、E-mail、电话、交谈、会议等调查研究订单预测例外情况，并将产生的变化提交给订单预测（第 6 步）。

第 9 步：订单产生。将订单预测转换为已承诺的订单，订单产生可由制造厂或分销商根据能力、系统和资源来完成。

实践表明，联合、计划、预测与补给是一种有效的新的合作理念，由 Syncra System 公司和 Industry Direction 公司对全球制造商、零售商、分销商、物流提供商和其他经营者（主要集中于消费品领域）的联合、计划、预测与补给实践进行调研得出：80%的合作伙伴业务得到了增加，销售额增加，库存降低 10%，客户满意度增加，计划准确性提高。

4）联合、计划、预测与补给实施中的关键因素

在联合、计划、预测与补给实施过程中，获得成功的关键因素有以下五点。

（1）以"双赢"的态度看待合作伙伴和供应链相互作用。企业必须了解整个供应链过程以发现自己的信息和能力在何处有助于供应链，进而有益于最终消费者和供应链合作伙伴。换句话说，基于联合、计划、预测与补给的供应链成功的一个关键是从"赢利/损失"的传统企业关系到"赢利/赢利"的合作关系的转变。

（2）为供应链成功运作提供持续保证和共同承担责任。这是基于联合、计划、预测与补给的供应链成功运作所必需的企业价值观。每个合作伙伴对供应链的保证、权限和

能力不同，合作伙伴应能够调整其业务活动以适应这些不同。无论在哪个职责层，合作伙伴坚持其保证和责任将是供应链成功运作的关键。

（3）抵御产品转向。由于产品转向会较大地抑制合作伙伴协调需求和供应计划的能力，因此它不能与联合、计划、预测与补给共存。抵御产品转向的一个关键是了解它所带来的短期效益和建立一个良好计划、低库存供应链所能获得的长期效益的差别。这也是对联合、计划、预测与补给必要的信心和承诺的检验。

（4）实现跨企业、面向团队的供应链。团队不是一个新概念，建立跨企业的团队造成一个新问题：团队成员可能参与其他团队，并与其合作伙伴的竞争对手合作。这些竞争对手互相有"赢利/损失"关系，团队联合的深度和交换信息的类型可能造成多个联合、计划、预测与补给团队中人员的冲突。在这种情况下，必须有效地构建支持完整团队和个体关系的公司价值系统。

（5）制定和维护行业标准。公司价值系统的另一个重要组成部分是对行业标准的支持。每个公司有一个单独开发的过程，这会影响公司与合作伙伴的联合。行业标准必须制定得既便于统一执行，又允许公司间存在不同，这样才能被有效应用。开发和评价这些标准，有利于合作伙伴的信息共享和合作。

■ 本章小结

供应链由所有加盟的节点企业组成，其中一般有一个核心企业（可以是产品制造企业，也可以是大型零售企业，如美国的 Wal-Mart 等），节点企业在需求信息的驱动下通过供应链的职能分工与合作（生产、分销、零售等），以资金流、物流或/和服务流为媒介实现整个供应链的不断增值。

供应链管理主要涉及四个主要领域：供应（supply）、生产（schedule plan）、物流（logistics）、需求（demand）。

物流是供应链管理的重要组成部分，在供应链管理中起重要作用。在供应链环境下，物流业得到扩展；信息量大大增加，透明度提高；物流网络规划能力增强，物流作业精细化程度提高；物流作业体现高度协调性。

供应链管理模式的特点是：以客户价值为导向的"需求动力"模式；以供应链各环节上的信息集成与共享为条件；市场竞争不再被单纯地看作企业与企业之间的竞争，而是供应链与供应链之间的竞争。

本章介绍了基于产品的供应链设计策略和设计步骤、供应链体系结构模型、供应链合作伙伴选择的意义和评价方法、供应链的两种运作模式，供学习、借鉴和应用。

本章还重点推荐了三种最常见的供应链管理环境下物流运作可采用的方法：快速反应，有效客户反应，联合、计划、预测与补给。

■ 关键概念

供应链　供应链管理　功能型产品　创新型产品　效率型供应链　反应型供应链

供应链合作伙伴　快速反应　有效客户反应　联合计划、预测与补给

■ 思考题

1. 什么是供应链？什么是供应链管理？
2. 供应链管理的主要业务流程是什么？
3. 基于产品的供应链设计有哪些步骤？
4. 如何选择供应链合作伙伴？
5. 供应链的运作方式有哪几种？
6. 快速反应的基本原理是什么？
7. 如何运作有效客户反应？
8. 联合、计划、预测与补给的基本流程是怎样的？

■ 案例分析

Zara 公司的供应链管理

第 4 章

物流系统

➤本章导读

1. 了解物流系统的概念、模式、特点；了解物流系统的目标和存在的制约关系。
2. 了解物流系统的要素。
3. 掌握物流系统的组成。
4. 掌握物流系统的结构。
5. 了解物流系统建立和开发的方法和程序。

■ 4.1 物流系统概述

4.1.1 系统的含义

1）系统的概念

"系统"这个词来源于古希腊语"system"。关于系统的定义很不统一，一般可以理解为系统是指由若干个相互联系、相互作用的要素所构成的，具有一定结构和功能的有机整体。

由系统的定义可以得出系统具有以下基本内容。

（1）系统由两个或两个以上元素组成。

（2）各要素之间互相联系，使系统保持相对稳定性。

（3）系统具有层次性，被研究的任何系统是更高层次的系统的组成部分，而它的各个组成部分又是较低层次的独立系统。

（4）系统有一定的结构，保持系统的有序性，从而使系统具有特定的功能。

（5）系统的各要素之间的相互关系均按某一特定的要求制约，以达到某种既定目标，为此，各要素的集合具有目的性。

（6）由于系统总是存在于更高级的环境之中，所以对外部环境又具有适应性。

系统与系统的关系是相对的，一个系统可能是另一个更大系统的组成部分；而一个子系统也可以分成更小的系统。在现实中，一个组织、一个工厂、一个部门、一项计划、一个研究项目、一套制度都可以看成是一个系统。

2）系统的模式

系统是相对外部环境而言的，并且和外部环境的界限往往是模糊过渡的，所以严格地说系统是一个模糊集合。

外部环境向系统提供劳动力、手段、资源、能量、信息，称为"输入"。系统以自身所具有的特定功能，将"输入"进行必要的转化处理活动，使之成为有用的产成品，供外部环境使用，称为系统的"输出"。输入、处理、输出是系统的三要素。

外部环境因资源有限、需求波动、技术进步以及其他各种变化因素的影响，对系统加以约束或影响，称为环境对系统的限制或干扰。此外，输出的结果不一定符合理想，可能偏离预期目标，因此，要将输出结果的信息返回给输入，以便调整和修正系统的活动，称为"反馈"。

根据以上关系，系统的模式如图 4-1 所示。

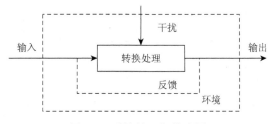

图 4-1　系统的一般模式图

3）系统的特征

一般而言，系统具有以下特征。

（1）整体性。系统的整体功能不是各要素功能的简单相加，而是按照逻辑统一性要求组成的整体，系统中任何一个要素的功能都不能代替系统的整体功能，并且系统的整体功能显现出各组成要素所没有的新功能。

（2）关联性。系统的关联性是指系统本身构成要素之间存在着相互作用和相互依赖的内在联系。这种内在联系使得系统内任一要素的变化都会影响其他要素的变化。

（3）目的性。系统具有使各个要素集合在一起的目的。为了达到既定目的，系统具有一定的功能，而这正是区别这一系统和另一系统的标志。

（4）动态性。动态性是指系统处于不断的运动与变化之中。系统是处于环境之中，处于更大的系统包容之中的，系统与外界进行物质、能量和信息交换，外界环境的变化及人们期望要求的变化必然引起系统内部各要素的变化。同时，系统也只有不断变化，才能与外部环境保持最佳的适合状态，才能得以生存。

4.1.2　物流系统的内涵

1）物流系统的概念

用系统观点来研究物流活动是现代物流科学的核心问题。

物流系统是由两个或两个以上的物流功能单元构成的，以完成物流服务为目的的有机集合体。具体地说有以下三点。

（1）物流系统就是在一定时间、空间里，由所需要运转的物流产品、包装设备、装卸搬运机械、运输工具、仓储设施、运输道路、流通加工和废弃物回收处理设施等物质、能量、人员和通信网路（情报信息）等所构成的系统。

（2）构成物流系统的各要素处在动态之中，它们相互作用、相互依赖与相互制约而构成一个统一体。

（3）这个有机的统一体由包装、装卸、运输、保管、流通加工、配送、物流信息等子系统的一个或几个有机地结合而成，每个子系统又可以往下分成更小的子系统，物流系统本身又处在更大的系统之中。

2）物流系统的模式

物流系统由输入、处理转化、输出、限制或制约、反馈等内容组成（图4-2）。

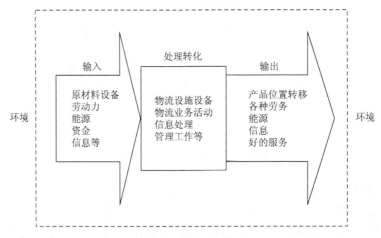

图4-2 物流系统模式

（1）输入。也就是通过提供资源、能源、设备、劳动力等手段对某一系统发生作用，统称为外部环境对物流系统的输入。

（2）处理转化。它是指物流本身的转化过程。从输入到输出之间所进行的生产、供应、销售、服务等活动中的物流业务活动称为物流系统的处理或转化。

（3）输出。物流系统与其本身所具有的各种手段和功能，对环境的输入进行各种处理后所提供的物流服务称为系统的输出。

（4）限制或制约。外部环境对物流系统施加一定的约束称为外部环境对物流系统的限制和干扰。

（5）反馈。物流系统在把输入转化为输出的过程中，由于受系统各种因素的限制，不能按原计划实现，需要把输出结果返回给输入，进行调整，即使按原计划实现，也要把信息返回，以对工作作出评价，这称为信息反馈。

3）物流系统的特征

物流系统是一个复杂的、庞大的系统。在这个大系统中又有众多的子系统，系统间又具有广泛的横向和纵向的联系。物流系统具有一般系统所共有的特性，即整体性、相关性、目的性、环境适应性，同时还具有规模庞大、结构复杂、目标众多等大系统所具有的特征。

（1）物流系统是一个"人—机系统"。物流系统由人和形成劳动手段的设备、工具所组成。它表现为物流劳动者用运输设备、搬运装卸机械、货物、仓库、港口、车站等设施，作用于物资的一系列生产活动。在这一系列活动中，人是系统中的主体。

（2）物流系统是一个可分系统。作为物流系统，无论其规模多么庞大，都是由若干个相互联系的许多子系统组成的。这些子系统的多少，层次的阶数，是随人们对物流的认识和研究的深入而不断扩充的。

（3）物流系统是一个动态系统。物流活动是受到社会生产和社会需求的广泛制约的。这就是说，社会物资的生产状况、社会物资的需求变化、社会能源的波动、企业间的合作关系，都随时随地影响着物流；物流系统是一个具有满足社会需要、适应环境能力的动态系统。

（4）物流系统的复杂性。物流系统拥有大量的资源，资源的大量化和多样化带来了物流的复杂化。从物资资源上看，品种成千上万，数量极大；从事物流活动的人来看，需要数以百万计的庞大队伍；从资金占用看，占用着大量的流动资金；从物资供应经营网点上看，遍及全国城乡各地。这些人力、财力、物力、资源的组织和合理利用，是一个非常复杂的问题。

（5）物流系统是一个多目标函数系统。物流系统的总目标是实现物资空间位置的转移。但是，围绕这个目标也常常会出现一些矛盾。这些相互矛盾的问题，在物流系统中广泛存在，而物流系统又恰恰要求在这些矛盾中运行。要使物流系统在诸方面满足人们的要求，显然要建立物流多目标函数，并在多目标中求得物流的最佳效果。

4）物流系统的目标

在建立和运行物流系统时，要求实现以下五个方面的目标任务（5S 目标）。

（1）服务（service）。物流系统直接联结着生产与再生产、生产与消费，因此要求有很强的服务性。这种服务性体现在物流系统本身具有一定从属性，要以用户为中心，树立"用户第一"的观念。

（2）及时、快速（speed）。及时性是服务性的延伸，是用户的要求，也是社会发展进步的要求。及时、快速既是一个传统目标，更是一个现代目标。随着社会大生产的发展，这一要求更加强烈。

（3）优化规模（scale optimization）。以物流规模作为物流系统的目标，以此追求"规模效益"。规模效益问题在流通领域很突出。只是由于物流系统比生产系统的稳定性差，难以形成标准的规模化模式。在物流领域以分散或集中等不同方式建立物流系统，研究物流集约化程度，就是规模优化这一目标的体现。

（4）节约（saving）。节约是经济领域的重要规律。在物流领域推行的集约化方式，采取的各种节约、省力、降耗措施，也是节约这一目标的体现。

（5）调节库存（stock control）。库存调节性是及时性的延伸，也是物流系统本身的要求，涉及物流系统的效益。在物流领域中正确确定库存方式、库存数量、库存结构、库存分布是这一目标的体现。

5）物流系统中存在的制约关系

（1）物流服务和物流成本间的制约关系。要提供物流系统的服务水平，物流成本往往也要增加。如采用小批量，即时运货制就要增加费用；要提高供货率，即降低缺货率，必须增加库存，即增加保管费。

（2）构成物流服务子系统功能之间的约束关系。各子系统的功能如果不均匀，物流系统的整体能力将受到影响。例如，搬运装卸能力很强，但运输力量不足，会产生设备和人力的浪费；反之，如果搬运装卸环节薄弱，车、船到达车站、港口后不能及时卸货，也会带来巨大的经济损失。

（3）构成物流成本的各个环节费用之间的关系。例如，为了减少仓储费用、降低库存而采取小批量订货策略，这将导致运输次数增加，也就是说运输费用将上升，因此运输费用和保管费之间有相互制约关系。

（4）各子系统的功能和所耗费用的关系。任何子系统功能的增加和完善必须投入资金，如信息系统功能的增加，必须购置硬件和开发计算机软件。

如上所述的制约关系不胜枚举，这种制约关系也称为二律背反原理。因此在物流合理化过程中必须有系统观念，对这些相互制约的关系给予充分的注意。

■ 4.2　物流系统的要素

物流系统和其他管理系统一样，都是由人、财、物、信息和任务目标等要素组成的有机整体。现代物流系统要素具体可以从以下四个方面来描述（图4-3）。

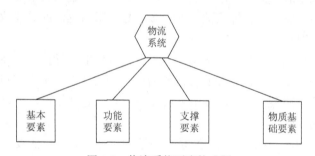

图4-3　物流系统要素构成图

1. 物流系统的基本要素

（1）人力资源要素。它是所有系统的核心要素，是第一要素。人力资源是保证物流系统顺利运行和提高管理水平的最关键因素。提高人力资源的素质是建立一个合理化的物流系统并使它有效运转的根本。

（2）资金要素。实现交换的物流过程，实际上也是资金运动过程，同时物流服务本身也需要以货币为媒介。物流系统建设是资本投入的一大领域，离开资金这一要素，物流就不可能实现。

（3）物的要素。物的要素包括物流系统的劳动对象，即各种物资，缺此物流系统便成了无本之木；物的要素还包括劳动工具、劳动手段，如各种物流设施、工具、各种消耗材料等。

2. 物流系统的功能要素

物流系统的功能要素指的是物流系统所具有的基本能力，这些基本能力有效地组合、联结在一起，形成了物流的总功能，便能合理、有效地实现物流系统的总目的。如果从物流活动的实际工作环节来考察，物流系统由以下七种要素构成。

（1）包装功能要素。指为在流通过程中保护产品、方便储运、促进销售，按一定技术方法而采用的容器、材料及辅助物等的总体名称；也指为了达到上述目的而采用容器、材料和辅助物的过程中施加一定技术方法等的操作活动。

（2）运输功能要素。指用运输设备将物品从一地点向另一地点运送。其中包括集货、分配、搬运、中转、装入、卸下、分散等一系列操作。

（3）装卸功能要素。指物品在指定地点以人力或机械装入运输设备或卸下。

（4）保管功能要素。指对物品进行储存，并对其进行物流性管理的活动。

（5）流通加工功能要素。指物品在从生产地到使用地的过程中，根据需要施加包装、分割、计量、分拣、拴标签、组装等简单作业的总称。

（6）配送功能要素。指在经济合理区域范围内，根据客户要求，对物品进行拣选、加工、包装、分割、组配等作业，并按时送达指定地点的物流活动。

（7）物流信息功能要素。指反映各种活动内容的知识、资料、图像、数据、文件的总称。

3. 物流系统的支撑要素

物流系统的建立需要有许多支撑手段，尤其是处于复杂的社会经济系统中，要确定物流系统的地位，要协调与其他系统的关系，这些要素必不可少。主要包括以下四种。

（1）体制、制度。物流系统的体制、制度决定物流系统的结构、组织、领导和管理方式，国家对其的控制、指挥和管理方式以及这个系统的地位、范畴，是物流系统的重要保障。

（2）法律、规章。物流系统的运行，都不可避免地涉及企业或个人的权益问题，法律、规章一方面限制和规范物流系统的活动，使之与更大的系统协调，另一方面则给予保障。

（3）行政、命令。物流系统和一般系统的不同之处在于物流系统关系到国家军事、经济命脉。所以，行政、命令等手段也常常是支持物流系统正常运转的重要支撑要素。

（4）标准化系统。它是保证物流环节协调运行，保证物流系统与其他系统在技术上实现联结的重要支撑条件。

4. 物流系统的物质基础要素

物流系统的建立和运行，需要大量技术装备手段，这些手段的有机联系对物流系统的运行有决定意义。

（1）物流设施。它是组织物流系统运行的基础物质条件，包括物流站、物流中心、仓库等。

（2）物流装备。它是保证物流系统运行的条件，包括仓库货架、进出库设备、加工设备等。

（3）物流工具。它是物流系统运行的物质条件，包括包装工具、维护保养工具等。

（4）信息技术及网路。它是掌握和传递物流信息的手段，根据所需信息水平不同，包括通信设备及线路、传真设备、计算机及网络设备等。

（5）组织及管理。它是物流网络的"软件"，起着联结、调运、运筹、协调、指挥其他各要素以保障物流系统目的实现的作用。

■ 4.3　物流系统的组成

从概念中已经知道，物流系统是由若干物流子系统组成的。物流系统可分为物流作业系统和物流信息系统两大部分。

1. 物流作业系统

物流作业系统包括运输、保管、搬运、包装、流通加工等功能，在系统中使用种种先进技能和技术，以力求省力化和效率化。物流作业系统由以下子系统组成。在这些子系统中，最重要的就是运输物流子系统和仓储物流子系统。

（1）运输物流子系统。运输物流子系统是指承担商品物理位移功能的系统，通过空间变换帮助商品完成市场价值交换并实现商品增值，完成商品由生产者向消费者转移的传递过程。它是物流作业系统最重要的组成部分。运输的任务是对物资进行较长距离的空间移动。运输物流体系是物流体系中将物资进行较长距离的空间移动的子系统。物流部门通过运输解决物资在生产地点和使用地点之间的空间距离问题，从而创造商品的空间效益，实现其使用价值，以满足社会的需要。运输在经济上的作用是扩大了经济活动的范围并促进物价在一定的经济范围内的平均化。运输是物流的中心环节之一，甚至可以说是物流最重要的一个功能。

（2）仓储物流子系统。仓储物流体系是对物流中暂时处于停滞状态的物资进行保管的物流体系。仓储物流子系统是承担商品储存、保管职能，通过时间变换帮助商品实现其价值甚至实现价值增值的物流系统。作为连接社会再生产诸环节的"储水池"和"调节器"，仓储物流子系统有着不可缺少的重要作用，是物流作业系统的重要组成部分之一。

在物流系统中，仓储和运输是同等重要的构成要素，"保管（仓储）是一种静止的状态，也可以说是时速为零的运输"。它对于促进商品的生产和消费有着重要的作用。通过仓储来协调产品的生产与消费在时间上的矛盾，保证了流通和生产的顺利进行。不仅如此，仓储作为一个物流环节，还能为物流活动提供场所和时间，如在仓储期间，可以对储存品进行检验、整理、分类、保管、包装、加工、集散、转换运输方式等作业。因此，仓储是物流系统的一大支柱。

（3）装卸搬运子系统。装卸搬运子系统是承担货物在各个储运交接环节以及各海陆空口岸搬运装卸职能的物流系统，在连接各地区和国内外市场、资源、要素交换方面有着重要作用，是连接国内生产与国外消费、国外生产与国内消费所必不可少的中间链节，也是物流作业系统的重要组成部分之一。装卸搬运子系统的装备水平和工作效率影响到相关企业的市场竞争力和经济效益，甚至影响到一个国家在国际市场上的总体竞争力。

（4）包装加工子系统。包装加工子系统已成为现代物流作业系统的重要组成部分。随着市场竞争的加剧，在物流领域对商品进行必要的加工和包装是提高消费者满意度和对商品的认同感，从而提高市场占有率的一种重要手段；也是降低生产加工总费用，提高对客户需求反应速度的有效手段。

（5）配送子系统。配送子系统是适应现代市场经济发展需要，以客户为中心发展起来的一种新型物流系统。配送系统从客户需要出发，依托现代信息技术，把选货、配货与送货结合起来，通过迅速、准确、周到的服务提高客户满意度并实现业务增值。配送系统是物流作业系统中成长最快、极有发展潜力的重要组成部分。

2. 物流信息系统

物流信息系统包括订货、发货、在库、出库管理等功能，力求完成商品流动全过程的信息活动。物流信息系统是整个物流系统的神经系统和指挥系统，在现代物流业中发挥着重要的作用。先进的物流信息系统是提高整个物流系统运行效率的基础条件，也是物流作业子系统之间衔接和配合的桥梁和纽带。

物流信息系统主要包括以下五个子系统。

（1）订货子系统。订货子系统是在库存不合理时，根据需求信息，适时适量地调整订货，防止缺货或库存过多的系统。该系统与收货系统、库存管理系统存在互动关系。

（2）收货子系统。收货子系统是指根据收货预订信息，对收到的货物进行检验，与订货要求进行核对无误之后，计入库存、指定货位等的收货管理系统。

（3）库存管理子系统。库存管理子系统是对保存在物流中心的商品进行实际管理、指定货位和调整库存的系统。正确把握商品库存，这对于制订恰当的采购计划、接受订货计划、收货计划和发货计划至关重要，所以库存管理系统是物流信息系统的中心。

（4）配送子系统。降低成本对于高效率的配送计划来说是非常重要的。配送子系统是将商品按配送方向进行分类，制订车辆调配计划和配送线路计划的系统。

（5）发货子系统。如何通过迅速、准确的发货安排，将商品送到顾客手中，是物流信息系统需要解决的主要课题。发货子系统是一种与接受订货系统、库存管理系统互动，向保管场所发出拣选指令或根据不同的配送方向进行分类的系统。

4.4 物流系统的结构

物流系统是由点、线、面三个层次构成的。其中，"点"指的是物流节点；"线"指的是物流线路；"面"则指的是由物流节点和物流线路构成的网络。下面就这三个方面进行详细的介绍。

4.4.1 物流节点

物流节点是指物流网络中物流线路的连接处，又称物流接点，是物流系统中从事物资的储存保管、运输、配送、装卸搬运、包装及流通加工的场所，具体来讲就是指仓库、车站、码头、港口、配送中心、货运站、包装公司、加工中心等。这些作业场所是物流活动的节点，也是物流线路的起点和终点。物流节点在空间的配置形式，在很大程度上决定着物流的线路、流向和流程。物流过程按其运动状态来看，有相对运动的状态和相对停顿的状态，货物在节点处于相对停顿的状态，在线路处于相对运动的状态。节点和线路结合起来便构成物流的网络结构，节点和线路的相互关系和配置形成物流系统的比例关系，这种比例关系就是物流系统的结构。

1. 物流节点的类型

物流节点都是以一定的设施形态存在的，在物流系统中发挥着不同的作用。按节点的功能分类，可分为以下几种类型。

（1）储存型节点。储存型节点是指以保管存放货物为主要功能的节点，包括储备仓库、营业仓库等。由于储备的需要、生产和消费的季节性等原因，一些货物需要较长时间的储存，故储存型节点主要是带有储备性质的仓库。

（2）配送型节点。配送型节点是指连接干线物流与末端物流，以货物配备和组织送货为主要功能的节点。配送中心是配送型节点的典型代表。配送中心是现代物流业发展中出现的新型物流设施，具有集货、分货、分拣、倒装、加工、配货、为客户调节库存、送货服务和收集、传递信息的功能。在现代物流中，配送活动已不是单纯的物流活动，而是与销售或供应等营销活动结合在一起，成为营销活动的重要内容。

（3）集散型节点。集散型节点是指集中货物或分散货物为主要功能的节点，包括集货中心和分货中心。集货中心是将一定范围内来源分散、批量小，但总量较大的货物集中起来，以便大批量处理或发货；分货中心是对集中到达的数量巨大的货物进行拆分处理，形成新的货体和新的包装形态，以适应大量、集中生产或小批量、分散生产的要求。

（4）转运型节点。转运型节点是指处于运输线路上，以连接不同线路和不同运输方式为主要功能的节点。铁道运输线路上的车站、货站、编组站，水运线路上的港口、码头，以及空运线路上的空港等，都是连接不同运输方式的转运站和中转仓库，属于转运型节点。货物在这类节点上停顿时间都比较短。

（5）综合型节点。综合型节点是指在一个节点中将若干功能有机结合在一起，有完善的设备、有效的衔接和协调各个工艺流程的集约型设施。流通中心、物流中心等都属于这一类节点。这种具有多功能的节点是为适应物流大量化、复杂化、精细化的要求而出现的。在一个节点中实现多种功能的连接和转化，不仅简化了物流系统，而且大幅度提高了物流效率，是现代物流系统中节点发展的方向。

上述物流节点的分类并不是绝对的，现实中各类节点的功能往往是交叉并存的。现代物流的发展对节点的要求不断提高，传统单一型节点有向多功能、综合型转变的趋势。

2. 物流节点的功能

在现代物流系统中，物流节点是物流网络的中枢和纽带，它不仅具有一般的物流功能，而且越来越多地发挥着指挥调度、信息处理等神经中枢的功能，对物流系统有极其重要的作用。具体来讲，物流节点在物流系统中具有以下功能。

（1）连通功能。物流活动往往需要经过若干环节，在不同的线路间进行转换，才能达到终点。在这一过程中，不同线路的输送形态、输送设备、输送数量都各不相同，若无节点，不同线路之间很难连通。节点将不同的线路连成一个连续不断畅通无阻的网络。

节点的连通作用主要体现在通过转换运输方式连接不同的运输手段上；通过加工、分拣、配货等连接干线物流和末端物流；通过储存保管连接不同时间的供应物流和需求物流；通过集装箱、托盘等集装处理使运输一体化。

（2）收集、处理、传输信息的功能。因为节点是连接线路的枢纽，各种信息都会经过它，所以在节点处进行信息的收集、处理、传输工作非常便利。当把所有节点与物流系统的信息中心连接起来时，就形成了指挥、管理、调度物流系统的信息网络。由于设备、线路等物流系统的硬件要靠信息网络等物流系统的软件来控制，若软件出现故障，则硬件不可能正常运行。因此，节点在收集处理和传输信息方面的作用对于维持物流系统正常运行有重要意义。

（3）管理功能。物流系统的管理设施和管理机构一般都集中于节点之中，每个节点都是一定范围的指挥、管理、调度中心。物流活动的效率取决于物流节点能否有效发挥其管理职能。

4.4.2　物流线路

物流线路是运输工具的载体和通过的路径。物流活动中物质资料的空间转移是通过运输工具在线路上的移动来实现的。没有线路，就无法实现物流。因此，物流线路是物流的运输功能实现的基本条件。

1. 线路在物流系统中的重要意义

（1）线路决定了物流系统的结构。节点是伴随线路的产生而存在的，没有线路也就不会有节点。不同类型线路的比例关系在很大程度上决定着节点的配置，线路和节点结合起来，形成物流系统的网络结构。

（2）线路决定着物流的范围和能力。物流范围的发展是随着线路的延伸而扩大的，线路延伸到哪里，物流才能随之扩展到哪里。

（3）线路的长度、密度及其质量还决定着运输的能力和效率，从而也决定着物流的能力和效率。

2. 物流线路的分类

物流线路按其存在的物质形态，可分为公路、铁路、水路、航线和管道五种线路。

（1）公路。公路是连接各城镇、乡村和工矿基地之间主要供汽车行驶的道路。我国公路根据其使用任务、性质和交通量分为五个等级：高速公路具有重要政治、经济和国防意义，是专供汽车快速行驶的高级公路；一、二级公路是连接省（自治区）与省（自治区）之间和省（自治区）内重要城市的干线公路；三、四级公路是沟通县、镇、乡，直接为农业运输服务的支线公路。公路的特点是建设周期短，投资相对较低，易于因地制宜，四通八达，能承载多种运输工具等。因此公路是物流线路最重要的组成部分。

（2）铁路。铁路是使用机车牵引车辆（或使用装有动力装置的车辆）组成列车循轨行驶的交通线路。按线路数量可分为单线铁路、双线铁路和多线铁路；按轨距可分为标准轨距铁路、宽轨铁路和窄轨铁路；按速度可分为高速铁路、快速铁路、电力铁路、一般铁路等；也可分为国家铁路、地方铁路、企业专用铁路等。铁路的特点是建设周期长、投资大、专用性强，但其承载能力非常大。铁路虽然不如公路密度大，但它发挥着连接大中城市的作用，可以承载大批量、长距离的运输，故有国民经济大动脉之称。

（3）水路。水路是主要借助自然条件在江河湖海形成的水上通道，也有如大运河这样靠人工开掘的人工河流。水路主要包括内河水路与海洋水路。后者又可以分为沿海水路、近海水路和远洋水路。水路的特点是天然的资源，基本不要投资或较少投资就可以利用。但水路运输也会受到大自然的制约，如水位、洪水、海浪、台风等会对水路运输产生影响。同时，没有河流、海洋的地方，也无法开展水路运输。

（4）航线。航线是飞机和其他航空器通过的航空线路。航线本身是天然存在的，无须投资便可利用，但要实现航空运输，仅有航线的存在是不够的，修建客运货运机场、制造飞机等都是必不可少的先决条件，这导致航空运输所产生的各种成本极大。

（5）管道。管道是一种较为特殊的线路，可用密闭的管道来输送流体物质。其特殊性表现在管道既是线路，又是运输载体。由于管道基本没有运动部件，维修费便宜，所以一旦建成，可以连续不断输送大量物资，不费人力，运输成本低。管道运输是输送石油、天然气等货物的运输方式。

另外，按照线路的范围，上述各种线路又可分为干线线路、支线线路、末端线路和企业内线路。干线线路是可以承载大数量、长距离的骨干线路；支线线路是与干线连接，承载量相对较小，距离相对较短的分支线路；末端线路是连接最终客户的距离更短的分散线路；企业内线路是企业内部物流的线路。

4.4.3　物流网络

物流网络的组成要素是点和线，点和线之间的联系构成了物流系统的网络结构。根据结构复杂程度，可以分为五类，如图 4-4 所示。

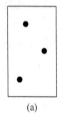　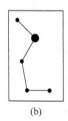　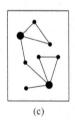　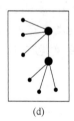　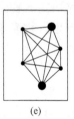

　　（a）　　　　　（b）　　　　　（c）　　　　　（d）　　　　　（e）

图 4-4　物流网络结构

（1）点状图。即由孤立的点组成的物流网络。这是物流系统网络结构的一种极端情况，实际上，这种点状图只在封闭的、自给自足的系统中才存在，但这样的系统，除了像荒废的仓库、站台等这样的情况，在现实生活中基本上不存在，如图 4-4（a）所示。

（2）线状图。即由点和连接这些点的线组成的，且满足两个条件，即两个点之间只有一条线、线没有连成圈的简单网络。一个农副产品供应链可能是这样的，在产地建立配送中心先将农副产品收集起来，然后卖给沿着公路线上的各个销售点，如图 4-4（b）所示。

（3）圈状图。由至少包含一个连接成圈的线组成的物流网络，但同时至少有一点没有包含在圈中。一个工业品制造商在两个市场区域各设置一个配送中心，每个配送中心覆盖各自的市场区域，区域内部各供货点之间的货品可以调剂，它们是连通的，同时两个配送中心通过干线连接起来。这是一种物流效率比较高的物流网络结构，如图 4-4（c）所示。

（4）树状图。即无圈但能够连通的网络。汽车物流基本上采取这种方式，一个汽车制造商，按市场区域设置分销网络和配送网络，将市场层层细分，每个细分市场选择一个经销商，经销商之间在销售政策，如折扣和价格等策略上稍有差别，为了便于市场管理，不同经销商的市场范围之间有严格的界限，公司设立两个配送中心，配送中心之间通过干线运输连接，每个配送中心覆盖一定的市场区域，从一个配送中心发出的汽车不能流向另一配送中心负责供应的经销商，因此，经销售之间的物流是不连通的，如图 4-4（d）所示。

（5）网状图。即由点点相连的线组成的网络。这是非常复杂的网络，它的最大优点可能是方便销售，最大缺点可能是物流效率低下。在复杂的网状销售渠道中，物流渠道应该与销售渠道分开，因为商流和物流都达到了一定的规模，分别可以实现各自的规模效益，因此应该按照各自的专业化经营要求来设置渠道，然后再建立一种将商流和物流紧密结合的机制。如在图 4-4（e）中，一个服装制造商在销售市场上设立了一些专卖店供货，另一方面，任何一个专卖店都可向任何一家配送中心或其他专卖店进货，这样确实方便了专卖店的销售，有利于专卖店控制库存，但是物流管理的难度很大，如果没有完善的信息网络和集中统一的数据库系统物流网络，物流和配送环节就会出现混乱和无效率，因此这种网络的组织化程度不高，可以进行优化。

4.5　物流系统的建立与开发

按照系统工程的方法进行研究，系统的建立过程一般可分为系统规划、系统设计和系统实施三个阶段，如图 4-5 所示。

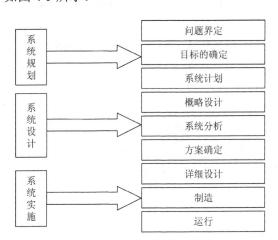

图 4-5　系统建立的程序图

4.5.1　系统规划

系统规划阶段的主要任务是定义系统的概念，明确建立或改进系统的必要性，并在此基础上明确目的和确定目标；同时，提出系统建立应具备的环境条件以及系统的约束条件。

1. 问题界定

问题的界定在系统规划中十分重要，主要是界定问题的构成范围并确定分析目标。物流系统的界定应考虑新系统的期望值、运作规则、约束和选优方案准则等因素。

需要考虑的重要问题如下。

（1）系统的目的。物流系统的目标影响物流系统的战略，物流系统的战略又反过来影响物流系统的网络和它的组成部分。

（2）系统的水平。影响系统水平的因素有可利用的资源、物流网络的大小、设备成本等。

（3）物流产品。物流系统类型取决于产品的不同属性，如产品的市场、产品的重要性、产品的特性等。

2. 目标的确定

在进行物流系统的规划中，最重要的就是表述分析系统的具体目标。在制定系统的目标时应注意目标能在组织的经营范围内实现也是非常关键的。过高目标的制定并不能带来较高的工作效率，而只会导致物流系统规划的失败。通常对物流系统提出的目标任务可以是：提高物流系统的吞吐能力以适应产量增长的要求；建设一个柔性的物流系统，以适应产品经常变化的情况；改善劳动条件，减轻工人的劳动强度等。

3. 系统计划

（1）确定物流系统的范围和外部环境。物流是一个完整的系统，孤立地研究改善某一个环节不一定能提高整个系统的效率；关键是物流系统的各个环节要匹配协调，而且要有同等可靠性。因此在规划时必须首先根据所要解决的问题确定所涉及的物流系统的范围和它的外部环境及两者的接口。物流系统受外部环境的制约，但这并不排除根据物流系统的要求改善外部环境的可能性。

（2）约束条件。约束条件是物流系统中存在的由于各种意愿造成影响物流系统优化的不可变因素，在进行物流系统规划设计之前必须将约束条件加以说明。

4.5.2 系统设计

系统设计阶段首先要对系统进行概略设计，其内容是建立多个可行方案；然后进行系统分析，分析的内容包括目的、替代方案、费用和效益、模型及评价标准等；并确定系统设计方案，对系统进行详细设计，即提出模式和解决方案。

1. 概略设计

（1）数据收集。这是概略设计物流系统的依据，也是物流系统今后能否满足实际需要的关键。收集数据的方法有多种，可以是平时统计的历史数据；如果没有历史数据，就要到现场进行调研。一般来说收集的数据有以下几类：物料特性、物料流量、环境条件、经济数据、物料搬运设备的数据。另外，在收集数据时还要注意其变动范围。

（2）建立可行方案。这是一个根据收集到的数据进行系统分析，提出办法以求满足规定目标任务的过程。在这个过程中，要充分应用物流系统的分析技术，包括路线分析、位置分析等。在这个过程中，重要的是开阔思路，不能仅满足传统的经验做法。

2. 系统分析

（1）目的。目的是决策的出发点。为了正确获得决定最优化物流系统的方案所需的各种有关信息，物流系统分析人员的首要任务就是要充分了解建立物流系统的目的和要求，同时还应确定物流系统的构成和范围。

（2）替代方案。一般情况下，为了实现某一目的，总会有几种可采取的方案或手段。这些方案彼此之间可以替换，故称为替代方案。选择一种最合理的方案是物流系统分析研究和解决的问题。

（3）模型。模型是对实体物流系统抽象的描述，它可以将复杂的问题化为易于处理的形式。即使在尚未建立实体物流系统的情况下，也可以借助一定的模型来有效地求得物流系统设计所需要的参数，并据此确定各种约束条件。

（4）费用和效益。费用和效益是分析和比较抉择方的重要标准，用于方案实施的实际支出就是费用，达到目的所取得的成果就是效益。一般来说，效益大于费用的设计方案是可取的，反之则不可取。

（5）评价基准。评价基准是物流系统分析中确定各种替代方案优先顺序的标准。评价基准一般根据物流系统的具体情况而定。

3. 方案确定

在各种备选方案中，方案之间往往具有相似和可比的结果。必须对每个方案的绩效特征和条件进行比较，以确认最佳方案。最佳往往是指以最小的总成本取得所期望的服务目标。

4.5.3　系统实施

系统实施阶段主要是对系统中的关键项目进行试验和试制，在此基础上进行必要的改进，然后正式投入运行，即实施和改进。

实施是物流系统构建的最后阶段，包括撰写详细的功能说明和招标书，以及协助客户组织招标过程。一个成功的实施过程有两个关键的步骤：第一个步骤是系统的确认和系统的灵敏度分析；第二个步骤是用户培训和检测。

适当的实施程序是十分重要的，因为将规划和设计转化为行动是获得回报的方法，而实际实施可能需要做许多事，通常需要完成以下四方面的任务。

（1）定义实施计划。就个别事件及其顺序和相关性对实施计划进行定义。虽然计划过程最初可能是在宏观程度上制订的，但它最终必须精细化，从而确定个体的职责。计划的相关性确认了事件之间的相互关系，这样就定义了完成的顺序。

（2）实施进度计划。制订计划实施的进度，并落实已经确认的任务。进度计划必须为获得设施和设备、协商合同、发展过程、培训留有充分的时间，实施进度计划可以使用相应的软件。

（3）定义接受标准。接受标准应集中于改进服务、减少成本、改进资产利用和提高质量。接受标准必须有广泛的视角，从而将动机集中于总的物流系统绩效而非个体功能的绩效。

（4）实施。实施必须包括充分的控制，以保证绩效按照进度计划产生，以及接受标准受到仔细的监控。

■ 本章小结

物流系统是由物流要素组成的，要素之间存在着有机联系并具有使物流总体合理化功能的综合体。按照系统的概念，可以将物流系统理解为物流活动所需的机械、设备、工具、设施、线路等物质要素所构成的相互联系和相互制约的有机整体。

物流节点是以一定的设施形态存在的，在物流系统中发挥着不同的作用。按节点的功能分类，可分为储存型节点、配送型节点、集散型节点、转运型节点和综合型节点。物流节点承担着连通功能、收集处理和传输信息功能、管理功能。

物流线路按其存在的物质形态，可分为公路、铁路、水路、航线和管道五种线路。

物流系统可以分为物流作业系统、物流信息系统，其中，物流作业系统包括运输、仓储、装卸、包装、配送等子系统；物流信息系统主要包括订货、收货、库存管理、配送和发货等子系统。

物流系统的建立和开发包括三个阶段，分别是：物流系统的规划、物流系统的设计、物流系统的实施。

■ 关键概念

物流系统　物流节点　物流线路　物流功能系统　物流信息系统　物流系统开发与建立

■ 思考题

1. 系统的模式是什么？
2. 物流系统中存在哪些制约关系？
3. 物流功能系统和物流信息系统各包括哪些子系统？
4. 物流节点的类型有哪几种？物流节点有什么功能？
5. 物流系统开发建立的步骤是什么？

■ 案例分析

海尔现代物流系统建设

第5章

物流规划与设计

➢本章导读

1. 掌握物流系统规划设计的目的、原则、类型和基本框架。
2. 学习物流规划设计的基本过程，建立起物流系统规划设计的整体概念。
3. 理解区域物流规划设计的基本理论。
4. 掌握逆向物流的定义、原则、目标和分类。
5. 学习物流中心设计的主要内容。

5.1 物流规划概述

1. 物流规划的概念

物流规划是对未来一段时期内的物流活动进行比较全面的长远的发展计划，是对未来整体性和长期性问题的思考、考量和设计未来整套行动方案，并通过提高流程价值和客户服务而实现竞争优势的统一、综合和集成的计划过程，通过对物流服务的未来需求进行预测和对整个供应链的资源进行管理，从而提高顾客的满意度。

物流系统规划设计的核心就是用系统的思想和方法对物流的各个功能进行优化整合，从而保障物流系统良性、健康、有序发展。

物流规划包含三项要素。

（1）目标的长期性，如客户满意度、竞争优势、供应链管理。

（2）实现目标的方法，包括增值方法、客户服务方法。

（3）实现目标的过程，包括预测方法、组织运行方法等。

物流系统中的每一个环节都要进行规划，且要与整体物流规划过程中的其他组织部分相互协调（图 5-1）。制定有效的物流客户服务战略需要科学的分析方法。一旦物流服务战略形成，接下来的任务就是实施，包括在各备选方案中进行选择。选择的过程应符合物流理念，并通过分析方法进行检验。

2. 物流规划的特性

（1）战略性。物流规划是对未来一段时期内的物流活动作出的战略性决策，规划方

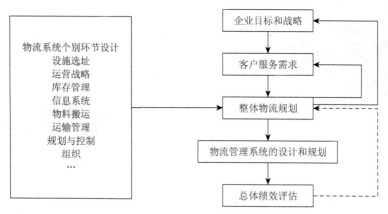

图 5-1   物流规划与企业整体规划及其他组成部分的关系

案一旦确定并实施，方案的合理与否，将会对物流活动产生重大的影响，因此，物流规划必须具有战略远见。

（2）前瞻性。物流规划以构思和预测未来的物流活动为核心，分析目前并预测将来的发展趋势是制定物流规划的关键。

（3）动态性。物流规划是一个能够及时应对市场需求变化及经济发展变化的动态规划。

（4）综合性。由于物流影响因素的复杂性和物流要素、物流资源的多样性，因此，物流规划具有综合性。

3. 物流规划的类型

物流规划的类型可以从规划的层面、地理范围、深度、环节和业务性质等不同的角度进行划分。

（1）从物流规划的层面上划分。物流系统规划可分为：物流系统战略层规划、物流系统策略层（战术层）规划、物流系统运作层规划。

（2）从物流规划所涉及的行政级别和地理范围划分。物流系统规划可分为：国家级物流规划、区域物流规划、行业物流规划、企业物流规划。

（3）从物流规划的深度划分。物流系统规划可分为：宏观规划（总体规划）、中观规划（局部规划）、微观规划（详细规划）。

（4）从物流规划的环节划分。物流系统规划可分为：客户服务规划、采购规划、供应规划、运输规划、仓储规划、配送规划等。

（5）从物流规划的业务性质划分。物流系统规划可分为：生产物流系统规划、供应物流系统规划、销售物流系统规划、逆向物流系统规划、废弃物流系统规划。

■ 5.2 物流规划的基本过程

5.2.1 物流环境分析

要想制定物流规划首先需要对企业赖以生存的环境进行分析，然后对内部条件、外部因素作出评价。

1. 宏观环境分析

所谓宏观环境指的是以国家宏观社会经济要素为基础,结合各行业的特点而制定的指标,它所针对的是行业而不是单个企业,如政治、法律、经济、文化、科技、环保等都可能是影响其发展的宏观环境因素。

2. 行业环境分析

本行业的现状以及发展动态和方向是对企业影响最大的也是最直接的环境因素,应该对其进行全面、深入、细致的分析。分析可以从以下几方面入手。

(1)市场规模与成长性。

(2)竞争者的实力与战略分析。

(3)有利因素与不利因素分析。

(4)行业平均利润率。

3. 区域市场的变化特征

区域市场的经济状况、客户的数量与客户和供应商的地理分布直接影响着企业的物流网络结构。区域经济发展往往是不平衡的,不同地区又具有不同特点,这些要素的变动会影响市场需求,进而影响物资的流向。

4. 新技术动向

传统的物流管理以手工作业为主,而现代物流的兴起完全得益于新技术革命,新技术对降低物流成本、提高服务水平起着重要作用。对物流管理最有影响力的技术主要是信息技术、物料处理技术、包装及包装材料技术、运输技术。

其中特别重要的是信息技术,包括计算机、光电扫描、条形码、数据库、卫星定位等。正是这些技术使物流管理实现了高效、准确、快速、低成本。

5. 物流渠道与物流服务产业状况

企业物流规划在很大程度上是决策如何建立企业自己的物流渠道结构,实现供应链的一体化管理。从大的方面看,现代社会经济发展的基本特征是全球一体化,物流的全球化已是一个不争的事实。物流渠道由采购供应环节、运输存储环节、销售交换环节构成,其中的运输存储环节日益受到物流服务产业的影响。

物流直接有关的服务企业是运输业、仓储业、通信业以及以因特网技术为基础的信息业。这些领域的专业化企业具有自身的专长,有一定的规模,往往能提供优质服务,是重组物流系统、建设物流渠道时应该着重考虑的合作伙伴。

5.2.2 物流战略规划的制定

战略是企业生存和发展的保证,没有战略的企业是不会持久发展的。现代物流管理处于复杂多变的环境中,为了保证物流企业在行业内的优势和竞争力,企业的管理高层应确定企业的战略方向,制定企业的战略规划与目标。

1. 战略规划的层次

规划是为可预测的环境而制定的,没有规划,企业就不能有效地预见问题与解决问题,不能在要求的时间里制定和实施解决问题的方案。一个企业必须具有确定公司目标的战略规划，用以回答"我们的业务是什么"等涉及企业本质的基本问题。

（1）战略规划。战略规划是对下列方面进行决策的过程：制定公司目标，公司目标的更改，取得目标的资源，有关资源的获取、利用和处理。它是用以对付可预测的需求变化的进攻性工具，是以预测将来的需求为导向的。

（2）战术规划。战术规划的时间一般为 1～2 年。为实现企业的长期战略目标，选取行动的时机及其具体内容非常关键。战术规划的基本目的就是对实现战略目标的基本步骤进行预先规划并设立阶段性的目标，其主要内容是为使战略目标成为现实从而对资源进行安排。

（3）操作规划。操作规划一般分为日计划、周计划和月度计划。其目标就是在物流系统的框架内实现所选择的战术规划、规则和程序，并满足企业的战略目标。操作规划包括物流中心的工作规划、运输规划、降低成本和提高生产率规划以及操作费用预算等。实际上，操作规划是真正落到实处的规划。

表 5-1 举例说明了不同规划期的若干典型问题。

表 5-1　企业物流规划层面

决策类型	决策层面	战术层面	运作层面
运输	选择运输方式	服务的内容	确定补货数量和时间表
客户服务	设定标准		
仓储	布局、地点选择	存储空间选择	订单履行
采购	制定采购政策	洽谈合同，选择供应商	发出订单

2. 战略规划的内容

物流系统战略规划的基本内容包括：战略目标、战略导向、战略优势、战略类型、战略态势、战略措施和战略步骤等内容，其中战略目标、战略导向、战略优势、战略态势和战略类型为物流系统战略规划的基本要点。下面重点介绍这些基本要点。

（1）物流系统战略目标。由物流系统宗旨引导，表现为物流系统目的并可在一定时期内实现的量化成果或期望值，是物流系统战略规划中各种专项策略制定的基本依据。包括客户服务目标、设施选址战略、库存决策战略和运输战略等内容。

（2）物流系统战略导向。它是指物流系统生存、成长与发展的主导方向。

（3）物流系统战略优势。它是指物流系统能够在战略上形成的有利形势和地位。包括产业优势、资源优势、地理优势、技术优势、组织优势和管理优势等方面。

（4）物流系统战略态势。它是指物流系统的服务能力、营销能力、市场规模在当前的有效方位及沿战略逻辑过程的不断演变过程和推进趋势。

（5）物流系统战略类型。它是指依据不同的标准对物流系统战略进行划分，以更深刻地认识物流系统战略的基本特点，进一步完善物流系统战略规划方案。

3. 战略规划的框架

一个企业物流系统战略通常表现在五个重要层次上，构成物流系统的战略框架。

（1）战略层：建设两大平台和两大系统。企业建设物流系统的目的首先是实现企业的发展战略，所以企业发展物流必须首先确立物流规划与管理对企业总体战略的协助作用。同时，企业现代物流的发展必须建立基础节点、信息两大平台和信息网络、物流配送两大系统。

（2）经营层：通过客户服务建立战略方向。物流活动存在的唯一目的是要向内部和外部客户提供及时准确的交货。所以，客户服务是制定物流系统战略的关键。

（3）结构层：进行渠道设计和节点网络规划。物流渠道设计包括确定为达到期望的服务水平而需执行的活动与职能，以及渠道中的哪些成员将执行它们。

企业物流节点的网络战略要解决的问题有：节点的功能、成本、数量、地点、服务对象、存货类型以及数量、运输选择、管理运作方式（自营或向第三方外筹）等。网络战略必须与渠道战略以一种给客户价值最大化的方式进行整合。

（4）职能层：对物流系统战略各个环节进行规范。物流系统战略规划的职能部分主要是对企业物流作业管理的分析和优化。例如，运输分析包括承运人选择、运输合理化、货物兼并、装载计划、路线确定以及安排、车辆管理、回程运输、承运绩效评定等；仓储方面则需要考虑包括节点布置、货物装卸搬运技术选择、生产效率、安全、规章制度的执行等。

（5）执行层：对物流系统战略规划的实施和控制。它是物流系统战略规划与管理的最后一层，包括支持物流的信息系统、指导日常物流运作的方针与程序、节点设备的配置与维护以及组织与人员问题。其中，物流信息系统和组织结构设计是其中最为重要的内容。

5.2.3 物流系统规划设计

1. 物流系统规划设计目的

物流系统规划设计的核心就是用系统的思想和方法对物流的各个功能进行优化整合，从而保障物流系统良性、健康、有序地发展。物流系统规划设计的目的可以概括为"三大一小"四个方面：最大服务、最大利润、最大竞争优势、最小的资产配置。每个目标战略通常要求独特的物流系统设计。

（1）最大服务。物流系统规划设计通过具有更高运行效率的配送服务，确保用户需求。该战略虽然服务较好，但对降低成本不利，很难实施。原因是提供最大服务的系统试图每 2～4 小时持续地发送商品，这样的系统将设计重点从成本转移到可用性和发送绩效。最大服务对于每个节点服务的区域大小取决于所要求发送的能力，并受到运输线路的影响。

（2）最大利润。以追求物流系统利润的最大化为努力目标，在物流系统规划设计中达到利润最大化。

（3）最大竞争优势。物流系统规划设计的最优战略是寻求最大的竞争优势，把主要的注意力集中在如何保证最有利的用户，使之得到最好的服务。同时，考虑物流服务的合理性，协调物流节点能力与市场营销要求之间的关系，降低成本，以获得最大竞争优势。

（4）最小的资产配置。物流系统规划设计是期望投入物流系统的资产最小化。系统在为客户提供满意服务的前提下，使物流系统总成本最小，达到最小投入获得最大产出。

2. 物流系统规划设计原则

物流系统规划设计必须以物流系统整体的目标作为中心。以人力、物力、财力和人流、物流、信息流得到最合理、最经济、最有效的配置和安排作为原则，既要确保物流系统的各方面参与主体功能，又能以最小的投入获得最大的利益。

（1）系统性原则。系统性原则是指在物流系统规划设计时，必须综合考虑、系统分析所有对规划有影响的因素，以获得优化方案。

（2）可行性原则。可行性原则指在物流系统规划设计过程中必须使各规划要素满足既定的资源约束条件，即考虑现有资源的可支配情况。

（3）经济性原则。经济性原则是指在物流系统的功能和服务水平一定的前提下，追求成本最低，以实现系统自身利益的最大化。

（4）灵活性原则。灵活性原则是指企业能够根据市场需求和供给以及社会经济发展的变化及时调整可利用的资源，做出有效的应对。

（5）社会效益原则。社会效益原则是指物流系统规划设计应考虑环境污染、可持续发展、社会资源节约等因素。

3. 物流系统规划设计层级

从物流系统的层面上，物流系统规划可以分为物流系统战略层、物流系统策略层（战术层）和物流系统运作层的规划；从规划所涉及的行政级别和地理范围看，物流系统规划又可以分为国家级物流系统规划、区域级物流系统规划、行业物流系统规划、企业物流系统规划。

（1）国家级物流系统规划。国家级物流系统规划着重于以物流基础节点和物流基础网络为内容的物流基础平台规划。例如，铁路、公路、航空等线路的规划，综合物流节点的规划，综合信息网络的规划等。

（2）区域级物流系统规划。区域级物流系统规划着重于地区物流基地、物流中心、配送中心三个层次的物流节点以及综合物流园区的规模和布局的规划。

（3）行业物流系统规划。在物流基础平台上，对运作的企业和经济事业单位进行有规划的指导，使这些运作做到合理化和协调发展。

（4）企业物流系统规划。企业物流系统规划是最微观层面的物流体系规划，企业物流系统规划以上述物流规划为基础。

5.2.4 物流系统方案设计与实施

1. 物流系统方案设计要求

物流系统规划设计是根据物流系统的功能要求，以提高系统服务水平、运作效率和经济效益为目的，制定各要素的配置方案。物流系统规划设计要求：一是以经济的方式将数量正确的货物在正确的时间、按正确的要求送达正确的目的地；二是合理配置物流节点，维持适当的库存；三是实现装卸、保管、包装等物流作业的最佳效率和效益；四是在不影响物流各项功能发挥的前提下，尽可能地降低物流的各种成本支出；五是实现物流与信息流在物流全过程的通畅。

为了实现这些要求，物流系统规划设计应满足以下四点。

（1）开放性。物流系统资源配置需要在全社会范围内寻求。

（2）要素集成化。通过一定的制度安排，对物流系统功能、资源、信息、网络等要素进行统一的规划、管理、评价，通过要素间的协调和配合使所有要素能够像一个整体一样进行运作，从而实现物流系统要素间的联系，达到物流系统整体化的目的。

（3）网络化。将物流经营管理、业务、资源和信息等要素，按照网络方式在一定市场区域内进行规划、设计、实施，从而实现系统的快速反应。

（4）可调整性。为了实时应对市场需求的变化以及经济发展的变化，应能够进行局部调整。

2. 物流系统方案设计流程

满足一定服务目标的物流系统往往由若干子系统组成。每个子系统的设计需要与其他子系统和整个物流系统相互协调、相互平衡。因此，物流系统方案设计时，需要形成一个总体框架，在总框架的基础上对整个系统的各个部分进行规划设计。

物流系统规划设计流程大致可以分为四个阶段，如图 5-2 所示。

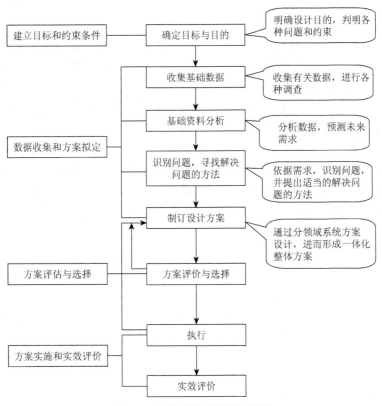

图 5-2　物流系统规划设计流程

1）建立目标和约束条件

在整个物流系统规划设计的过程中，首要的是确定物流系统规划设计的目标。因为目标的定位直接决定着物流系统的组成部分；其次，对于系统内部目标不一致问题应考虑以下几个因素：资源可得性、物流系统规模、物流系统各组成部分的相对重要性、系统费用、系统整合程度等。然而在某些条件下，会遇到系统输入条件的改变和系统的每个部分联系不大、时间有限以及物流系统太大等问题，那么一个比较实际的方法是分布考虑问题，设计独立部分，最后再把它们结合起来。

由于物流系统的庞大和繁杂，各个子系统之间相互影响和相互制约也很明显，而且系统受外部条件的限制也很多，因此，在物流系统规划设计时就需要判明各种问题和约束，特别是那些暂时无法改变的系统制约因素。

2）数据收集和方案拟定

在物流系统规划设计中，要进行大量的相关基础资料的调查和收集工作，作为系统设计的参考依据。一个物流系统规划设计方案的有效性依赖于调查获得的基础资料的准确程度和全面程度。调查的内容根据规划设计目标、调查对象来确定。一般物流系统规划设计需要调查的基础资料包括以下几个方面。

（1）物流服务需求包括以下7点：①服务水平，如货物可得率、送货频次、服务费用等；②客户分布，如现有的和潜在的客户分布等；③产品特征，如产品尺寸、重量和特殊的搬运需求；④需求特征，如客户的订单特征、客户订货的季节性变化等；⑤需求规模；⑥需求服务内容；⑦其他。

（2）物流资源状况。调查分析的项目包括以下两点：①物流节点设备状况，如物流节点的分布、规模、功能、交通网络、运输设备、信息系统等；②物流系统的基本运营状况，如组织管理体系、服务模式、营业状况、服务种类、作业方式、单据流程、作业流程等。

（3）社会经济发展。主要调查、分析物流服务区域的社会经济发展状况，具体包括经济规模、发展前景、产业结构、人口密度等。

（4）竞争状况。调查竞争对手的物流资源配置、网络布局、服务方式、营业状况等。

调查方法主要有：访谈调查、问卷调查、查找相关统计资料、现场调查、计算机检索等。

在完成数据收集之后，提出异常数据，确定数据样本容量，对数据分类归并、计算整理分析，结合系统目标制订物流系统初步方案。

3）方案评估与选择

对物流系统进行方案评估的目的就是针对被选方案的经济、技术、操作等层面的可行性进行比较与评价，从而帮助决策者选择最优或者最满意的方案。主要的评估方法有程序评估法、因素评估法和目标设计法。

（1）程序评估法。程序评估法着重于设计过程的评价。程序评估法通过对物流系统设计的各个环节进行评估，判断整个设计过程是否合理。下面给出一个实例，表5-2是物流中心内部节点设计的程序评估表。

表5-2　物流中心内部节点设计的程序评估表

阶段	检核项目	得分	改进方法
目标定位阶段	节点的目标定位是否明确 节点的目标定位是否和企业发展目标相协调 节点的目标定位是否和市场定位相协调 节点的目标定位是否得到各方认可 节点的功能设置和服务要求是否匹配 节点的目标客户和服务项目是否相一致		

续表

阶段	检核项目	得分	改进方法
资料收集与分析阶段	对客户需求是否明确 对进入物流中心的产品品类是否了解 作业流程是否清楚地进行了划分 收集资料是否具有完整性 需求预测方法是否切实可行 采用的分析方法与收集资料特点是否一致		
方案产生阶段	方案产生过程是否遵循系统分析设计的原则与理论 节点的布局是否配合作业流程 设备的选用是否配合作业流程 设备的选用是否符合节点作业要求 设备的容量是否满足需求预测需要		

（2）因素评估法。因素评估法是针对方案建立一个完整的且具有逻辑架构的能够衡量方案的评价指标体系，并依据指标属性，将各指标因素分成不同的群组，进行综合分析，对方案给予总效果评估，以作为决策者选择的依据。

（3）目标设计法。目标设计法是美国对交通规划评价时常用的方法。该方法也可以用于物流系统规划与设计的评价。目标设计法的框架由价值（value）、目标（goal）、任务（objective）、指标（measure of effectiveness）、标准（standard）五个层次组成。其中，价值是服务对象的定位，目标是价值的定性描述，任务是目标的具体分解，指标是任务的定量描述，标准是指标的数值界定。

一般情况下目标、任务、指标都可以是多个的，而每个指标都对应一个标准，或分别表示现状值和目标值的两个标准。在进行方案评估时，可利用评价矩阵进行评价。

4）方案实施和实效评价

物流系统方案的实施过程是相当复杂的，方案设计的实际可操作性在这里得到验证。这就是实施者根据决策者选出的最优方案，严格按照方案设计的要求逐步实施。在这个过程中，可能会遇到各种实际问题，有些是设计者并未事先预料到的。因此在方案实施过程中，实施者首先要充分领会设计者的整体思路和设计理念，在遇到问题时尽可能最大限度地满足设计要求。如果确有无法满足的部分，需要对设计方案进行必要调整，但要保证不影响物流系统整体目标的实现。

方案评估是在没有实施方案的前提下，凭借专家、实践者的经验预先检验模拟效果并加以评价，因此这最后阶段的实效评价就是实际方案实施结果的评价。实效评价方法和方案评估方法基本是一致的。最常用的方法是因素评估法和目标设计法。其中，对评估过程中指标打分的过程不再是专家经验的主观判断，而是实际结果的客观评判。

5.3　区域物流系统规划

5.3.1　区域物流系统规划概述

1. 区域物流系统的内涵

1）区域与区域物流

"区域"一般来说，是指一定的地域空间。它具有一定的界线范围，区域内部表现出明显的相似性和连续性，区域之间则有明显的差异性，但又是相互联系的。为了方便研究物流系统构筑和对物流活动进行调节与控制，可将区域表述为在规划、运营、管理或制定法规、政策等方面有一个统一的标准，是一个地域的统一体。在此，将区域赋予了一个动态的概念。

提出区域物流概念的目的，是运用物流供应链管理的手法解决单一企业以外的各种物流问题，以实现区域或更大范围的物流合理化。因此，可以将区域物流表述为：在一定区域规划和构筑促进社会经济最佳战略实现的物流系统，及其与物流运营和监控等有关的活动体系。

2）区域物流系统的概念

区域物流系统是指在一定的时间和区域内，由所需位移的物资、包装设备、装卸搬运机械、运输工具、仓储设施、人员和通信联系等多个相互制约的动态要素所构成的具有特定功能的有机整体。区域物流系统是社会大系统的一个子系统或组成部分。

3）区域物流系统基本模式

区域物流系统和一般物流系统一样，具有输入、转换及输出三大功能，通过输入和输出使系统与社会环境进行交换，使系统和环境相互依存，如图 5-3 所示。

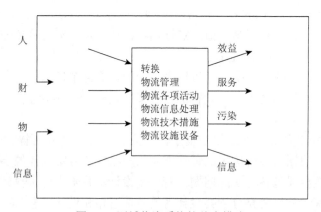

图 5-3　区域物流系统的基本模式

图 5-3 是区域物流系统的基本模式。在此物流系统中，输入、输出及转换活动往往是在不同的领域或不同的子系统中进行的。即使是在物流大系统中，系统的目的往往也不同，所以，具体的输入、输出及转换有不同的内容，不会是全然不变的。

4）区域物流系统的目标

区域物流系统与一般物流系统一样，要实现以下 5 个目标。

（1）服务。这种服务性表现在本身有一定从属性，要以用户为中心，树立"用户第一"观念。

（2）快速、及时。在物流领域采取的如直达物流、联合一贯运输、高速公路、时间表系统等管理和技术，就是这一个目标的体现。

（3）节约。在物流领域推行的集约化方式，提高物流的能力，采取的各种节约、省力、降耗措施，也是节约这一目标的体现。

（4）规模优化。以物流规模作为区域物流系统的目标，以此来追求"规模效益"。在物流领域以分散或集中等不同方式建立区域物流系统，研究物流集约化的程度，就是规模化目标的体现。

（5）库存调节。区域物流系统是通过本身的库存，起到对千百家生产企业和消费者的需求保证作用，从而创造一个良好的社会外部环境。同时，区域物流系统又是国家进行资源配置的一环，系统的建立必须考虑国家进行资源配置、宏观调控的需要。在区域物流领域中正确确定库存方式、库存数量、库存结构、库存分布就是这一目标的体现。

5）企业物流走向区域物流

近年来，在日本等国家伴随着小批量、高频率的货物运输增加以及准时生产运送普及化，产生了一个从制造商、批发商、零售商的角度分析非常符合顾客需求的供应链服务系统。但是，对单个企业而言是合理的物流系统，从整个社会看，却往往是非效率的。例如，货车实载率呈逐年下降趋势，甚至被认为是交通阻塞、事故增加、环境恶化、能源浪费、车辆利用效率持续低下等的原因之一。日本已明确地提出了这些涉及构筑最佳物流系统的问题。物流实践刚刚在中国起步，也出现了一些因规划不周而造成的此类问题，如交易市场、物流设施布局设计不当，车辆进出市场、物流设施时很容易造成道路阻塞、交通事故，引起交通阻塞的经济成本上升。为改善这种状况，坚持区域物流系统最佳化的观点是十分必要的。从区域经济的发展角度看，从单个企业物流合理化走向追求区域物流合理化，是符合社会经济可持续发展战略要求的。为实现这一目的，需要导入区域物流的概念，反映物流合理化的发展趋势，从而体现社会经济发展战略的要求并完善区域物流系统。

6）区域物流系统化的内容

区域物流系统化是物流系统化较高的层次，其方法主要是规划、建立和完善区域物流网络体系。构筑区域物流系统的主要内容包括：区域间通道、城市干线道路、区域物流设施、城市的集配中心、企业的仓库等联合组成的物流网络体系。

货运枢纽站场是区域物流设施，其规划与布局对区域物流系统合理化有重要的作用。从区域经济发展的观点考虑，货运枢纽站场或城市间物流中心、城市内集配中心、物流据点的运营应当按集成化理论布局，实现功能分配合理、运行机制兼容，能够协同运作。

城市物流（配送）据点的配置可从两方面综合考虑：要提高物流活动效率，要求物流设施集约化布局，而要提高物流服务水准，则要求物流设施分散化布局；同时要加强物流信息和综合控制能力，从而达到削减库存量、提高销售能力、减少物流总费用的目的。

2. 区域物流系统规划的程序与内容

区域物流系统是综合运输网络中涉及货物运输的主要组成部分，其系统规划涉及区域经济发展水平、运输结构、物流基础设施布局和运行机制。区域性运输结构和物流系统要适应产业结构、人民生活水平、经济效益和社会效益的需要。规划的一般程序如图 5-4 所示。

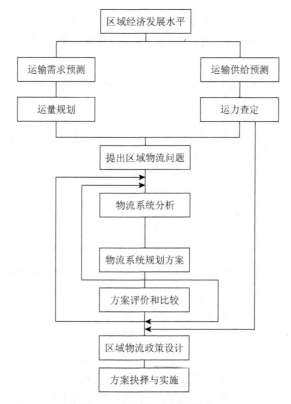

图 5-4　区域物流规划程序

在多数情况下，区域物流系统规划是在现有运输网络和拟建运输网络基础上，完善区域物流设施、物流据点规划与布局。为此，区域物流系统应有一个合理的框架结构。

（1）构筑区域物流系统的基础设施体系。主要包括：构筑干线道路与区域物流设施、城市内的集配中心、不同企业的仓库联合组成的物流网络体系。

（2）构筑指挥区域物流的神经网络体系。运用移动通信、车辆跟踪定位、计算机在线经营管理系统和 Internet、公用经济信息网、企业内联网等在内的计算机网络技术，建立全国、全球性计算机物流信息网络体系和应用电子数据交换系统，实现物流信息共享和商流、物流、信息流集成化应用目标。

（3）构筑区域物流系统运行的动力机制。完善企业物流供应链管理机制、多企业聚集效益机制和规模效益机制等。在物流运行组织形式的总体模式中体现出高层次集中经营决策控制与低层次分散协调物流作业活动相结合。

（4）构筑区域物流运作的组织结构。现代物流企业的治理结构与物流企业合作类型（如企业集团主导型、集团企业主导型、企业间互惠合作型等）结合起来。

5.3.2　区域物流设施

从物流国际化、物流高级化发展的要求分析，各类货运枢纽站场属于典型的区域物流设施。引入物流高级化的概念，货运枢纽站场经营的传统观念、技术基础与经营方式将随之发生变革。

1. 区域物流设施与物流功能

公路运输是区域物流系统的核心业务，是多式联运中实现门到门服务唯一不可缺少的运输方式。公路运输网必须与综合运输网充分兼容才能发挥其推动区域物流发展的作用。全国交通建设以"三主一支持"的发展设想为目标，即公路主骨架、水运主通道、港站主枢纽和现代化的支持保障体系，是公路、水路运输网建设的核心内容。公路主枢纽中的货运站场系统本身就是区域物流系统的重要组成部分，具有运输组织管理、中转换装、装卸储运、多式联运、通信信息和生产辅助设施等 6 项基本功能。公路运输站场规划主要涉及集装箱货运站和公路运输零担货运站，两者都属于区域物流设施，应当与城市集配中心、各种仓库、商店形成配套体系。

作为区域物流设施的货运枢纽规划的主要内容包括：确定其在区域物流系统中的主要功能，确定其布局、选址与建设规模，设计良好的运行机制，与现有集配中心、仓库功能匹配，兼容运作。

2. 集装箱货运站的基本配置

集装箱货运站的主要配置包括建筑设施、场地设施、作业设施、管理设备等，能使物流中心的三种职能及相关服务所需硬件和软件基本具备。根据 GB/T 12419—2005《集装箱公路中转站级别划分、设备配备及建设要求》的规定，公路集装箱货运站设施的配置应按相应级别来确定。实现区域物流系统的运转与管理要求的基本配置主要有以下几个方面。

（1）集装箱公路货运站的建筑设施。包括站房、中转作业大厅、仓库、拆装箱库、维修车间、油库、地磅房、配电站、供水站、洗车台、污水处理等。

（2）场地设施。包括集装箱堆场、装卸作业场、铁路专用线及站内道路、停车场等。集装箱堆场是堆存和保管集装箱的场所。根据集装箱堆存量、货运站的工艺流程可以分别设置重箱堆场、空箱堆场、待修与修竣箱堆场等。堆场的设置应满足发送箱、到达箱、中转箱、周转箱和维修堆场等的工艺流程和不同的作用要求。作业线路要合理，避免交叉作业，便于准确、快捷地进行集装箱作业和方便堆场集装箱管理。维修场区内应有一定坡度，以利排水。

（3）集装箱货运站设备配置。集装箱货运站的主要设备包括运输车辆、装卸机械、各类型叉车、维修设备和自动化管理系统设备等。

（4）计算机、通信、信息管理设备。

3. 公路零担货运站的物流功能和配置

公路零担货运站作为区域物流设施，更多地分布在高速公路、干线道路和其他交通方便且不影响环境的区域。公路零担货运以站为基础，与物流（后勤保障）的要求关系更为密切。

零担货装卸作业场地、仓库、货棚、零担货运作业站房、停车场以及有关物流服务的设施、设备和各部分的相互位置和面积应符合方便货主、便于作业、适应需要、优质服务的客观要求。

5.3.3　货运枢纽站场的规划

1. 货运枢纽站场规划的主要内容

区域物流系统规划所涉及的货运枢纽站场要与综合运网、枢纽城市站场体系的规划兼容、协调一致。货运枢纽站场规划中所涉及的具体因素很多，要按科学的规划程序，抓住主要因素，选择适当的方法进行规划。区域物流设施规划的重点是确定规模、数量和布局。

（1）适站量预测。适站量是确定建站生产纲领的重要依据，对规划内适站量的预测应予以充分重视。统计资料收集要准确、全面，预测模型的选择要适当。要根据规划研究的目的、收集资料所具备的建模条件等因素，选择预测模型。在货运站适站量预测中常用的数学模型有多元回归预测模型、灰色动态等。

（2）货运枢纽站场布局决策。货运枢纽站场布局是区域物流系统规划的核心内容，重点是确定货运枢纽站场的规模、数量和站场选址。

2. 货运枢纽站场布局与选址

区域性物流设施（如货运枢纽、集装箱货运站、中转站、零担货运站等）要能有效地将运输与物流要求很好地结合起来。布局的原则与选址要求如下。

（1）系统规划，协调发展，建成统一运网。布局要满足综合运网协调发展的要求，并与所在城市总体布局规划和交通规划相吻合。

（2）方便运输、配送，科学合理分布。使运输与物流服务作业较好地衔接，货运枢纽站场布局距离主干线、货源要近并远离城市商业区、人口稠密区和文化区。

（3）满足需要，留有余地，适当超前发展。

（4）完善功能，分散布点，强化机制建设。根据站场所服务区域的要求，在现有硬件设施的基础上，强化机制建设，协调物流链运作。

（5）新旧兼容，机制兼容，有利区域发展。

（6）软硬结合，细化功能，提高物流效益。干线运输与物流服务综合集成，避免重复建设功能相同的物流设施。要重视软件建设，重视细化服务功能，重视发掘硬件潜力。

（7）水电畅通，交通方便，基础条件良好。

（8）节约投资，保护环境，实现持续发展。

在进行具体货运站址的选择时，还要根据物流设施所在城市、区域及服务对象进一步细化要求。

3. 货运枢纽站场选址程序

在运输与集散一体化思想指导下，货运枢纽站场的选址可参考以下过程。

（1）分析所在区域的自然、社会、经济特点以及区域经济水平和发展规划，按照区域物流要求、运输站场的具体功能和选址原则，确定货运枢纽站场的运输与集散服务范围。

（2）确定规划期货运枢纽站场适站量，运输与物流服务的综合集成形成，总体物流服务质量水平。

（3）调查区域现有货运枢纽站场、物流设施分布情况，用于干线运输与物流服务可兼容的可能性。

（4）分析所在区域高速公路入口、主干道的位置、数目及规划发展情况，根据所在区域主要货源、主要服务对象和主要通道及城市土地规划和使用特征等因素，初步确定若干可选为货运枢纽站场布点的位置。

（5）根据货运调查统计资料，确定规划期区域货物运输总工作量。按照货物运输站场经济规模的要求，确定每一个区域内货物吞吐量及分布情况，对布点位置进行筛选。

（6）详细了解区域内现有各货运站场、物流服务设施的分布及改、扩建能力，计算按可能规模改、扩建现有站场所需要费用，拟定多个站址作为备选站址方案。

（7）建立选址模型，进行运输与物流总费用选址计算，用量化方式初步确定货运站选址方案。

（8）实地调查，方案比较，综合评价与决策目标的要求，确定货运枢纽站场具体站址，并绘制站址平面图和地形图。

5.4　物流中心规划

5.4.1　物流中心概述

物流中心是指处于枢纽或重要地位、具有较完善的物流环节，并能实现物流集散和控制一体化运作的物流据点。物流中心的主要功能是大规模集结、吞吐货物，因此必须具备运输、储存、保管、分拣、装卸、搬运、配载、包装、加工、单证处理、信息传递、结算等主要功能，以及贸易、展示、货运代理、报关检验、物流方案设计等一系列延伸功能。

其主要功能应包括以下几个方面。

（1）物流中心的集约功能。主要表现在：量的集约；货物处理的集约；技术的集约；管理的集约。

（2）物流中心的衔接功能。主要表现在实现了公路、铁路等两种或以上不同运输形式的有效衔接。

（3）物流中心的支撑功能。主要表现在使已应用的集装、散装等联合运输形式获得更大的发展。

（4）物流中心的流通加工功能。主要目的是方便生产或销售，公共物流中心常常与固定的制造商或分销商进行长期合作，为制造商或分销商完成一定的加工作业。物流中心必须具备的基本加工职能有贴标签、制作并粘贴条形码等。

（5）物流中心需求预测的功能。物流中心经常负责根据物流中心商品进货、出货信息来预测未来一段时间内的商品进出库量，进而预测市场对商品的需求。

（6）物流中心改善城市环境的功能。主要表现在减少了线路、货站、货场、相关设施在城市内的占地，减少车辆出行次数，集中车辆出行前的清洁处理，从而起到减少噪声、尾气、货物对城市环境的污染。

（7）物流中心促进城市经济发展的功能。主要表现在降低物流成本和企业生产成本，促进经济发展，完善物流系统，保证供给，降低库存等。

5.4.2　物流中心的规划设计

物流中心的建设规划是非常复杂、非常庞大的工程，涉及的专业领域也很广泛，必须有众多专家参与和先进理论作为指导。物流中心的规划设计决定了物流中心各功能模块的合理布局，对物流中心的运营效益和效率等都带来先天性、长远性的影响，因此，物流中心的规划设计必须实行科学性、先进性、严密性的分析和设计，才能保证布局的基本合理，才能保证物流中心功能的正常发挥，使其能更好地为社会经济建设服务。

1. 物流中心规划设计依赖的条件及考虑的因素

物流中心的建立是基于以下几个条件。

（1）城市之间经济交往促进物流量的急剧增加，给物流中心提供了设立的可能性。

（2）物流配送系统的广泛建立，使物流中心之间的干线运输与在城市区域内的配送有效地组合成新型的现代物流系统，从而完善了整个物流。

（3）城市环保与可持续发展促进物流中心的建立，通过合理的物流规划和物流组织，限制汽车在城市中的运行时间和运行数量，减少货运铁路、专用线、货运站场在城市内的占地等，促进城市可持续发展。

（4）科技进步对物流中心提供了全方位的科技支持。

在进行物流中心规划设计时需要考虑以下因素。

（1）区域经济发展背景资料。例如，社会经济发展规划，产业布局，工业、农业、商业、住宅布局规划。

（2）交通运输网及物流设施现状。例如，交通运输干线、多式联运小转站、货运站、港口、机场布局现状。

（3）城市规划。城市人口增长率，产业结构与布局，物流中心选址不合适，往往会在土干线通道上造成交通阻塞、运距过长造成能源浪费、车辆空载率高、调度困难等问题。

（4）环境保护与社会可持续发展。在规划物流中心时应充分注意到环境保护和社会可持续发展问题，不仅涉及城市交通阻塞、物流中心选址，而且涉及筹资组建与运营以及运输经营集约化等综合问题。

2. 物流中心规划设计的主要内容

在现代社会经济高度发展的条件下，物流中心规划设计的合理确定，对于地区、城市的经济发展具有决定性的意义。

物流中心的规划设计主要包括以下方面。

（1）物流中心规划设计的主体。物流中心是物流网络中的节点，更多地体现为道路运输系统的基础结构，也是不同运输方式选择决策的抉择点和协作、协调的结合部。在形成以中心城市为核心的经济圈或区域经济圈的体系中，物流中心有举足轻重的地位和作用。所以，中国大范围的物流基础设施建设规划是由政府主管部门指导、组织制定的。

物流网络、物流中心及基础设施的规划与筹资、融资、建设与运行密切相关。投资主体将向多元化方向发展，民营企业也将成为主体之一，此外，还涉及外国资本投入物流基础建设的运作方式。

（2）物流中心布局与选址。物流中心布局与选址是很复杂的问题，涉及法律、法规、规划、土地使用权、物流业务种类、物流设施、筹资能力、交通环境因素、自然条件等因素。因此，物流中心布局选址所涉及的一些关键因素，需要将定性分析和定量分析结合起来进行，或采用综合集成的方法进行选址工作。

（3）物流中心的规模设计。根据市场总容量、发展趋势以及领域竞争对手的状况，决定物流中心的规模。规模设定应注意两方面的问题：第一是要充分了解社会经济发展的大趋势，地区、全国乃至世界经济发展的预测，预测范围包含中、长期内容；第二是要充分了解竞争对手的状况，如生产能力、市场占有份额、经营特点、发展规划等。因为市场总容量是相对固定的，不能正确地分析竞争形势就不能正确地估计出自身能占有的市场份额。如果预测发生大的偏差，将导致设计规模过大或过小。估计偏低，将失去市场机遇或不能产生规模效益；估计偏高，将造成多余投资，从而使企业效率低下，运营困难。

（4）物流中心的设施规划与设计。在预定的区域内合理地布置好各功能块相对位置的目的是：有效地利用空间、设备、人员和能源；最大限度地减少物料搬运；简化作业流程；缩短生产周期；力求投资最低；为职工提供方便、舒适、安全和卫生的工作环境。

物流中心的主要活动是物资的集散和进出，在进行设施规划设计时，环境条件非常重要。相邻的道路交通、站点设置、港口和机场的位置等因素，如何与中心内的道路、物流路线相衔接，形成内外一体、圆滑通畅的物流通道，这一点至关重要。物流设施与道路过近可能影响道路利用率，过远则可能造成运距过长、网络成本增高。

（5）软硬件设备系统的规划与设计。一般来说，软硬件设备系统的水平常常被看成是物流中心先进性的标志，因而为了追求先进性就要配备高度机械化、自动化的设备，在投资方面带来很大的负担。但是，欧洲物流界认为"先进性"就是合理配备，能以较简单的设备、较少的投资，实现预定的功能。也就是强调先进的思想、先进的方法。从功能方面来看，设备的机械化、自动化程度不是衡量先进性的最主要因素。

根据我国的实际状况，对于物流中心的建设，比较一致的认识是贯彻软件先行、硬件适度的原则。也就是说，计算机管理信息系统、管理与控制软件的开发，要瞄准国际先进水平；而机械设备等硬件设施则要根据我国资金不足、人工费用便宜、空间利用要求不严格等特点，在满足作业要求的前提下，更多选用一般机械化、半机械化的装备。

（6）物流中心的结构规划设计。物流中心虽然是在一般中转仓库基础上演化和发展起来的，但物流中心内部结构和布局与一般仓库有较大的不同。一般物流中心的内部工作区域结构配置包括：接货区；储存区；理货、备货区；分放、配装区；外运发货区；加工区；管理指挥区（办公区）等。

（7）物流中心的组织设计。由于物流中心涉及的功能多，业务复杂，物流中心的组织结构可以采用一体化的组织结构，以便统一物流中心的物流功能和运作。这种组织结构层次的趋势十分清晰，实际上将该操作的许多物流计划和运作功能归类于一个权利和责任之下，对所有原材料和制成品的运输、存储等实行战略管理，为指导从原材料采购到客户发送等财务和人力资源的有效应用提供了一个条理分明的体制结构。

3. 物流配送中心的选址

1）物流配送选址的原则

有关配送中心位置的选择，将显著影响实际营运的效率与成本，以及日后仓储规模的扩充与发展。因此企业在决定配送中心设置的位置方案时，必须谨慎参考相关因素。

配送中心选址时应该考虑的主要因素有客户分布、供应商分布、交通条件、土地条件、自然条件、人力资源条件、政策条件等，以下针对这几种要点加以说明。

（1）客户分布。配送中心选址时首先要考虑的就是所服务客户的分布，对于零售商型配送中心，其主要客户是超市和零售店，这些客户大部分分布在人口密集的地方或大城市，为了提高服务水平及降低配送成本，配送中心多建在城市边缘接近客户分布的地区。

（2）供应商分布。另外配送中心的选址应该考虑的因素是供应商的分布地区。因为物流的商品全部是由供应商所供应的，如果物流接近供应商，则其商品的安全库存可以控制在较低的水平。但是因为国内一般进货的输送成本是由供应商负担的，因此有时不重视此因素。

（3）交通条件。交通条件是影响物流的配送成本及效率的重要因素之一。交通运输的不便将直接影响车辆配送的进行，因此必须考虑对外交通的运输通路，以及未来交通与邻近地区的发展状况等因素。地址宜紧邻重要的运输通路，以利配送运输作业的进行。考核交通方便程度的条件有高速公路、国道、铁路、快速道路、港口、交通限制规定等几种。一般配送中心应尽量选择在交通方便的高速公路、国道及快速道路附近的地方，如果以铁路及轮船作为运输工具，则要考虑靠近火车编组站、港口等。

（4）土地条件。土地与地形的限制，对于土地的使用，必须符合相关法令规章及都市计划的限制，尽量选在物流园区或经济开发区。用地的形状、长宽、面积与未来扩充的可能性，则与规划内容及实际建置的问题有密切的关系。因此在选择仓址时，有必要参考规划方案中仓库的设计内容，在无法完全配合的情形下，必要时要修改规划方案中的内容。

另外，还要考虑土地大小与地价，在考虑现有地价及未来增值状况下，配合未来可能扩充的需求程度，决定最合适的面积大小。

（5）自然条件。在物流用地的评估当中，自然条件也是必须考虑的，事先了解当地自然环境有助于降低建构的风险。例如，在自然环境中有湿度、盐分、降雨量、台风、地震、河川等几种自然现象。有的地方靠近山边湿度比较高，有的地方湿度比较低，有的地方靠近海边盐分比较高，这些都会影响商品的储存品质，尤其是服饰或电子产品等对湿度及盐分都非常敏感。另外降雨量、台风、地震及河川等自然灾害，对于配送中心的影响也非常大，必须特别留意并且避免被侵害。

（6）人力资源条件。在仓储配送作业中，最主要的资源需求为人力资源。由于一般物流作业仍属于劳力密集的作业形态，在配送中心内部必须要有足够的作业人力，因此在决定配送中心位置时必须考虑工人的来源、技术水平、工作习惯、工资水平等因素。

人力资源的评估条件有附近人口、交通条件、工资水平等几项。如果物流的选址位置附近人口不多且交通又不方便，则基层的作业人员不容易招募；如果附近地区的工资水平太高，也会影响到基层的作业人员的招募，因为一般物流的作业属于服务行业，工资水平比工厂低且辛苦。因此必须调查该地区的人力、交通及工资水平。

（7）政策条件。政策条件方面也是物流选址评估的重点之一，尤其是物流用地取得比较困难的现在，如果有政府政策的支持，则更有助于物流经营者的发展。政策的条件包括企业优待措施（土地提供，减税）、城市计划（土地开发，道路建设计划）、地区产业政策等。最近在许多交通枢纽城市，如深圳、武汉等地都在规划设置现代物流园区，其中除了提供物流用地外，也有关于赋税方面的减免，有助于降低物流经营者的营运成本。

2）物流配送中心选址的基本方法

这里简单介绍一些常见的数学求解最优配送网点布局的方法，具体的数学建模和运算方法有兴趣的同学可以参考物流工程及运筹学相关书籍。

（1）解析法。解析法是通过数学建模进行网点布局的方法。采用这种方法，首先根据问题的特征、外部条件和内在联系建立起数学模型或图解模型，然后对模型求解，获得最佳布局方案。解析方法的特点是能获得精确的最优解，但是，这种方法对某些复杂问题难以建立起恰当的模型，或者由于模型太复杂，使求解困难，或要付出相当高的代价。因而这种方法在实际应用中受到一定的限制。

（2）模拟法。网点布局的模拟法是将实际问题用数学方程和逻辑关系的模型表示出来，然后通过模拟计算机逻辑推理确定最佳布局方案。这种方法较前一种方法简单。采用这种方法进行网点布局时，分析者必须提供预定的各种网点组合方案以供分析评价，从中找出最佳组合。因此，决策的效果依赖于分析者预定的组合方案是否接近最佳方案。

（3）逐次逼近法。这种方法是对所求得的解进行反复判断、实践检验修正直到满意。特点是模型简单，需要进行方案组合的个数少，因此便于寻求最终答案。其步骤如下：①定义一个计算总费用的方法；②拟定判别准则，规定方案改选的路径；③建立相应的模型；④迭代求解。

5.5　逆向物流的规划设计

5.5.1　逆向物流定义

逆向物流（reverse logistics）是指物资从产品消费点到产品来源点的物理性流动，同时伴随相应的信息流和资源流。逆向物流活动包括对物料、在制品、成品和相关信息的逆向流动进行设计、实施和控制，目的是恢复回流产品部分价值或对其进行适当的处理。逆向物流涉及的范围较广，但主要的流动还是废次、废旧、废弃产品从顾客、零售店向供应链上游的流动，并通过重用、翻新、加工、再制造等形式进行产品和物料的循环利用。逆向物流是在正向物流运作过程中产生和形成的，没有正向物流，就没有逆向物流；逆向物流流量、流向、流速等特性是由正向物流属性决定的。

逆向物流有广义和狭义之分。我国制定的国家标准 GB/T 18354—2006《物流术语》中所讲的逆向物流的定义是狭义的，逆向物流指不合格物品的返修、退货以及周转使用的包装容器从需方返回到供方所形成的物品实体流动。广义的逆向物流除了包含狭义的逆向物流定义，还包括废弃物回收物流的内容，其最终目标是减少资源浪费。

5.5.2　逆向物流规划设计的原则

（1）"事前防范重于事后处理"原则。逆向物流实施过程中的基本原则是"事前防范重于事后处理"，即"预防为主，防治结合"的原则。因为对回收的各种物料进行处理往往给企业带来许多额外的经济损失，这势必增加供应链的总物流成本，与物流管理的总目标相违背。因而，对生产企业来说要做好逆向物流一定要注意遵循"事前防范重于事后处理"的基本原则。

（2）绿色原则（5R原则）。绿色原则主要体现在将环境保护的思想观念融入企业物流管理过程中。5R原则，即：reduce，节约资源、减少污染；recevaluate，绿色消费、环保选购；reuse，重复使用、多次利用；recycle，分类回收、循环再生；rescue，保护自然、万物生存。

（3）效益原则。生态经济学认为，现代企业是一个由生态系统与经济系统复合组成的生态经济系统。物流是社会再生产过程中的重要一环，物流过程中不仅有物质循环利用、能源转化，而且有价值的转移和价值的实现。因此，现代物流涉及经济与生态环境两大系统，理所当然地架起了经济效益与生态环境效益之间彼此联系的桥梁。经济效益涉及目前和局部的企业经济效益，而环境效益则关系到更宏观和长远的利益。经济效益与环境效益是对立统一的，后者是前者的自然基础和生存环境，而前者是后者的经济表现形式。

（4）信息化原则。尽管逆向物流具有极大的不确定性，但通过信息技术的应用（如条码、射频识别、全球定位系统、电子数据交换等技术）可以帮助企业大大提高逆向物流系统的效率和效益。例如，条码、射频识别技术可以储存更多的商品信息，有关商品的结构、生产时间、材料组成、销售状况、处理建议等信息就可以通过条码、射频识别加注在商品上，便于对进入回收流通的商品进行有效及时的追踪。

（5）法制化原则。尽管逆向物流作为产业而言还只是一个新兴产业，但是逆向物流活动从其来源可以看出，它就如同环境问题一样并非新生事物，它是伴随着人类的社会实践活动而生的，只不过在工业化迅猛发展的过程中这一"暗礁"浮出水面而已。然而，正是由于人们以往对这一问题的关注较少，市场自发产生的逆向物流活动难免带有盲目性和无序化的特点。这亟须政府制定相应的法律法规来引导和约束。

（6）社会化原则。从本质上讲，社会物流的发展是由社会生产的发展带动的，当企业物流管理达到一定水平时，旧社会物流服务就会提出更高的数量和质量要求。企业回收物流的有效实施离不开社会物流的发展，更离不开公众的积极参与。国外企业与公众参与回收物流的积极性较高，在许多民间环保组织，如绿色和平（green peace）组织的巨大影响力下，已有不少企业参与了绿色联盟。

5.5.3　逆向物流的分类及特点

1. 逆向物流的分类

（1）按照回收物品的渠道分类。按照回收物品的渠道可分为退货逆向物流和回收逆向物流两部分。退货逆向物流是指下游顾客将不符合订单要求的产品退回给上游供应商，其流程与常规产品流正好相反；回收逆向物流是指将最终顾客所持有的废旧物品回收到供应链上各节点企业。

（2）按照逆向物流材料的物理属性分类。按照逆向物流材料的物理属性可分为钢铁和有色金属制品逆向物流、橡胶制品逆向物流、木制品逆向物流、玻璃制品逆向物流等。

（3）按成因、途径及其产业形态分类。按成因、途径及其产业形态的不同，逆向物流被学者区分为投诉退货、终端使用退回、商业召回、维修退回、生产报废与副产品以及包装等六大类别。

（4）按照回收方式分类。按照回收的废弃物的处理方式，可以分为再使用（reuse）、再制造（remanufacturing）、再循环（recycling）、销毁处理（destroying）等类别。

2. 逆向物流的特点

逆向物流作为企业价值链中特殊的一环，与正向物流相比，既有共同点，也有各自不同的特点。二者的共同点在于都具有包装、装卸、运输、储存、加工等物流功能。但是，逆向物流与正向物流相比又具有其鲜明的特殊性。

（1）分散性。逆向物流产生的地点、时间、质量和数量是难以预见的。废旧物资流可能产生于生产领域、流通领域或生活消费领域，涉及任何领域、任何部门、任何个人，在社会的每个角落都在日夜不停地发生，正是这种多元性使其具有分散性。而正向物流则不然，按量、准时和指定发货点是其基本要求。

（2）缓慢性。人们不难发现，开始的时候逆向物流数量少，种类多，只有在不断汇集的情况下才能形成较大的流动规模。废旧物资往往不能立即满足人们的某些需要，它需要经过加工、改制等环节，甚至只能作为原料回收使用，这一系列过程的时间是较长的。同时，废旧物资的收集和整理也是一个较复杂的过程。这一切都决定了废旧物资缓慢性这一特点。

（3）混杂性。回收的产品在进入逆向物流系统时，不同种类、不同状况的废旧物资常常是混在一起的。当回收产品经过检查、分类后，逆向物流的混杂性随着废旧物资的产生而逐渐衰退。

（4）多变性。由于逆向物流的分散性及消费者对退货、产品召回等回收政策的滥用，有的企业很难控制产品的回收时间、空间和成本，这就导致了多变性。主要表现在以下四个方面：逆向物流具有极大的不确定性，逆向物流的处理系统与方式复杂多样，逆向物流技术具有一定的特殊性，相对高昂的成本。

5.5.4　逆向物流系统的设计

1. 逆向物流系统运作流程

逆向物流链中包含一系列的节点，每个节点分别对回收产品进行各种不同的处理活动。逆向物流系统中的主要参与者是回收产品供应商、回收商、再制造商、分销商和消费者等。一般而言，逆向物流链包括以下几个环节：收集、检测/分类（包括检查、分拆）、再加工、再分配、再投入到市场。逆向物流与正向物流一起构成了闭环供应链。

一般的逆向物流流程包含下面的主要作业环节。

（1）回收。回收是指从消费者那里收集产品并移动至各个节点企业的过程，在此过程中，废弃物开始进入逆向物流系统，这里的节点企业可以是制造商、供应商、零售商、分销商及其指定的回收中心。

（2）检测与分类。检测是用来决定回收的产品或零部件是否可以再利用，并根据产品构造的特点及产品和各零部件的性能确定合适的处理方案的活动；分类是根据产品的特性制定相应的回收方式或回收路线，并衡量和决定需要对产品进行哪些处理。在逆向物流网络中，废旧物品从消费者处流向回收中心，在回收中心检验，并被分成下述几种不同的处理方式：可以直接利用或经简单加工可以利用，简单处理后运往配送中心再销售；具有可利用零部件的产品或者是能够再循环为原材料的产品，拆解后运往工厂在生产过程中实现再利用和再循环；剩下的确实无再利用价值的产品将被无害化处理。

（3）再加工。再加工是加工回收的产品或零部件，恢复其使用价值，将其转化为有用产品的过程。这种转化可以采取修理、再制造、翻新、重新包装以及清理、更换和再装配等形式完成。

（4）再分销。再分销是指将可再循环利用的产品经过再加工后变成的再生产品，重新销售到潜在市场的物流活动，一般包括直接分销、通过二手市场销售等形式。直接分销是以低于零售价的价格将回收产品直接销售给用户，也可以先对回收产品或零部件进行修理、翻新、再制造或重新包装等处理活动，然后再销售给用户；通过二手市场销售的方式通常以低于零售店甚至处理店的价格在跳蚤市场上销售或销售到其他国家。

（5）无害化处理。无害化处理是指出于环保的考虑，对那些在技术、环境或经济上都不具有利用价值的产品或零部件所进行的销毁处理，它包括垃圾处理、掩埋、堆积、焚烧等活动。

正向物流与逆向物流相结合的闭环供应链及逆向物流运作如图 5-5 所示。

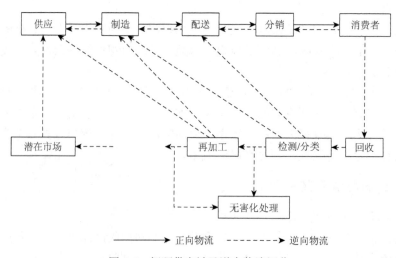

图 5-5　闭环供应链及逆向物流运作

2. 逆向物流回收模式

参与逆向物流的回收主体，主要有：生产商（original equipment manufacturer, OEM）、生产商联合体（producer responsibility organization, PRO）、第三方（third-party, TP），

由此形成逆向物流的几个典型回收模式：生产商负责回收（OEM take-back，OEMT）、生产商联合体负责回收（PRO take-back，PROT）、第三方负责回收（TP take-back，TPT）以及混合回收模式等。

（1）生产商负责回收。在生产商负责回收模式中，可以由生产商自己直接负责回收消费者（consumer）废弃的寿命终止（end of life，EOL）产品，也可以由负责中间销售的分销商（distributor）[包括零售商（retailer）和批发商（wholesaler）] 负责回收并转交生产商进行处理。生产商负责回收模式中，生产企业需要建立独立的逆向物流体系，自己管理退货和废旧物品的回收处理业务。企业要建立分布广泛的逆向物流网络，以便回收各种回流物品并将其送到企业的回流物品处理中心进行处理。生产商不但要负责产品的生产销售和售后服务（包括退货的管理），还要负责产品在消费之后的废旧物品以及包装材料的回收和处理。图 5-6 为生产商负责逆向物流模式示意图。

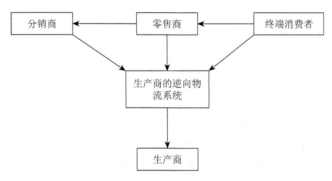

图 5-6　生产商负责逆向物流模式

（2）生产商联合体负责回收。如果由单个的企业来处理废旧家电并回收其中的资源，不仅需要先进的技术，还需要大量的资金，但通过政府规制条件下的联合逆向物流系统，不仅可为各合作企业提供廉价的原材料，保证该企业运作过程中原材料来源，实现企业间的合作共赢，还可以减轻单个企业建立逆向物流系统的投资压力，具有专业技术优势，容易实现规模经营。图 5-7 为联合运作模式示意图。

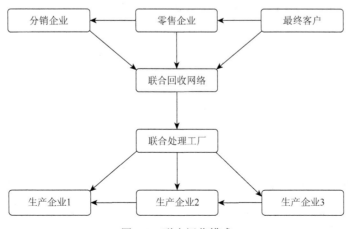

图 5-7　联合运作模式

（3）第三方负责回收。第三方负责回收模式，即生产商在销售产品后，自己并不直接参与对 EOL 产品的回收工作，而是将其回流产品的回收处理工作的部分或者全部业务，以支付费用等方式外包给专门从事逆向物流服务的第三方企业负责实施。在第三方负责回收模式中，第三方物流回收企业在负责回收 EOL 产品之后，可以转交给生产商进行相应的处置工作，也可以转交给第三方生产商（third-party manufacturer，TPM）进行处理。图 5-8 为逆向物流外包模式示意图。

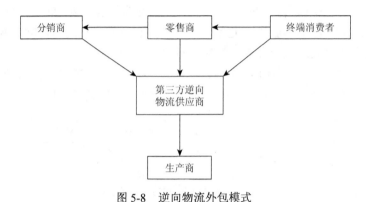

图 5-8　逆向物流外包模式

（4）混合回收模式。混合回收模式是制造企业、第三方物流企业、零售商建立彼此价值链上的互补性合作，共同进行废旧产品的回收。其中，零售商作为回收点，第三方物流企业负责废旧产品的运输、仓储等物流活动，而制造企业负责废旧产品回收物流体系的设计和运作，三者共同合作，实现共赢。图 5-9 为混合回收模式示意图。

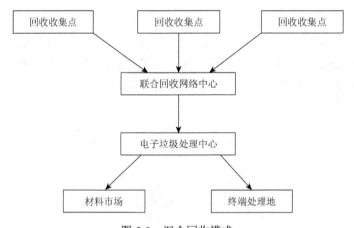

图 5-9　混合回收模式

■ 本章小结

物流系统规划设计是指确定物流系统发展目标并设计达到该目标的策略以及行动的过程，它依据一定的方法、程序和原则，对与物流系统相关的因素，进行优化组合，从而更好地实现物流系统发展的目标。

　　从规划所涉及的行政级别和地理范围看，物流系统规划可分为国家级物流系统规划、区域级物流系统规划、行业物流系统规划、企业物流系统规划。

　　物流规划包含三项要素：目标的长期性、实现目标的方法、实现目标的过程。

　　物流规划的基本内容是：确定物流规划的层次，选择物流规划的领域，分析物流规划的约束因数，进行物流战略定位，并通过物流管理策略实施。

　　物流系统规划设计应按照以下程序来进行：第一阶段，建立目标和约束条件；第二阶段，数据收集和方案拟定；第三阶段，方案评估与选择；第四阶段，方案实施和实效评价。

　　区域物流可表述为：在一定区域规划和构筑促进社会经济最佳战略实现的物流系统，及其与物流运营与监控等有关的活动体系。

　　区域物流系统是指在一定的时间和区域内，由所需位移的物资、包装设备、装卸搬运机械、运输工具、仓储设施、人员和通信联系等多个相互制约的动态要素所构成的具有特定功能的有机整体。区域物流系统是社会大系统的一个子系统或组成部分。

　　物流中心的主要功能是大规模集结、吞吐货物，具备运输、储存、保管、分拣、装卸、搬运、配载、包装、加工、单证处理、信息传递、结算等主要功能，以及贸易、展示、货运代理、报关检验、物流方案设计等一系列延伸功能。

　　物流中心的设计，主要是对布点位置、功能设置、规模设施、管理体制等的合理设定。在前期准备工作的基础之上，根据物流中心的目标，可以对物流中心进行设计。在设计过程中应遵循：动态原则、竞争原则、低运费原则、交通原则、统筹原则、充分利用现有条件原则、循序渐进原则等。

　　物流中心的设计程序主要是：做好建设物流中心的前期准备；做好建设物流中心的基本条件调查；弄清物流中心的设计条件；进行物流中心的布局；设计物流中心的系统；物流中心的建筑规划；运营系统的设计；物流机械设备的选定；总投资及各种费用的估算；计算预期投资回收期；详细设计；施工设计。

　　逆向物流是指物资从产品消费点到产品来源点的物理性流动，同时伴随相应的信息流和资源流。逆向物流活动包括对物料、在制品、成品和相关信息的逆向流动进行设计、实施和控制。

　　逆向物流链包括以下几个环节：收集、检测/分类（包括检查、分拆）、再加工、再分配、再投入到市场。

　　逆向物流的特点是分散性、缓慢性、混杂性和多变性。

　　逆向物流流程包括：回收，检测与分类，再加工，再分销和无害化处理。

■ 关键概念

　　物流规划　物流战略　物流管理策略　逆向物流　逆向物流链　区域物流系统
区域物流系统化　物流中心

■ 思考题

　　1. 物流规划的基本流程是什么？

2. 物流规划的基本原则和基本内容有哪些？

3. 物流规划的基本过程中应该把握哪些要点？

4. 逆向物流的驱动因素有哪些？逆向物流的原则有哪些？

5. 物流中心的设计程序主要是什么？

6. 区域物流系统的特点有哪些？区域物流系统的目标是什么？

7. 区域物流系统规划的程序和内容是什么？

8. 如何规划区域物流设施？

9. 物流中心的功能是什么？其设计要点有哪些？

■ 案例分析

蒙牛物流系统规划

第6章

物流信息系统

➤ 本章导读

1. 正确理解物流信息的概念、内容、特征。

2. 掌握信息技术及物联网技术在物流中的应用方法。

3. 了解物流信息系统的概念、内容、功能与结构；学习物流信息系统的开发方法。

4. 了解几种典型的物流管理子系统应用的相关知识，为在今后的实际工作中应用好物流信息技术做好必要的知识准备。

6.1 物流信息概述

6.1.1 物流信息的概念

物流信息是指与物流活动有关的信息，是反映物流各种活动内容的知识、资料、图像、数据、文件的总称。在物流活动中，物流信息流动于各个环节之中，并通过自身对整体物流活动进行有效的控制，因此，物流信息在现代物流中起着神经中枢的作用。

物流信息按信息领域的不同可分为两种。

（1）物流信息内部信息。它是伴随着物流活动而发生的信息，包括物料流转信息、物料作业信息、物流控制层信息和物流管理层信息四个部分。

（2）物流系统外部信息。它是在物流活动以外发生，但提供物流活动使用的信息，包括供货人信息、顾客信息、订货合同信息、交通运输信息、市场信息、政策信息等。

6.1.2 物流信息的内容与特征

1）物流信息的主要内容

物流信息包括伴随物流活动而发生的信息和在物流活动以外发生的但对物流有影响的信息。开展物流活动涉及面很广。首先，是与商流的联系，由于货源来自商业购销业务部门，只有时刻掌握有关货源方面的信息，才能作出开展物流活动的安排；其次，是与交通运输部门的联系，因为除部分汽车短途运输，运输工具是由铁路、航运和港务等部门所掌握的，只有随时了解车、船等运输信息，才能使商品流通顺利进行；再者，对运输市场和仓储市场，也应做到知己知彼，还要学习国内外在物流管理方面的有益经验。由此可见，物流信息不仅量大，而且来源分散，更多更广泛地掌握物流信息，是开展物流活动的必要条件。

（1）货源信息。货源的多少是决定物流活动规模大小的基本因素，它既是商流信息的主要内容，也是物流信息的主要内容。货源信息一般包括以下几方面的内容。

①商业购销部门的商品流转计划和供销合同，以及提出的委托运输和存储计划与合同。

②工农业生产部门销售信息的统计和分析，以及提出的委托运输和存储计划与合同。

③社会性物资的运输量和存储量的分析，以及提出的委托运输和存储计划与合同。

（2）市场信息。市场信息是多方面的，就其反映的性质来看主要有以下几方面。

①货源信息，包括货源的分布、结构、供应能力。

②流通渠道的变化和竞争信息。

③价格信息。

④运输信息。

⑤管理信息。

（3）运输能力信息。运输能力的大小，对物流活动能否顺利开展，有着十分密切的关系。运输条件的变化，如铁路、公路、航空运力的变化，会使物流系统对运输工具和运输路线的选择发生变化。这会影响到交货的及时性及费用能否增加。

（4）企业物流信息。

①单就商业企业物流系统来看，由于商品在系统内各环节流转，每个环节都会产生在本环节内有哪些商品、每种商品的性能、状态如何、每种商品有多少、在本环节内某个时期内可以向下个环节输出多少商品以及在本环节内某个时期需要上一环节供应多少商品等信息。所以企业物流系统的各子系统都会产生商品的动态信息。

②批发企业产生的物流信息。批发企业（或供应商）向零售企业物流系统发出发货通知。发货通知则表明有哪些商品、有多少商品将要进入物流系统，所以供应商也是物流信息产生的来源。

③零售企业产生的物流信息。零售企业营销决策部门下达采购计划向物流系统传输物流信息。这部分信息包括需要采购哪些原来没有采购的商品，采购多少；哪些商品不必再采购。这是零售企业在商品经营策略上发生变化时产生的物流信息。

（5）物流管理信息。加强物流管理，实现物流系统化，是一项繁重的任务，既要认真总结多年来物流活动的经验，又要虚心学习国内外同行对物流管理的研究成果。因此，要尽可能地多收集一些国内外有关物流管理方面的信息。包括物流企业、物流中心的配置、物流网络的组织，以及自动分拣系统、自动化仓库的使用情况等，以及借鉴国内外有益的经验，不断提高物流管理水平。

2）物流信息的特征

（1）传递信息量大。物流信息随着物流活动以及商品交易活动的展开而大量产生。多品种少批量生产和多频度小数量配送使库存、运输等物流活动的信息大量增加。零售商广泛应用销售点系统读取销售时点的商品品种、价格、数量等即时销售信息，并对这些销售信息加工整理，通过电子数据交换向相关企业传送。同时为了使库存补充作业合理化，许多企业采用电子订货系统。随着企业间合作倾向的增强和信息技术的发展，物流信息的信息量在今后将会越来越大。

（2）更新速度快。物流信息的更新速度快。多品种少批量生产、多频度小数量配送、利用销售点系统的即时销售使得各种作业活动频繁发生，从而要求物流信息不断更新，而且更新的速度越来越快。

（3）渠道多样化。物流信息不仅包括企业内部的物流信息（如生产信息、库存信息等），而且包括企业间的物流信息和与物流活动有关的基础设施的信息。企业竞争优势的获得需要供应链内各参与企业之间相互协调合作，协调合作的手段之一是信息即时交换和共享传送，实现信息共享。另外，物流活动往往利用道路、港湾、机场等基础设施。

（4）信息具有明确的衡量标准。为了保证物流信息的科学性，要求物流信息具有准确性、完整性、实用性、共享性、安全性以及低成本性。准确性是指物流信息能够正确地反映物流及相关活动的实际，且便于用户理解和使用；完整性是指信息没有冗余或不确切的含义，数据完整、统一；实用性是指信息要满足用户的使用，便于专业或非专业人员的访问；共享性是指物流活动的各个作业组成部分必须能够充分地利用和共享收集到的信息；安全性要求信息在系统中必须安全地传送，随着信息技术的迅猛发展，出现多种信息安全措施，如防火墙、安全传输协议以及增强的用户验证系统等；低成本性则要求信息的收集、处理、存储必须考虑成本问题，只有在收益大于成本的前提下，才能开展相应的信息工作。

6.2　信息技术及物联网技术在物流中的应用

6.2.1　条形码技术

1. 条形码基础知识

近年来，随着计算机应用的不断普及，条形码的应用得到了很大的发展。条形码可以标出商品的生产国、制造厂家、商品名称、生产日期、图书分类号、邮件起止地点、类别、日期等信息，因而在商品流通、图书管理、邮件管理、银行系统等许多领域都得到了广泛的应用。

条形码（bar code）是由一组规则而不同宽度的条和空组成的标记。"条"指对光线反射率较低的部分；"空"指对光线反射率较高的部分，这些条和空组成的数据表达一定的信息，并能够用特定的设备识别，转换成与计算机兼容的二进制或十进制信息。在应用中，符号被一种红外线或可见光源照射：黑色的条吸收光，空则将光反射回扫描器中。扫描器将光波转译成模仿条码中的条与空的电子脉冲，一个解码器用数学程序将电子脉冲译成一种二进制码并将译码后的资料信息传到个人计算机、控制器或计算机主机中。通过数据库中已建立的条码与商品信息的对应关系，当条码数据传到计算机上时，由计算机上的应用程序对条码数据进行转换操作和处理。图 6-1 为条形码的组成结构，图 6-2 为条形码系统的工作原理。

图 6-1　条形码的组成结构

图 6-2　条形码系统的工作原理

2. 条形码的种类

条形码是用一组数字来表示商品的信息。按使用方式分为直接印刷在商品包装上的条形码和印刷在商品标签上的条形码。按使用目的分为商品条形码和物流条形码。

1）商品条形码

商品条形码是以直接向消费者销售的商品为对象，以单个商品为单位使用的条形码。EAN（European article number）条形码是国际上通用的商品代码，我国通用商品条形码标准也采用 EAN 条形码。由 13 位数字码及相应的条形码符号组成，在较小的商品上也采用 8 位数字码及其相应的条形码符号。

EAN 条形码的构成有四点。

（1）前缀码。由三位数字组成，是国家的代码，我国为 690，是国际物品编码会统一决定的。

（2）制造厂商代码。由四位数字组成，我国物品编码中心统一分配并统一注册，一厂一码。

（3）商品代码。由五位数字组成，表示每个制造厂商的商品，由厂商确定，可标识10 万种商品。

（4）校验码。由一位数字组成，用以校验前面各码的正误。

图 6-3 为标准版的 EAN 码 6901010101098，表示听装健力宝饮料的条码，其中 690代表我国的 EAN 组织代码，1010 代表广东健力宝公司，101098 是听装饮料的商品代码。

图 6-3　EAN 条形码

2）物流条形码

物流条形码是物流过程中以商品为对象、以集合包装商品为单位使用的条形码。标准物流条形码由 14 位数字组成，除了第 1 位数字，其余 13 位数字代表的意思与商品条形码相同。物流条形码第 1 位数字表示物流识别代码，在物流识别代码中，1 代表集合包装容器装 6 瓶酒、2 代表装 24 瓶酒，物流条形码 26902952880041 代表该包装容器装有中国贵州茅台酒厂的白酒 24 瓶。商品条形码和物流条形码的区别如表 6-1 所示。

表 6-1　商品条形码和物流条形码的区别

	应用对象	数字构成	包装形状	应用领域
商品条形码	向消费者销售的商品	13 位数字	单个商品包装	销售点系统、补充订货管理
物流条形码	物流过程中的商品	14 位数字（标准物流条形码）	集合包装（如纸箱、集装箱等）	出入库管理、运输保管分拣管理

条形码是有关生产厂家、批发商、零售商、运输业者等经济主体进行订货和接受订货、销售、运输、保管、出入库检验等活动的信息源。由于在活动发生时能即时自动读取信息，因此便于及时捕捉到消费者的需要，提高商品销售效果，也有利于促进物流系统提高效率。

3）二维条形码

一维条码仅仅只是一种标识，它不含有对商品的任何描述，也无法表示图像信息，表示大量信息需要占有很大的印刷面积。

二维条码正是为了解决一维条码无法解决的问题而诞生的，在有限的几何空间内印刷大量信息。二维条码具有成本低、信息可随载体移动、不依赖于数据库和计算机网络、保密防伪性能强等优点。

目前二维条码主要有 PDF417 码、Code49 码、Code16K 码、Data MaxiCode 码等。二维条码的构造方法有堆积式和矩阵式两种。图 6-4 为 PDF417 堆积式二维条码，图 6-5 为矩阵式二维条码。

图 6-4　PDF417 堆积式二维条码

图 6-5　矩阵式二维条码

6.2.2 射频识别技术

1. 射频识别技术的概念

射频识别技术的基本原理是电磁理论。射频系统的优点是不局限于视线，识别距离比光学远，射频识别卡可具有读写能力，可携带大量数据，难以伪造，且有智能。射频识别适用于物料跟踪、运输工具和货架识别等要求非接触数据采集和交换的场合，由于射频识别标签具有可读写能力，对于需要频繁改变数据内容的场合尤为适用。

2. 射频识别系统的组成

射频识别系统由两部分组成。

1）射频

射频系统通常由读写器、计算机网络两部分组成。射频系统的读写器由读写模块、射频模块、天线三部分组成。读写器在一个区域范围内发射电磁波，对标签进行数据采集，计算机网络进行数据转换、数据处理和数据传输。

2）标签

（1）射频标签的基本功能。射频标签基本功能有以下几点：具有一定的存储容量，用以存储被识别对象的信息；标签的数据能被读入或写入，而且可以编程，一旦编程后，就成为不可更改的永久数据；使用、维护都很简单，在使用期限内不需维护。

（2）射频标签的构成。射频标签由射频模块、存储器、控制器及天线四个部分构成。标签的主要作用是存储物流对象的数据编码，对物流对象进行标识。通过天线将编码后的信息发射给读写器，或者接受读写器的电磁波反射给读写器。

（3）标签的种类。射频识别技术标签卡片的基本类型：按照标签的能源分为有源卡和无源卡。有源卡：片内含电池或其他电能元件，卡片较厚，有使用寿命的限制，通常读/写操作允许的距离较远，卡片及发射机的成本一般较高。无源卡：片内无电池，免维护；靠感应发射机发射的电磁波供能工作；通常读/写操作允许的距离较近；卡片及发射机系统的成本一般较低。射频识别系统组成示意图如图6-6所示。

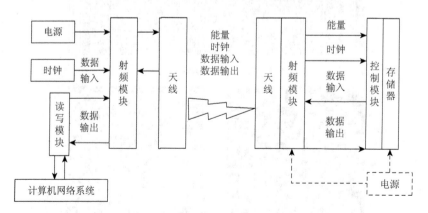

图6-6 射频识别系统组成示意图

3. 射频识别技术应用领域

目前射频识别技术广泛应用于物流和供应链管理、生产制造和装配、航空行李处理、邮件/快运包裹处理、文档追踪/图书馆管理、动物身份标识、运动计时、门禁控制/电子门票、道路自动收费等诸多领域。

6.2.3　电子数据交换技术

1. 电子数据交换技术的定义

电子数据交换技术是指不同的企业之间，为了提高经营活动的效率，在标准化的基础上通过计算机联网进行数据传输和交换的方法。电子数据交换的目的是通过建立企业间的数据交换网来实现票据处理、数据加工等事务作业的自动化、省力化、及时化和正确化，同时通过有关销售信息和库存信息的共享来实现经营活动的效率化。需要指出的是，企业在应用电子数据交换时，不仅应关注在供应链参与方之间传送信息的及时性和有效性，更重要的是如何利用这些信息来实现企业各自的经营目标和实现整个供应链活动的效率化。电子数据交换的主要功能表现在电子数据传输和交换、传输数据的存证、文本数据标准格式的转换、安全保密、提供信息查询、提供技术咨询服务、提供信息增值服务等，《FORTUNE》杂志评选出的全球 500 家大企业都应用电子数据交换系统与它们的主要顾客和供应商交换商业信息。

2. 电子数据交换系统的构成和电子数据交换的通信方式

（1）电子数据交换系统的构成。电子数据交换通过计算机联网进行数据传递和订货等交易活动，而不需要人的直接介入，因此利用电子数据交换的当事者之间必须预先确定电子数据交换系统的结构和标准。

一般地说，电子数据交换系统由以下 4 个方面构成，如图 6-7 所示：关于信息传送方式的规定、关于信息表示方式的规定、关于系统运行操作的规定和关于交易业务的规定。这些规定或称为议定书，是利用电子数据交换系统的各方达成的共识，这些规定实际上是对这 4 个方面涉及的内容进行标准化工作，其中最重要的标准化是信息传送方式的标准化和信息表示方式的标准化。信息传送方式的标准化是指为了在不同的计算机之间传送信息，对通信线路的类型以及传送控制方式等方面进行决策，具体包括通信速度、数据格式、数据长度、检查方法等方面的标准化，信息传送方式的标准化工作还包括应用系统界面与数据格式之间相互转换方式的标准化。信息表示方式的标准化是指对应电子数据交换网络传送的业务类型，确定对该业务信息内容的表达方式并使之标准化，具体包括数据代码、信息的格式等方面的标准化。

（2）电子数据交换的通信方式——增值网（value added network，VAN）。电子数据交换通信主要采用增值网方式，增值网是指通过利用（一般是租用）通信公司的通信线路连接分布在不同地点的计算机终端形成的信息传递交换网络。该网络向利用者提供服务，如计算机之间的联网、数据交换服务、通信线路阻塞时的迂回中继等。增值网是实现电子数据交换功能的外部设备，目前被广泛应用的销售时点数据、电子订货系统都是增值网应用的具体形式。应用于销售点系统的增值网除了传递销售时点数据，还能通过对销售时点数据加工计算求得每个商品的利润、商品周转率，区分畅销商品和滞销商品。增值网的附加价值表现在它能够提供以上这些服务。

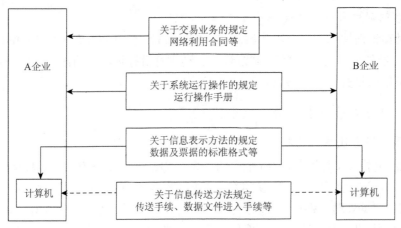

图 6-7　电子数据交换结构

（3）物流电子数据交换技术。电子数据交换最初由美国企业应用在企业间的订货业务活动中，其后电子数据交换的应用范围从订货业务向其他的业务扩展，如销售点销售信息传送业务、库存管理业务、发货送货信息和支付信息的传送业务等。近年电子数据交换在物流中广泛应用，被称为物流电子数据交换。所谓物流电子数据交换是指货主、承运业主以及其他相关的单位之间，通过电子数据交换系统进行物流数据交换，并以此为基础实施物流作业活动的方法。物流电子数据交换的参与单位有货主（如生产厂家、贸易商、批发商、零售商等）、承运业主（如独立的物流承运企业等）、实际运送货物的交通运输企业（如铁路企业、水运企业、航空企业、公路运输企业等）、协助单位（政府有关部门、金融企业等）和其他的物流相关单位（如仓库业者、专业报关业者等）。物流电子数据交换的框架结构如图 6-8 所示。

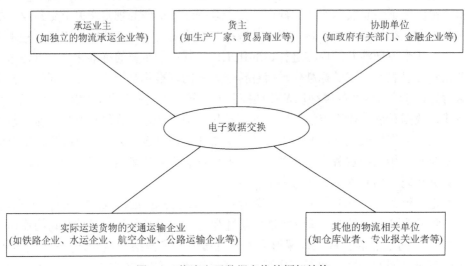

图 6-8　物流电子数据交换的框架结构

6.2.4　地理信息系统

1. 地理信息系统的概念

地理信息系统（geographical information system，GIS），是指以地理空间数据为基础，

采用地理模型分析方法，适时地提供多种空间的和动态的地理信息，是一种为地理研究和地理决策服务的计算机技术系统。

地理信息系统基本功能是将表格型数据转换为地理图形显示，然后对显示结果浏览、操作和分析。其显示范围可以从洲际地图到非常详细的街区地图，显示对象包括人口、销售情况、运输线路以及其他内容。

2. 地理信息系统的应用

根据应用领域不同，地理信息系统又有各种不同的应用系统，例如，土地信息系统、城市信息系统、交通信息系统、仓库规划信息系统等，它们的共同点是用计算机处理与空间相关的信息。地理信息系统的主要应用领域有以下几方面。

（1）电子地图。借助于计算机和数据库应用，电子地图可以比一般地区地图有几百、几千倍的信息容量，通过电子地图可以提供一种新的按地理位置进行检索的方法，以获得相关的社会、经济、文化等各方面的信息。

（2）辅助规划。地理信息系统可以辅助仓库、站场等基础设施的运行情况等，从而支持有效的交通管理。

（3）交通管理。与全球卫星定位系统相结合，可以及时反映车辆运行情况、交通路段情况、交通设施运行情况等，从而支持有效的交通管理。

（4）军事应用。地理信息系统对于军事后勤仓库的分布、库存物资的分布、仓库物资的调用、储备的分布规划等领域的决策，都有提供信息、进行分析和辅助决策的作用。

（5）物流方面的应用。车辆路线模型、网络物流模型、分配集合模型、设施定位模型等。地理信息系统在物流中的应用如图 6-9 所示。

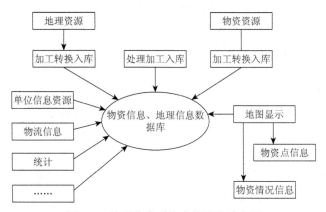

图 6-9 地理信息系统在物流中的应用

6.2.5 全球卫星定位系统

全球卫星定位系统（global positioning system，GPS）是利用多颗通信卫星对地面目标的状况进行精确测定的系统。可以实现运行车辆的全程跟踪监视，并通过相关的数据和输入的其他相关系统进行交通管理。

全球卫星定位系统是通过卫星对地面上运行的车辆、船舶进行测定并精确定位，在车辆、船舶或其他运输工具设备上配置信标装置，就可以接收卫星发射信号，以置于卫星的监测之下，通过接收装置，就可以确认精确的定位位置。

全球卫星定位系统在物流领域的重要应用有以下四点。

（1）进行车辆、船舶的跟踪。可以通过地面计算机终端，实时显示出车辆、船舶的实际位置，位置精度以"米"计量。这对于重要的车辆和船舶，必须随时掌握其动态，目前只能依靠这个系统来解决。

（2）信息传递和查询。可以实施双向的信息交流，可以向车辆、船舶提供相关的气象、交通、指挥等信息，同时可以将运行中的车辆、船舶的信息传递给管理中心。

（3）及时报警。通过全球卫星定位系统，掌握运输装备的异常情况，接收求助信息和报警信息，迅速传递到管理中心实施紧急求援。

（4）支持管理。根据这两个系统所提供的信息，可以实施运输指挥、实施监控、路线规划和选择、向用户发出到货预报等，可以有效支持大跨度物流系统管理。全球卫星定位系统的具体功能应用如图 6-10 所示。

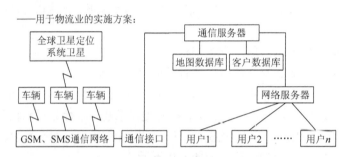

图 6-10　全球卫星定位系统的具体功能应用

6.2.6　物联网技术

1. 物联网技术概述

物联网（Internet of things）指的是将无处不在（ubiquitous）的末端设备（devices）和设施（facilities），包括具备"内在智能"的传感器、移动终端、工业系统、数控系统、家庭智能设施、视频监控系统等，和"外在使能"（enabled）的，如贴上射频识别的各种资产（assets）、携带无线终端的个人与车辆等，"智能化物件或动物"或"智能尘埃"（mote），通过各种无线和/或有线的长距离和/或短距离通信网络实现互联互通（M2M）、应用大集成（grand integration），以及基于云计算的 SaaS 营运等模式，在内网（intranet）、专网（extranet）和/或互联网（Internet）环境下，采用适当的信息安全保障机制，提供安全可控乃至个性化的实时在线监测、定位追溯、报警联动、调度指挥、预案管理、远程控制、安全防范、远程维保、在线升级、统计报表、决策支持、领导桌面（集中展示的 cockpit dashboard）等管理和服务功能，实现对"万物"的"高效、节能、安全、环保"的"管、控、营"一体化。

物联网这个词，国内外普遍公认的是 MIT Auto-ID 中心 Ashton 1999 年在研究射频识别时最早提出来的。在 2005 年国际电信联盟发布的同名报告中，物联网的定义和范围已经发生了变化，覆盖范围有了较大的拓展，不再只是指基于射频识别技术的物联网。自 2009 年 8 月温家宝提出"感知中国"以来，物联网被正式列为国家五大新兴战略性产业之一，写入"政府工作报告"，物联网在中国受到了全社会极大的关注，其受关注程度是在美国、欧盟以及其他各国不可比拟的。物联网的概念与其说是一个外来概念，不如说它已经是一个"中国制造"的概念，它的覆盖范围与时俱进，已经超越了 1999 年 Ashton 和 2005 年国际电信联盟报告所指的范围，物联网已被贴上"中国式"标签。

2. 物联网关键技术

简单来讲，物联网是物与物、人与物之间的信息传递与控制，其中有传感器技术、射频识别技术以及自适应短程通信技术等关键技术。

1）传感器技术

传感器技术是物联网技术中的一大关键技术。所谓传感器，是指那些能够代替甚至超出人的"五官"，具有视觉、听觉、触觉、嗅觉和味觉等功能的元器件或装置。这里所说的"超出"是因为传感器不仅可应用于人无法忍受的高温、高压、辐射等恶劣环境，还可以检测出人类"五官"不能感知的各种信息（如微弱的磁、电、离子和射线的信息，以及远远超出人体"五官"感觉功能的高频、高能信息等）。

传感器一般是利用物理、化学和生物等学科的某些效应和机理按照一定的工艺和结构研制出来的。因此，传感器的组成细节有较大差异，但是，总的来说，传感器应由敏感元件、转换元件和其他辅助部件组成，如图 6-11 所示。敏感元件是指传感器中能直接感受（或响应）与检出被测对象的待测信息（非电量）的部分；转换元件是指传感器中能将敏感元件所感受（或响应）出的信息直接转换成电信号的部分。例如，应变式压力传感器是由弹性膜片和电阻应变片组成的。其中弹性膜片就是敏感元件，它能将压力转换成弹性膜片的应变（形变）；弹性膜片的应变施加在电阻应变片上，它能将应变量转换成电阻的变化量，电阻应变片就是转换元件。

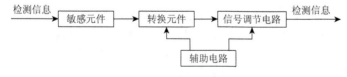

图 6-11 传感器原理图

传感器技术在自动化物流系统中已经普遍应用，用来自动对物料进行计数，或者直接用来自动检测识别物料的长高宽几何形状等，是实现测试与自动控制的重要环节。在自动化输送搬运系统中，作为一次定位器件，其主要特征是能准确传递和检测出某一形态的信息，并将其转换成另一形态的信息，适时、准确的物料信息，使物流信息管理系统充分发挥其应有的作用。

2）自组网通信技术

无线自组网（Ad hoc）是由一组带有无线通信收发装置的移动终端节点组成的一个多跳的临时性无中心网络，可以在任何时刻、任何地点快速构建起一个移动通信网络，并且不需要现有信息基础网络设施的支持，网中的每个终端可以自由移动，地位相等。

自组网是移动通信和计算机网络的交叉，这点在自组网中体现的是：一方面，网络的信息采用了计算机网络中的分组交换机制，而不是电话交换网中的电路交换机制；另一方面，用户终端是便携式的，如笔记本电脑、掌上电脑、车载台等，并配置有相应的无线收发设备，并且用户可以随意移动或处于静止状态。

在无线自组网中，当两个节点在彼此的通信覆盖范围内时，它们可以互相通信。但是由于节点的通信覆盖范围有限，两个相距较远而无法直接通信的节点，需要通过它们之间的其他节点进行分组转发来实现数据通信。因此，节点必须具备主机与路由两种功能：一方面，作为主机，终端需要运行各种面向用户的应用程序，如编程器、浏览器等；另一方面，作为路由器，终端需要运行相应的路由协议，根据路由策略和路由表完成数据的分组转发和路由维护工作。

图 6-12 是一个由 5 个节点组成的简单的无线自组网。如图 6-12 所示，节点 A 和节点 B 之间可以直接通信，但当相距较远的节点 A 和节点 E 需要交换信息时，由于节点的通信覆盖范围有限，因此它们需要通过它们之间的节点 D 或节点 C 的转发才能完成信息交换。可见，由于每个节点的通信范围有限，所以无线自组网中的路由一般都由多个节点组成，数据信息往往需要经过多个节点的转发才能到达目的节点，因此无线自组网也称为多跳无线网络。

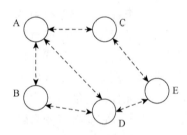

图 6-12　5 个节点组成的自组网

作为一种无中心分布控制网络，自组网是一种自治的无线多跳网，整个网络没有固定的基础设施，可以在不能利用或不便利用现有网络基础设施的情况下，提供一种通信支撑环境，拓宽了移动网络的应用场合。

自组网可以在独立的环境下运行，也可以通过网关接到现有的网络基础设施上，如 Internet。在后面这种情况下，自组网通常以一个末端网络的方式连接进入现有网络，它只允许产生地或目的地是自治系统内部节点的信息进出，而不会让其他信息穿越自治系统。自组网中也没有固定的路由器，所有节点都是移动的，并且都能以任意方式动态地保持与其他节点的关系。每个节点都可以说是一个路由器，它们要能完成发现和维持到其他节点路由的功能。

自组网作为现有网络的一种补充和扩展，主要应用在没有现有网络基础设施支持的环境中或现有网络不能满足移动性、机动性等要求的情况下，例如，物流信息即时通信环境；军事作战环境；在救火、救生等需要紧急部署通信网络的环境；在人员处于没有现成网络支持但又需要协同工作的商业活动中；可直接与计算机 Internet 应用环境相连。

3）中间件

如果软件是物联网的核心和灵魂，中间件（middleware）就是这个灵魂的核心。

除操作系统、数据库和直接面向用户的客户端软件，凡是能批量生产，高度可复用的软件都可以算是中间件。中间件有很多种类，如通用中间件、嵌入式中间件、数字电视中间件、射频识别中间件和 M2M 物联网中间件等，中间件无处不在。IBM、Oracle、微软等软件巨头都是引领潮流的中间件生产商，SAP 等大型 ERP 应用软件厂商的产品也是基于中间件架构的。

在操作系统和数据库市场格局早已确定的情况下，中间件，尤其是面向行业的业务基础中间件，是各国软件产业发展的一个机会。

物联网中间件处于物联网的集成服务器端和感知层、传输层的嵌入式设备中。服务器端中间件称为物联网业务基础中间件，一般都是基于传统的中间件（应用服务器、ESB/MQ 等）构建，加入设备连接和图形化组态展示等模块。嵌入式中间件是一些支持不同通信协议的模块和运行环境。中间件的特点是它固化了很多通用功能，但在具体应用中多半需要"二次开发"来实现个性化的行业业务需求，因此所有物联网中间件都要提供快速开发工具。

在物联网概念被大众理解和接受以后，物联网并不是什么全新的东西，上万亿的末端"智能物件"和各种应用子系统早已经存在于工业和日常生活中。物联网技术发展的关键在于把现有的智能物件和子系统连接起来，实现应用的大集成（grand integration）和"管、控、营一体化"，为实现"高效、节能、安全、环保"的和谐社会服务，要做到这一点，软件（包括嵌入式软件）和中间件将作为核心和灵魂起至关重要的作用。

6.3 物流信息系统概述

物流信息系统是物流系统的灵魂和中枢神经，承担着对物流系统的支持与保障作用。

1. 物流信息系统的概念及特征

1）物流信息系统的概念

物流信息系统是一个由人、计算机等组成的能进行有关物流信息的收集、加工、存储、分析、处理、传递来达到对物流活动的有效控制和管理，并为企业提供信息分析和决策支持的人—机系统。

物流信息系统通过对信息的收集、分析，能够实测物流活动各环节的运行情况，预测未来可能出现的问题，对物流管理提供辅助性的决策，帮助企业实现物流规划目标。

2）物流信息系统的特征

（1）集成化。物流系统不仅涉及企业内部，而且与供应商、业务委托企业、送货对象、销售客户等交易对象等有着密切的关系，物流系统是由这些企业内外的相关部门和相关企业共同构成的。

（2）实时性。在接受订单后的订单检查、信用检查、库存核对、出库指令、运输指示等要及时处理；如果发现信息不全面或有错误，需要与客户及时联系。

（3）适应性。消费者的购买倾向带来的物流作业的波动是无法消除的，例如，对于年末、节假日集中、大量采购带来的物流量波动，因此物流系统更要具备适应能力。

2. 物流信息系统的组成

1）物流信息系统的基本组成

物流信息系统的基本组成要素有硬件、软件、数据库与数据仓库、人员等。

（1）硬件。硬件包括计算机、网络通信设备等，如计算机、服务器、通信设备。它是物流信息系统的物理设备和硬件资源，是实现物流信息系统的基本要素。它构成系统运行的硬件平台。

（2）软件。软件主要包括系统软件和应用软件两大类，其中系统软件主要应用于系统的管理、维护、控制及程序的装入和编译等工作；而应用软件则是指挥计算机进行信息处理的程序或文件，它包括功能完备的数据库系统、实时的信息收集和处理系统、实时的信息检索系统、报告生成系统、经营预测、规划系统等。

（3）数据库与数据仓库。数据库技术将多个用户、多种应用所涉及的数据，按一定数据模型进行组织、存储、使用、控制和维护管理，数据的独立性高、冗余度小、共享性好，能进行数据完整性、安全性、一致性的控制数据系统面向一般的管理层的事务性处理。数据仓库是面向主题的、集成的、稳定的、不同时间的数据集合，用以支持经营管理中的决策制定过程。

（4）人员。人员包括系统分析人员、系统设计人员、系统实施和操作人员，以及系统维护人员、系统管理人员、数据准备人员与各层次管理机构的决策者等。

2）物流信息系统的主要功能模块

物流信息系统的主要功能模块包括物品管理子系统，存储管理子系统、配送管理子系统、运输与调度子系统、客户服务子系统、财务管理子系统、质量管理子系统、人力资源管理子系统等，如图 6-13 所示。按照价值链概念，物流企业的主要活动有运输、仓储、装卸搬运、包装、配送、流通加工和物流信息。

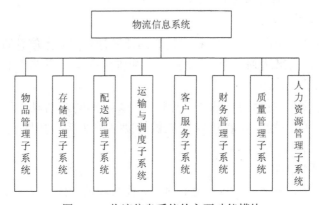

图 6-13　物流信息系统的主要功能模块

6.4　物流信息系统设计

6.4.1　物流信息系统开发的方法

1．生命周期法

生命周期法（life circle approach，LCA）是国内外信息系统开发中最常用的方法，生命周期法理论认为，任何一个软件都有它的生存期，所谓软件的生存期是指从软件项目的提出历经研制、运行和维护直至退出的整个时期。生命周期法将软件工程和系统工程的理论与方法引入信息系统的研制开发中，将信息系统的整个生存期视为一个生命周期，同时又将整个生存期严格划分为若干阶段，并明确每一个阶段的任务、原则、方法、工具和形成的文档资料，分阶段地进行信息系统的开发。

生命周期法是系统开发常用的方法，这是因为它具有以下特点。

（1）采用系统的观点与系统工程的方法，自上而下进行系统分析与系统设计，并自下而上进行系统实施。

（2）开发过程阶段清楚，任务明确，文档齐全，并要求有标准化的分析报告、流程图、说明书等阶段性文档资料及书面记录，使整个开发过程便于管理和控制。各阶段完成的主要任务和主要文档如表 6-2 所示。

表 6-2 生命周期法的主要阶段及各阶段主要任务和主要文档

序号	主要阶段	主要任务	主要文档
1	系统开发准备	项目的提出	项目申请书 可行性分析报告
		现行系统的初步调查	
		编写可行性分析报告	
		制订开发计划	
2	系统分析	现行系统的详细调查	系统分析报告
		分析用户环境、需求、流程	
		确定系统目标与功能	
		确定系统逻辑模型	
3	系统设计	建立新系统的物理模型	系统设计说明书
		总体设计（模块结构设计）	
		详细设计（代码设计、输入输出设计、数据库设计等）	
4	系统实施	程序设计与调试	源程序清单 调试测试说明书 用户操作手册
		系统硬、软件的配置	
		系统的试运行	
		人员及岗位培训	
		新旧系统转换	
5	系统运行与维护	建立规章制度	系统维护记录 系统评价报告
		系统硬、软件的维护	
		系统评价	

2. 快速原型法

基于生命周期的结构化方法的起点太低，其所用的系统分析工具和设计工具主要是手工，而手工绘制各种分析设计图表使系统开发周期过长，缺乏快速响应的能力。因此在实际开发过程中，开发人员较少按部就班地进行开发，从而产生新的开发方法。快速原型法就是其中的一种。

快速原型法的基本原理是，用快速的方法建立一个系统的运行结果模型（原型），这个原型只是系统的框架，仅反映了系统的主要功能和结构，内部没有实现。用户看了这个原型，会明白建立的系统是怎么一回事，用户了解未来系统的概貌。用户通过在计算机上实际运行和试用原型系统而向开发者提供真实的、具体的反馈意见。

使用快速原型法，关键是使用快速模型生成软件，利用软件建立模型。这门技术是计算机辅助软件工程或者计算机辅助系统工程，简称 CASE。

快速原型法的优点是开发周期短；增加用户满意度；降低系统开发的成本；易学易用，减少对用户的培训时间。

下面介绍生命周期法这一信息系统开发的基本方法。生命周期法中最重要的两个阶段是系统分析和系统设计。

6.4.2　物流信息系统设计

在这一阶段中我们将要根据前一阶段系统分析的结果，在已经获准的系统分析报告的基础上，进行新系统设计。

1. 系统设计内容

系统设计的指导思想是结构化的设计思想，就是应用一组标准的准则和图表工具，确定系统有哪些模块，用什么方式联系起来，从而构成最优的系统结构。在这个基础上进行各种输入、输出、处理和数据存储等详细设计。

系统设计可以分两步进行，即总体设计和详细设计。

1）总体设计

系统的总体设计又称概要设计，根据系统分析报告确定的系统目标、功能和逻辑模型，为系统设计一个基本结构，从总体上解决如何在计算机系统上实现新系统的问答题。总体设计不涉及物理设计细节，而是把着眼点放在系统结构和业务流程上。具体包括以下六点。

（1）确定系统的输出内容、输出方式及介质等。

（2）根据系统输出内容，确定系统的数据发生、采集、介质和输入形式。

（3）根据系统的规模、数据量、性能要求和技术条件等，确定数据组织和存储形式、存储介质。

（4）运用结构化的设计方法，对新系统进行划分，即按功能划分子系统，明确子系统的子目的和子功能，按层次结构划分功能模块，画出系统结构图。

（5）根据系统的要求和资源条件，为信息选择计算机系统的硬件和软件。

（6）制订新系统的引进计划，用以确保系统详细设计和系统实施能按计划、有条不紊地进行。

2）详细设计

详细设计，就是在系统总体设计的基础上，对系统的各个组成部分进行详细的、具体的物理设计，使系统总体设计的蓝图逐步具体化，以便付诸实现。详细设计包括的内容有以下五点。

（1）代码设计：对被处理的各种数据进行统一的分类编码，确定代码对象及编码方式，并为代码化对象设置具体代码，编制代码表及规定代码管理方法等。

（2）输入输出详细设计：进一步研究和设计输入数据以什么样的形式记录在介质上，以及输入数据的校验，输出数据的方式、内容和输出格式的设计。

（3）数据储存详细设计：数据储存的设计，就是对文件的设计。对文件的设计，就是文件记录的格式、文件容量计算、物理空间的分配、文件的生成等。

（4）处理过程设计：就是对系统中各功能模块进行具体的物理设计。包括处理过程的描述，绘制处理流程图，与处理流程图相对应的输入、输出、文件的设计。

（5）编制程序设计说明书：程序设计说明书是程序员编写程序的依据，应当简明扼要、准确、规范化地表达处理过程的内容和要求。

2. 系统设计目标

系统分析阶段是解决信息系统"干什么"的问题，而系统设计阶段则是解决信息系统"怎么干"的问题。系统设计是开发人员进行的工作，他们将系统设计阶段得到的目标系统的逻辑模型转换为目标系统的物理模型，该阶段得到的工作成果即系统设计说明书是下一个阶段系统实施的工作依据。物流信息系统设计具体来说，应达到以下一些目标或要求。

（1）必须较好地满足用户工作的实际要求，这是衡量系统设计工作的首要标准。

（2）系统具有通用性，能适应不同用户、不同管理模式的需要与要求，做到只要输入用户单位名称、用户信息等，就可以通过系统生成，变成用户自己的物流信息系统。

（3）系统具有可扩展性，在系统分析与设计中应充分考虑到管理模式的改变与整体管理信息系统的接口安排，做到功能上可扩展、数据量可扩展、系统本身可扩展。

（4）系统具有可维护性，系统结构设计应符合简单、合理、易懂、实用、高效的原则，数据采集要统一，设计规范要标准，系统文档应齐全。

（5）系统具有可移植性，应能在不同机型的微机上稳定运行，具有可靠性。应使用标准的程序语言、标准的操作系统，具有内部自动纠错功能。用户使用的计算机应具有足够大的内存容量和高速外存，运行可靠，维护方便，具有硬软件方面的扩充余地。

3. 系统设计策略

模块划分原则为建立系统结构图提供了基本准则，现在可以依据系统数据进行系统结构图的具体设计。首先，把整个系统当作一个模块，根据系统数据流程图逐层划分模块，逐步形成多层次分块系统结构图。设计过程由三个步骤组成。

第一步，分析数据流程图，确定它的类型和功能。

第二步，采取相应的设计策略，导出初始系统结构图。

第三步，对结构进一步修改，逐层分解和优化，确保最终设计符合数据流程图的逻辑功能要求。

■ 本章小结

利用物流信息可对供应链中的各个企业的计划、协调、顾客服务和控制活动进行更有效的管理。物流信息的这些功能，使得其在现代企业经营战略中占有越来越重要的地位。建立物流信息系统，提供迅速、准确、及时、全面的物流信息是现代企业获得竞争优势的必要条件。

在流通和物流活动中，为了能迅速、准确地识别商品，自动读取有关商品的信息，条形码技术被广泛应用。条形码是有关生产厂家、批发商、零售商、运输业者等经济主体进行订货和接受订货、销售、运输、保管、出入库检验等活动的信息源。

使用电子数据交换的目的是通过建立企业间的数据交换网来实现票据处理、数据加工等事务作业的自动化、省力化、及时化和正确化，同时通过有关销售信息和库存信息的共享来实现经营活动的效率化。

地理信息系统的主要功能是即时地提供多种空间的和动态的地理信息。地理信息系统的主要应用领域是电子地图、辅助规划、交通管理和军事应用等。

全球卫星定位系统在物流领域的重要应用是：车辆、船舶跟踪；信息传递和查询；及时报警；支持管理。

物流信息系统是物流系统的灵魂和中枢神经，承担着对物流系统的支持与保障作用。物流信息系统通过对信息的收集、分析，能够实测物流活动各环节的运行情况，预测未来可能出现的问题，对物流管理提供辅助性的决策，帮助企业实现物流规划目标。

物流信息系统开发的基本方法是生命周期法。生命周期法中最重要的两个阶段是系统分析和系统设计。系统分析的内容主要包括对组织内部整体管理状况和信息处理过程（侧重于具体业务全过程角度）进行分析，建立系统的逻辑模型。在系统设计阶段，开发人员将系统分析阶段得到的目标系统的逻辑模型转换为物理模型，该阶段的工作成果是下一个阶段系统工作实施的依据。

■ 关键概念

物流信息　物流信息系统　系统分析　系统设计　条形码　物流条形码　射频识别技术　电子数据交换技术　地理信息系统　全球卫星定位系统

■ 思考题

1. 物流信息的内容和功能是什么？
2. 谈谈物流条形码的应用原理。
3. 射频识别技术的基本原理是什么？
4. 电子数据交换技术在物流领域有何作用？
5. 谈谈地理信息系统的主要应用领域。
6. 谈谈全球卫星定位系统的应用原理。
7. 物联网的概念及其关键技术是什么？
8. 物流信息系统设计的目标是什么？

■ 案例分析

美国 UPS 公司的物流信息系统

第 7 章

配送管理

➤本章导读

1. 了解配送的概念、基本要素、配送的模式、配送的设备与技术等基本知识。

2. 了解信息与自动控制技术在配送中的应用。

3. 学习配送中心的分类，掌握配送中心的作业流程规划和配送中心的功能，了解配送中心的营运，认识配送中心绩效考核指标体系。

■ 7.1 物流配送概述

7.1.1 配送的概念

1. 配送的定义

我国国家标准《物流术语》（GB/T 18354—2006）对配送的定义是："配送是在经济合理区域范围内，根据客户要求，对物品进行拣选、加工、包装、分割、组配等作业，并按时送达指定地点的物流活动。"

目前世界各国对配送的定义还有不同的表述。

日本《物流手册》1991 年版的定义：生产厂到配送中心之间的物品空间移动叫"运输"，从配送中心到顾客之间的物品空间移动叫"配送"。

美国《物流管理供应链过程一体化》的定义：实物配送这一领域涉及将制成品交给顾客的运输。……实物配送过程，可以使顾客服务的时间和空间的需求成为营销的一个整体组成部分……

2. 配送的特点

尽管上述对配送的定义不同，但对配送的理解是一致的，其主要特点有以下六点。

（1）配送是面向终端用户的服务。配送作为最终配置是指对客户完成最终交付的一种活动，是从最后一个物流节点到用户之间的物品的空间移动过程。物流过程中的最后一个物流节点设施一般是指配送中心或零售店铺。

当然，最终用户是相对的，在整个流通过程中，流通渠道构成不同，供应商直接面对的最终用户也不一样。

（2）配送是末端运输。配送是相对干线运输而言的概念，从狭义上讲，货物运输分为干线部分的运输和支线部分的配送。与长距离运输相比，配送承担的是支线的、末端的运输，是面对客户的一种短距离的送达服务。从工厂仓库到配送中心之间的批量货物的空间位移称为运输，从配送中心向最终用户之间的多品种小批量货物的空间位移称为配送。配送与运输的主要区别如表 7-1 所示。

表 7-1　配送与运输的主要区别

内容	运输	配送
运输性质	干线运输	支线运输、区域内运输、末端运输
货物性质	少品种、大批量	多品种、小批量
运输工具	大型货车或铁路运输、水路运输	小型货车
管理重点	效率优先	服务优先
附属功能	装卸、捆包	装卸、保管、包装、分拣、流通加工、订单处理等

（3）配送强调时效性。配送不是简单的"配货"加"送货"。它有着特定含义，更加强调特定的时间、地点完成交付活动，充分体现时效性。

（4）配送强调满足用户需求。配送是从用户利益出发、按用户要求进行的一种活动，因此，在观念上必须明确"用户第一""质量第一"，配送承运人的地位是服务地位而不是主导地位，因此必须从用户的利益出发，在满足用户利益的基础上取得本企业的利益。

（5）配送强调合理化。对于配送而言，应当在时间、速度、服务水平、成本、数量等多方面寻求最优。过分强调"按用户要求"是不妥的，受用户本身的局限，要求有时候存在不合理性，在这种情况下会损失单方或双方的利益。

（6）配送使企业实现"零库存"成为可能。企业为保证生产持续进行，依靠库存（经常库存和安全库存）向企业内部的各生产工位供应物品。如果社会供应系统既能生产企业的外部供应业务，又能实现上述的内部物质供应，那么企业的"零库存"就能成为可能。理想的配送恰恰具有这种功能，由配送企业进行集中库存，取代原来分散在各个企业的库存，就是配送的最高境界。这点在物流发达国家和我国一些地区的实践中已得到证明。

7.1.2　配送的要素

从总体上看，配送是由备货、理货、送货、流通加工四个基本要素组成的，其中每个环节又包含着若干项具体的、枝节性的活动。

1. 备货

备货即指准备货物的系列活动，是决定配送成败与否、规模大小的最基础的环节。同时，它也是决定配送效益高低的关键环节。如果备货不及时或不合理，成本较高，那么会大大降低配送的整体效益。

配送的优势之一就在于可以集中客户的需求进行一定规模的备货。严格来说，备货包括筹集货源、订货或者购货、集货、进货及有关的质量检查、结算、交接等。其中，最主要的就是筹集货物和储存货物。

1）筹集货物

若生产企业直接进行配送，那么，筹集货物的工作由企业（生产者）自己去组织。在专业化流通体制下，筹集货物的工作则会出现两种情况：其一，由提供配送服务的配送企业直接承担，一般是通过向生产企业订货或购货完成此项工作；其二，选择商流、物流分开的模式进行配送，订货、购货、筹集货物的工作通常是由货主（如生产企业）自己去做，配送组织只负责进货和集货（集中货物）等工作，货物所有权属于业主（接受配送服务的需求者）。然而，不管具体做法如何不同，就总体活动而言，筹集货物都是由订货（或购货）、进货、集货及相关的验货等一系列活动组成的。

2）储存货物

储存货物是购货、进货活动的延续。在配送活动中，货物储存有两种形态：一种是暂存形态；另一种是储备（包括保险储备和周转储备）形态。

（1）暂存形态的储存是按照分拣、配货工序要求，在理货场地储存少量货物。这种形态的货物储存是为了适应"日配""即时配送"需要而设置的，其数量多少对下一个环节的工作方便与否会产生很大影响，但不会影响储存活动的总体利益。

（2）储备形态的储存是按照一定时期配送活动要求和根据货源的到货情况（到货周期）有计划地确定的，它是使配送持续运作的资源保证。用于支持配送的货物储备有两种具体形态：周转储备和保险储备。然而不管是哪一种形态的储备，相对来说，数量都比较多。据此，货物储备合理与否，会直接影响配送的整体效益。

2. 理货

理货是配送的一项重要内容，也是配送区别于一般送货的重要标志。理货包括货物分拣、配货和包装等活动。

分拣是将物品按品名、规格、出入库先后顺序等属性分门别类进行作业，然后采用适当的方式和手段，从储存的货物中分出（或拣选）客户所需要的货物；配货是把拣选出来的物品按客户要求进行必要的组合和集合，送入指定地点（发货区）。分拣和配货是不可分割的两个连续的环节，二者共同构成一个完整的作业。通常，在自动化程度高的情况下，这个部分的作业可以通过各种拣选设备和传输装置来完成。

这项作业一般采取两种方式来操作：其一是摘取式，其二是播种式。

（1）摘取式。摘取式分拣就像在果园中摘果子那样去拣选货物。具体做法是：作业人员拉着集货箱（或称分拣箱）在排列整齐的仓库货架间巡回走动，按照配送单上所列的品种、规格、数量等将客户所需要的货物拣出及装入集货箱内。在一般情况下，每次拣选只为一个客户配装；在特殊情况下，也可以为两个以上的客户配装。目前，推广和应用了自动化分拣技术，由于装配了自动化分拣设施等，大大提高了分拣作业的劳动效率。

（2）播种式。播种式分拣货物类似于田野中的播种操作。其做法是：将数量较多的同种货物集中运到发货场，然后，根据每个货位货物的发送量分别取出货物，并分别投放到每个代表客户的货位上，直至配货完毕。为了完好无损地运送货物和便于识别配备好的货物，有些经过分拣、配备好的货物尚需重新包装，并且要在包装物上贴上标签，记载货物的品种、数量、收货人的姓名、地址及运抵时间等。

分拣和配货是为下一步送货而进行的支持性、准备性的工作。有了分拣和配货就会大大提高送货的效率和服务水平。

3. 送货

送货是配送活动的核心，也是备货和理货工序的伸延。送货主要包括三个步骤：配载、运输和送达。

在单个客户配送数量不能达到车辆的有效负载的时候，就存在如何集中多个客户的货物进行搭配装载以充分利用运力和运能的问题，这就是配载。

在送货过程中，按照配送合理化的要求，必须在全面计划的基础上，制定科学的、距离较短的配送路线，选择经济、迅速、安全的运输方式和适宜的运输工具。通常，配送中的送货（或运输）都把汽车（包括专用车）作为主要的运输工具。

送达指的是送货人和收货人（客户）之间的货物交接，它涉及卸货地点、卸货方式、交接手续等方面。

4. 流通加工

在配送过程中，根据客户要求或配送对象（产品）的特点，有时需要在配货之前先对货物进行套裁、简单组装、分装、贴标签、包装等活动，以求提高配送质量，更好地满足客户需要。有时也为了提高配送效率而加工。融合在配送中的货物加工是流通加工的一种特殊形式，其主要目的是使配送的货物完全适合客户的需要和提高资源的利用率。

7.1.3 物流配送的类型

1. 按配送物品的种类和数量分类

（1）少品种或单品种、大批量配送。当生产企业所需的物资品种较少，或只需某个品种的物资，而需要量较大、较稳定时，可实行此种配送形式。这种配送形式由于数量大，不必与其他物资配装，可使用整车运输。这种形式多由生产企业直接送达用户，但为了降低用户的库存量，也可由配送中心进行配送。由于配送数量大，品种单一或较少，涉及配送中心内部的组织工作也较简单，故而这种配送成本一般较低。

（2）少批量、多批次配送。在现代化生产发展过程中，消费者的需求在不断变化；市场的供求状况也随之变化，这就促使生产企业的生产向多样化方面发展，生产的变化引起了企业对产品需求的变化，在配送上也应按照用户的要求，随时改变配送物资的品种和数量，或增加配送次数。这样，一种多品种、少批量、多批次的配送形式也就应运而生。

（3）设备成套、配套配送。为满足装配企业的生产需要，按其生产进度，将装配的各种零配件、部件、成套设备定时送达生产线进行组装的一种装配形式。

2. 按配送服务的对象分类

配送供给与需求的双方是由实行配送的企业和接受配送服务的用户（企业或消费者）所构成的。有以下几种情况。

1）企业对企业的配送

企业对企业的配送发生在完全独立的企业与企业之间，或者发生在企业集团的企业与企业之间。基本上是属于供应链系统的企业之间的配送供给与配送需求。作为配送需求方，基本上有两种情况。

一是企业作为最终的需求方，例如，供应链系统中上游企业也对下游企业的原材料、零部件配送。

二是企业在接受配送服务之后，还要对产品进行销售，这种配送一般称为"分销配送"。

2）企业内部配送

企业内部配送大多发生在大型企业之中，这一般分为两种情况。

第一种，连锁商业企业的内部配送。如果企业属于连锁企业，各连锁商店经营的物品、经营方式、服务水平、价格水平相同，配送的作用是支持连锁商店经营，这种配送称为"连锁配送"。连锁配送的主要优势是：在一个封闭的系统中运行，随机因素的影响比较小，计划性比较强，因此容易实现低成本的、高效率的配送。

第二种，生产企业的内部配送。生产企业成本控制的一个重要方法是，由高层主管统一进行采购，实行集中库存，按车间或者分厂的生产计划组织配送，这种方式是现在许多企业采用的"供应配送"。

3）企业对消费者的配送

这是在社会一个大的开放系统中所运行的配送，虽然企业可以通过会员制、贵宾制等方式锁定一部分消费者，从而可以采用比较容易实施的近似于连锁配送的方式，但是，多数情况下，消费者是一个经常变换的群体，需求的随机性非常强，服务水平的要求又很高，所以这是配送供给与配送需求之间最难以弥合的一种类型。最典型的是和企业对消费者（business to customer，B2C）电子商务相配套的配送服务。

3. 按配送活动组织者和承担者的多种结合选择分类

1）自营型配送模式

这是目前生产流通或综合性企业（集团）所广泛采用的一种配送模式。企业（集团）通过独立组建配送中心，实现内部各部门、厂、店的物品供应的配送，这种配送模式虽然因为糅合了传统的"自给自足"的"小农意识"，形成了新型的"大而全""小而全"，从而造成了社会资源浪费，但是，就目前来看，在满足企业（集团）内部生产材料供应、产品外销、零售场店供货和区域外市场拓展等企业自身需求方面发挥了重要作用。

较典型的企业（集团）内自营配送模式，就是连锁企业的配送。大大小小的连锁公司或集团基本上都是通过组建自己的配送中心，来完成对内部各厂、店的统一采购、统一配送和统一结算的。

2）共同配送模式

这是一种配送经营企业间为实现整体的配送合理化，以互惠互利为原则，互相提供便利的配送业务的协作型配送模式。它是两个或两个以上的有配送需求的企业相互合作对多个用户共同开展配送活动。一般由生产、批发或零售企业共建或租用一个配送中心来承担它们的配送业务。

3）第三方配送模式

第三方物流的兴起，已经得到社会各个方面的广泛关注，它是流通领域进一步分工的结果，物流领域正发挥着积极的作用。在企业专注于自己核心业务的时候，把不擅长而缺乏规模效应的物流配送业务外包给第三方物流企业，可以大大降低成本。这已经成为很多企业的一种战略选择。第三方物流配送模式可以给企业带来很多利益，主要表现在两方面。

（1）企业将其非优势所在的物流配送业务外包给第三方物流来运作，不仅可以享受到更为精细的专业化的高水平物流服务，而且可以将精力专注于自己擅长的业务发展，充分发挥在生产制造领域或者销售领域的专业优势，增强主业务的核心竞争力。

（2）企业通过社会物流资源的共享，不仅可以避免企业"小而全、大而全"的宝贵资源的浪费，为企业减少物流投资和运营管理费用，降低物流成本，而且可以避免企业自营物流所带来的投资和运营风险。

4. 按配送的时间和数量分类

1）定时配送

按规定时间和时间间隔进行配送，这一类配送形式都称为定时配送。

定时配送的时间，由配送的供给与需求双方通过协议确认。每次配送的品种及数量可预先在协议中确定，实行计划配送；也可以在配送之前以商定的联络方式通知配送品种和数量。定时配送这种服务方式，由于时间确定，对用户而言，易于根据自己的经营情况，按照最理想的时间进货，也易于安排接货力量（如人员、设备等）。对于配送供给企业而言，这种服务方式易于安排工作计划，有利于对多个用户实行共同配送以减少成本的投入，易于计划使用车辆和规划线路。如果配送物品种类、数量有比较大的变化，配货及车辆配载的难度则较大，会使配送的运力安排出现困难。

2）定量配送

按事先议定的数量进行配送。这种方式数量固定，备货工作有较强的计划性，则比较简单也比较容易管理。可以按托盘、集装箱及车辆的装载能力来有效地选择配送数量，这样能够有效地利用托盘、集装箱等集装方式，也可做到整车配送，配送的效率较高。定量配送这种服务方式，由于时间不严格规定，可以将不同用户所需物品凑成整车后进行配送，运力利用比较好。

这种配送方式适用于以下领域。

（1）用户对于库存的控制不十分严格，有一定的仓储能力，不施行"零库存"。

（2）从配送中心到用户的配送路线保证程度较低，难以实现准时的要求。

（3）难以对多个用户实现共同配送，只有达到一定配送数量，才能使配送成本降低到供需双方都能接受的水平。

3）定时定量配送

按照规定的配送时间和配送数量进行配送。

定时定量配送兼有定时、定量两种方式的优点，是一种精密的配送服务方式。这种方式计划难度较大，由于适合采用的对象不多，很难实行共同配送等配送方式，因而成本较高，在用户有特殊要求时采用，不是一种普遍适用的方式。这种方式在供应链物流运用中取得了成功，典型的就是精益物流。

4）定时定路线配送

这种配送方式按时间表和规划线路进行配送，成本较低，可以依次对多个用户实行共同配送，不需要每次决定货物配装、配送路线、配车计划等。这种方式特别适合对小商业集中区和商业企业的配送。

7.2 信息与自动控制技术在配送中的应用

7.2.1 自动分拣系统

分拣是物流作业的一个重要环节，分拣技术的发展可以说经历了这样三个阶段：手工分拣，半手工、半自动化分拣，自动化分拣。自动分拣系统（图 7-1）的应用，可以降低成本，提高效率，但因其要求使用者必须具备一定的技术和经济条件，因此，在发达国家，物流中心、配送中心或流通中心也有不用自动分拣系统的情况。

图 7-1　配送技术：分拣系统

自动分拣系统一般由控制装置、分类装置、输送装置及分拣道口组成。控制装置的作用是识别、接收和处理分拣信号，根据分拣信号的要求指示分类装置，按商品品种、按商品送达地点或按货主的类别对商品进行自动分类。这些分拣需求可以通过不同方式，如条形码扫描、色码扫描、键盘输入、重量检测、语音识别、高度检测及形状识别等方式，输入到分拣控制系统中，根据对这些分拣信号的判断，来决定某一种商品该进入哪一个分拣通道道口。

分类装置的作用是根据控制装置发出的分拣指示，当具有相同分拣信号的商品经过该装置时，该装置动作使其改变在输送装置上的运行方向进入其他输送机或进入分拣道口。分类装置的种类很多，一般有推出式、浮出式、倾斜式和分支式几种，不同的装置对分拣货物的包装材料、包装重量、包装物底面的平滑程度等有不同的要求。

输送装置的主要组成部分是传送带或输送机，其主要作用是使待分拣商品鱼贯通过控制装置、分类装置，并且输送装置的两侧一般要连接若干分拣道口，使分好类的商品滑下主输送机（或主传送带）以便进行后续作业。分拣道口是使已分拣商品脱离主输送机（或主传送带）进入集货区域的通道，一般由钢带、皮带、滚筒等组成滑道，使商品从主输送装置滑向集货站台，在那里由工作人员将该道口的所有商品集中后或是入库储存，或是组配装车并进行配送作业。

以上四部分装置通过计算机网络联结在一起，配合人工控制及相应的人工处理环节构成一个完整的自动分拣系统。

自动分拣系统的主要特点如下。

（1）能连续、大批量地分拣货物。由于采用大生产中使用的流水线自动作业方式，自动分拣系统不受气候、时间、人的体力等的限制，可以连续运行，同时由于自动分拣系统单位时间分拣件数多，因此自动分拣系统的分拣能力可以连续运行 100 小时以上，每小时可分拣 7000 件包装商品，如用人工则每小时只能分拣 150 件左右，同时分拣人员也不能在这种劳动强度下连续工作 8 小时。

（2）分拣误差率极低。自动分拣系统的分拣误差率大小主要取决于所输入分拣信息的准确性大小，这又取决于分拣信息的输入机制，如果采用人工键盘或语音识别方式输入，则误差率在 3%以上，如采用条形码扫描输入，除非条形码的印刷本身有差错，否则不会出错。因此，目前自动分拣系统主要采用条形码技术来识别货物。

（3）分拣作业基本实现无人化。国外建立自动分拣系统的目的之一就是减少人员的使用，减轻员工的劳动强度，提高人员的使用效率，因此自动分拣系统能最大限度地减少人员的使用，基本做到无人化。分拣作业本身并不需要使用人员，人员的使用仅局限于以下工作：①送货车辆抵达自动分拣线的进货端时，由人工接货；②由人工控制分拣系统的运行；③分拣线末端由人工将分拣出来的货物进行集载、装车；④自动分拣系统的经营、管理与维护。

使用自动分拣系统必须具备一定的技术和经济条件，因其一次性投资巨大，对商品外包装要求高。在我国，目前在邮电系统中使用信件自动分拣系统，效果很好。

7.2.2　分货拣选系统自动化

在配送和仓库出货时，采用分货、拣选方式，需要快速处理大量的货物，利用条码技术便可自动进行分货拣选，并实现有关的管理。分货拣选系统（图 7-2）运作过程如下：一个配送中心接到若干个配送订货要求，将若干订货汇总，每一品种汇总成批后，按批发出所在条码的拣货标签，拣货人员到库中将标签粘贴在每件商品上，并取出用自动分拣机分货，分货机始端的扫描器对处于运动状态分货机上的货物扫描，一是确认所拣出货物是否正确，二是识读条码上用户标记，指令商品在确定的分支分流，到达各用户的配送货位，完成分货拣选作业。在国内的红河烟厂就是一例。成箱的纸烟从生产线下来，汇总到一条运转线。在送往仓库之前，先要用扫描器识别其条码，登记完成生产的情况，纸箱随即进入仓库，运到自动分拣机。另一台扫描器识读纸箱上的条码。如果这种品牌的烟正要发运，则该纸箱被送入相应的装车线。如果需要入库，则由第三台扫描器识别其品牌。然后拨入相应的自动码托盘机，码成整托盘后送达运输机系统入库储存。

图 7-2　配送技术：分货拣选系统

7.2.3　自动化立体仓库

自动化立体仓库（图 7-3）是用高层立体货架储存货物，以巷道堆垛起重机存取货物，并通过周围的装卸搬运设备自动进行出入库存取作业的仓库。自动化立体仓库具有普通仓库无可比拟的优越性。首先是节约空间、节约劳动力；其次是提高仓库管理水平，减少货损，优化、降低库存，缩短周转期，节约资金。

图 7-3　配送技术：自动化立体仓库

自动化立体仓库主要是由货架、巷道堆垛起重机、周边出入库配套机械设施和仓储管理控制系统等组成的。立体仓库自动控制方式有集中控制、分离式控制和分布式控制三种。分布式控制是目前国际发展的主要方向，大型立体仓库通常采用三级计算机分布式控制系统，三级控制系统是由管理级、中间控制级和直接控制级组成的。管理级对仓库进行在线和离线管理；中间控制级对通信、流程进行控制，并进行实时图像显示；直接控制级是由可编程逻辑控制器组成的控制系统，对各设备进行单机自动操作，使仓库作业实现高度自动化。

7.2.4 计算机智能化技术

计算机在物流配送中的应用已远远超出了数据处理、事务管理，正在跨入智能化管理的领域（图 7-4）。

图 7-4 配送技术：计算机智能化

（1）配送中心的配车计划与车辆调度计算机管理软件。

（2）计算机控制和无线移动计算机在配送中心入库、出库、拣货、盘点、储位管理方面的应用。

（3）建立配送中心自动补货系统，把供应商、商场的产供销三者组成网络与集成供应链物流管理系统。

7.3 物流配送中心

7.3.1 物流配送中心的概念

日本《市场用语词典》对配送中心的解释是："是一种物流节点，它不以储藏仓库的这种单一的形式出现，而是发挥配送职能的流通仓库。也称作基地、据点或流通中心。配送中心的目的是降低运输成本、减少销售机会的损失，为此建立设施、设备并开展经营、管理工作。"

《物流手册》对配送中心的定义是："配送中心是从供应者手中接受多种大量的货物，进行倒装、分类、保管、流通加工和情报处理等作业，然后按照众多需要者的订货要求备齐货物，以令人满意的服务水平进行配送的设施。"

2006 年颁布的国家标准《物流术语》中对配送中心的定义是：配送中心（distribution center）是指从事配送业务且具有完善信息网络的场所或组织，应基本符合下列要求。

（1）主要为特定的用户服务。

（2）配送功能健全。

（3）辐射范围小。

（4）多品种、小批量多批次、短周期。

（5）主要为末端客户提供配送服务。

7.3.2　物流配送中心的类型

根据不同的标准，可将配送中心划分为不同的类型。

1. 根据功能划分

作为物流配送中心，其主要的功能有周转、分拣、保管、在库管理和流通加工等，根据其侧重点不同，可以分为不同类型的物流中心。具体地讲，主要有周转配送中心、分销配送中心、保管配送中心、流通加工配送中心等四种类型。各种类型的特点如下。

（1）周转配送中心：即不具有商品保管、在库管理等管理型功能，而是单纯从事商品周转、分拣作用的物流中心。

（2）分销配送中心：拥有商品保管、在库管理等管理型功能，同时又进行商品周转、分拣业务的物流中心。

（3）保管配送中心：单一从事商品保管功能的物流中心。

（4）流通加工配送中心：从事流通加工功能的物流中心。

以上各种类型的区别反映在物质流动上，则体现在物流配送中心内的作业内容和服务范围的差异（表 7-2）。从现代物流发展的趋势看，为了加速商品的运动，更好地使物流系统顺应客户需求的特点，物流配送中心逐渐从周转型转向分销型。目前，在发达国家，分销型的比例一般要占到所有物流中心的 70% 以上，另外，流通加工型配送中心的发展也非常迅速。

表 7-2　不同类型物流中心内的物质流动

类型	物资流动过程								
	收货	检货	商品处理	暂时保管	长期保管	流通加工	备货	分拣	发货
周转型	√	√	√					√	√
分销型	√	√	√	√			√		√
保管型	√	√	√		√				√
加工型	√	√	√			√			√

2. 按配送中心的运营主体划分

（1）制造商型配送中心。制造商型配送中心是以制造商为主体的配送中心。这种配送中心里的物品100%是由自己生产制造的，用以降低流通费用、提高售后服务质量和及时地将预先配齐的成组元器件运送到规定的加工和装配工位。从物品制造到生产出来后条码和包装的配合等多方面都较易控制，所以按照现代化、自动化的配送中心设计比较容易，但不具备社会化的要求。

（2）批发商型配送中心。批发商型配送中心是由批发商或代理商所建立的，是以批发商为主体的配送中心。批发是物品从制造者到消费者手中的传统流通环节之一，一般是按部门或物品类别的不同，把每个制造厂的物品集中起来，然后以单一品种或搭配向消费地的零售商进行配送。这种配送中心的物品来自各个制造商，它所进行的一项重要的活动是对物品进行汇总和再销售，而它的全部进货和出货都是社会配送的，社会化程度高。

（3）零售商型配送中心。零售商型配送中心是由零售商向上整合所成立的配送中心，是以零售业为主体的配送中心。零售商发展到一定规模后，就可以考虑建立自己的配送中心，为专业物品零售店、超级市场、百货商店、建材商场、粮油食品商店、宾馆饭店等服务，其社会化程度介于前两者之间。

（4）专业物流配送中心。专业物流配送中心是以第三方物流企业（包括传统的仓储企业和运输企业）为主体的配送中心。这种配送中心有很强的运输配送能力，地理位置优越，可迅速将到达的货物配送给用户。它为制造商或供应商提供物流服务，而配送中心的货物仍属于制造商或供应商所有，配送中心只是提供仓储管理和运输配送服务。这种配送中心的现代化程度往往较高。

3. 按配送中心的服务范围分类

（1）城市配送中心。城市配送中心是以城市为配送范围的配送中心。由于城市范围一般处于汽车运输的经济里程，这种配送中心可直接配送到最终用户，且采用汽车进行配送。所以，这种配送中心往往和零售经营相结合，由于运距短，反应能力强，因而从事多品种、少批量、多用户的配送较有优势。

（2）区域配送中心。区域配送中心是以较强的辐射能力和库存准备，向省（州）际、全国乃至国际范围的用户配送的配送中心。这种配送中心配送规模较大，一般而言，用户也较大，配送批量也较大。而且，往往是给下一级的城市进行配送，也配送给营业所、商店、批发商和企业用户。虽然也从事零星的配送，但不是主体形式。

7.3.3　物流配送中心的作业

1. 配送中心作业流程

配送中心作业主要包括进货作业（采购集货、收货验货、入库）、搬运作业、仓储作业（普通货物仓储、特殊商品仓储）、盘点作业、订单处理作业、流通加工作业、分拣配货作业、补货作业、发货作业、配送作业等模块，这些功能模块以统一的信息管理中心集成、管理、调度。图7-5是配送中心的典型功能模块图。

典型的配送通路如下。

（1）进货→储存→分拣→送货。

（2）进货→储存→送货。

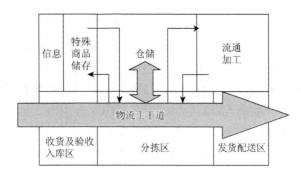

图 7-5　配送中心的典型作业模块图

（3）进货→加工→储存→分拣→配货→配装→送货。

（4）进货→储存→加工→储存→装配→送货。

2. 配送中心作业流程规划

1）配送基本功能规划

配送是专门从事货物配送活动的作业。配送实际上是集集货、分货、加工等功能为一体的作业。具体来说，配送功能的规划有以下内容。

（1）储存功能规划。配送的服务对象是为数众多的生产企业和商业网点（如超级市场和连锁店），配送的职能是：按照用户的要求及时将各种配装好的货物送交到用户手中，满足生产需要和消费需要。为了顺利而有序地完成向用户配送商品（货物）的任务及更好地发挥保障生产和消费需要的作用，通常应规划好储存功能，即在配送中心兴建现代化的仓库并配备一定数量的仓储设备，储存一定数量的商品。某些区域性大型配送中心和开展"代理交货"配送业务的配送中心，不但要在配送货物的过程中储存货物，而且它所储存的货物数量更大、品种更多。

（2）分拣功能规划。配送服务的对象众多，需求也很复杂，并且彼此之间存在着很多差别：不仅各自的性质不尽相同，而且其经营规模也不一样。据此，在订货或进货的时候，不同的客户对于货物的种类、规格、数量等会提出不同的要求。为了有效地进行配送（即为了能同时向不同的用户配送多种货物），在配送流程规划中必须采取适当的方式对组织进来（或接收到）的货物进行拣选，并且在此基础上，按照配送计划分装和配装货物。这样，在商品流通实践中，配送除了能够储存货物、具有储存功能，它还有分拣货物的功能，能发挥分拣中心的作用。

（3）集散功能规划。在物流实践中，配送中心凭借其特殊的地位和其拥有的各种先进的设施和设备，能够将分散在各个生产企业的产品（即货物）集中到一起，而后，经过分拣、配装向多家用户发送。与此同时，配送中心也可以做到把各个用户所需要的多种货物有效地组合（或配装）在一起，形成经济、合理的货载批量。配送中心在流通实践中所表现出的这种功能，即（货物）集散功能，也有人把它称为"配货、分散"功能。

（4）衔接功能规划。通过开展货物配送活动，能把各种工业品和农产品直接运送到用户手中，客观上可以起到促进生产和消费的作用，这是配送衔接功能的一种重要表现。此外，通过集货和储存货物，配送又有平衡供求的作用，由此能有效地解决季节性货物的产需衔接问题，这是配送衔接功能的另一种表现。

（5）加工功能规划。为了扩大经营范围和提高配送水平，目前，国内外许多配送中心都配备了各种加工设备，由此形成了一定的加工（系初加工）能力。这些配送能力能够按照用户提出的要求和根据合理配送商品的原则，将组织起来的货物加工成一定的规格、尺寸和形状，由此而形成了加工功能。但在利用这些能力之前，应进行合理的分析与规划，以便发挥设备的最大效率，产出最大效益。

加工货物是某些配送中心的重要活动。配送中心积极开展加工业务，不但大大方便了用户，省却了后者不少烦琐劳动，而且也有利于提高物质资源的利用率和配送效率。此外，对于配送活动本身来说，客观上则起着强化其整体功能的作用。

2）一般配送作业流程规划

不同类型的配送中心，其作业流程的长短不一，内容各异；但作为一个整体，其作业流程又是统一的、一致的。配送作业流程的规划应尽可能详细拟定出具体的细节，要具有可操作性，以下为一般配送作业流程规划的内容。

（1）接受订单作业规划。无论从事何种货物配送活动，配送组织（配送中心）都有明确的服务对象。换言之，无论何种类型的配送，其经营活动都是有目的的经济活动。据此，在进行实质性的配送活动之前，都有专门的机构（负责调度的机构）以各种方式收集用户的订货通知单并汇总订单。按照惯例，接受配送服务的各个用户（工商企业和商业网点）一般都要在规定的时间以前将订货单（或要货单）通知给配送中心，后者则在规定的时间截止之后将各个用户的订货单进行汇总，以此来确定所要配送的货物的种类、规格、数量和配送时间等。

（2）进货作业规划。配送的进货流程规划包括以下几种作业。

①订货。配送中心收到和汇总用户的订货单以后，首先要确定配送货物的种类和数量，然后要查询本企业现有库存物资中有无所需要的现货。如有现货，则转入拣选流程；如果没有，或虽然有现货但数量不足，则要及时向供应商发出订单，进行订货。有时，配送中心也根据各用户需求情况或商品销售情况以及与供货商签订的协议，提前订货，以备发货。

②接货。通常，在商品资源宽裕的条件下，配送中心向供应商（生产企业）发出订单之后，后者会根据订单的要求很快组织供货，配送中心的有关人员接到货物以后，先要在送货单上签收，继而还要对货物进行检验（即验收）。

③验收。采取一定的手段对接收的货物进行检验（检验货物质量和检查数量）。若与订货合同要求相符，则很快转入下一道工序（分拣工序）；若不符合合同要求，配送中心应详细记载差错情况，并且拒收货物。按照规定，质量不合格的商品将由供应商自行处理。

④分拣。对于生产商送交来的商品，经过有关部门验收之后，配送中心的工作人员随即要按照类别、品种将其分开，分门别类地存放到指定的仓位和场地，或直接进行下一步操作——加工和选拣。

⑤储存。为了保证配送活动正常运行，也为了享受价格上的优惠待遇（打折），有些配送中心常常大批量进货，继而将货物暂时储存起来。由此，在进货流程中又增加了一项储存工作。

（3）理配货规划。为了顺利、有序地出货，以及为了便于向众多的客户发送商品，配送中心一般都要对组织订购进来的各种货物进行整理，并依据订单要求进行组合。理货和配货是整个作业流程规划的关键环节。同时，它也是配送作业的实质性内容。

从理货、配货流程的作业内容来看，它是由以下几项作业构成的：加工作业、拣选作业、包装作业、组合或配装作业，具体规划要点如下。

①加工作业。在配送中心所进行的加工作业，有的属于初级加工活动，如按照用户的要求，把一些原材料切割或截成一定尺寸的坯件，将长材、大材改制成短材、小材等；有的是辅助性加工，如按照与生产企业达成的协议，在配送中心给服装等商品拴上标签、套上塑料袋等；也有的加工作业属于深加工活动，如把蔬菜、水果等食品进行冲洗、切割、过秤、分份和装袋，把不同品种的煤炭混合在一起，加工成"配煤"等。

加工作业属于增值性经济活动，它完善了配送中心的服务功能。

②拣选作业。拣选作业属于理货、配货范围。拣选作业就是配送中心的工作人员根据要货通知单（或订货单）从储存的货物中拣出用户所需要的商品的一种活动。常见的做法是：以摘取的方式拣选商品，即工作人员拉着集货箱在排列整齐的仓库货架间巡回走动，按照配货单上指出的品种、数量、规格挑选出用户需要的商品并放入集货箱内。目前，随着配送货物数量的不断增加和配送范围的日益扩大，以及配送节奏的明显加快，许多大型的配送中心已经配置了自动化的分拣设备，并开始应用自动分拣技术拣选货物。

③包装作业。配送中心将用户所需要的货物拣选出来以后，为了便于运输和识别各个用户的货物，有时还要对配备好的货物重新进行包装，并在包装物上贴上标签。这样，在拣选作业之后，常常续接包装作业。

④组合或配装作业。为了充分利用载货车辆的容积和提高运输效率，配送常常把同一条送货路线上不同用户的货物组合、配装在同一辆载货车上。于是，在理货和配货流程中还需完成组配或配装作业。

在配送中心的作业流程中安排组配（或配装）作业，把多家店铺的货物混载于同一辆车上进行配载，不但能降低送货成本，而且可以减少交通流量，改变交通拥挤状况。

（4）出货流程规划。这是配送中心的末端作业，也是整个配送流程中的一个重要环节，它包括装车和送货两项经济活动。

①装车。配送中心的装车作业有两种表现形式：其一是使用机械装卸货物，其二是利用人力装车。通常，批量较大的实重商品都放在托盘上，用叉车进行装车；有些散装货物，或用吊车装车，或用传送设备装车。

②送货。在一般情况下，配送中心都使用自备的车辆进行送货作业。有时，它也借助于社会上专业运输组织的力量联合进行送货作业。此外，为适应不同用户的需要，配送中心在进行规划送货作业时，常常作出多种安排：有时是按照固定时间、固定路线为固定用户送货；有时也不受时间、路线的限制，机动灵活地进行送货作业。

3）配送特殊流程规划

所谓的特殊配送流程是指某一类配送中心（即个别配送中心）进行配送作业时所经过的程序（或过程）。其中包括不设储存库（或储存工序）的配送流程规划、加工配送流程规划和分货型流程规划。

（1）不设储存库的配送流程规划。在流通实践中，有的配送中心主要从事配货和送货活动（或者说专职于配货和送货），本身不设置储存库和存货场地，而是利用设立在其他地方的"公共仓库"来补充货物。据此，在其配送作业流程中，没有储存工序。为了保证配货、送货工作顺序开展，有时配送中心也暂存一部分货物；但一般都把这部分货物存放在理货区，不单独设置储存区。实际上，在这类配送中心内部，货物暂存和配货作业是同时进行的。在现实生活中，配送生鲜食品的配送中心通常都按照这样的作业流程开展业务活动。

（2）加工型配送流程规划。加工型配送中心多以加工产品为主，因此，在其配送作业流程中，储存作业和加工作业居主导地位。由于流通加工多为单品种、大批量产品的加工作业，并且是按照用户的要求安排的，因此对于加工型的配送中心来说虽然进货量比较大，但是分类、分拣工作量并不太大。此外，因加工的产品种类（指在某一个加工中心内加工的产品品种）较少，一般都不单独设立拣选、配货等环节。通常，加工好的产品（特别是生产资料产品）可直接运到按用户户头划定的货位区内，并且要进行包装、配货。

（3）分货型流程规划。分货型配送中心是以中转货物为其主要职能的配送组织。在一般情况下，这类配送中心在配送货物之前都先要按照要求把单品种、大批量的货物（如不需要加工的煤炭、水泥等物资）分堆，然后再将分好的货物分别配送到用户指定的接货点。其作业流程比较简单，不需要拣选、配货、配装等作业程序。

7.3.4　物流配送中心的运营

1. 物流配送中心的运营目标——服务与成本

在物流中心的设计和建设完成之后，物流中心的经营管理就成了其面临的一个重要问题。物流中心在执行周转、分拣、保管、在库管理和流通加工等功能后，还需实现降低服务成本，提高服务质量，提高作业效率，占领和扩大市场，使企业获得利润的目标。

（1）"两个上帝"之说。由于物流系统处于流通的中间环节，其面临的上帝就有两个——处于上游的生产商和处于下游的各类用户。物流中心要想获利，途径有二：一是让用户接受商品的价格达到最大值；二是把从生产商那里采购进货的价格降到最小值。

（2）服务与成本的关系。简单地讲，物流中心运营的目标就是以适当的成本实现高质量的客户服务。一般来讲，服务与成本是一种此消彼长的关系，物流服务质量提高，物流成本就会上升，可以说二者之间的关系适用于收益递减法则。在服务水平较低的阶段，如果追加 X 单位的服务成本，服务质量将提高 Y；而在服务水平较高的阶段，同样追加 X 单位的服务成本，提高的服务质量只有 y'（$y'<Y$），所以无限提高服务水平，会因成本上升的速度加快而使服务效率没有多大变化，甚至下降。

（3）用总效益来评价物流中心的运营。服务成本和服务质量成为反映物流中心运营水平的核心要素，而且成本优势和服务优势的发挥，也是物流中心占领目标市场、制定市场发展战略的关键。但是服务成本和服务质量二者往往成"背反"关系。如果为了降低成本，而减少发货次数，造成脱销和缺货或者库存积压就会失去客户，使总收益受到损失；另外，如果片面地强调服务质量，违反经济学中的"成本—效益原则"，也会损害物流中心的利益。因此，物流中心追求的目标应该是总体利益的最优，也即是通常说的客户与物流中心的双赢点。

2. 物流中心运营的内容

要实现物流中心高效率地运营，关键是高效率物流中心的建构，即追求订单处理、采购、进货入库、仓储管理、订单分拣、流通加工、货物配送、财务管理等作业效率化，并能迅速准确地处理各类信息的高级运营系统。

物流中心运营的主要内容包括以下四个方面。

1）进发货系统的效率化

（1）进发货系统的主要作业。进货系统的要点是缩短进货时间，检验后直接向保管场所下达指示，并移往保管场所。自动化较高的进货系统能够把货物从送货车卸到传送机上，在传送机上扫描货物的条形码并自动读取，与计算机上配送单的信息进行核对，同时指示保管场所的条形码将价格自动附在货物上，然后运往保管场所。

发货系统需要完成的是检查货物的种类和数量，运输用的捆包、包装，发货用的文件（送货单、进货单等），计算重量、体积或个数，货物装车规划、装入汽车等作业。

（2）实现进发货系统的效率化。实现进发货系统的效率化关键在以下两个方面。

①实现交叉作业。物流中心在进货的同时，将从供货厂商进来的货物按用户的订单进行分类配货、发货的方法称为交叉作业。交叉作业可以省去物流中心的库存管理费用，降低成本，尽快地满足客户的订货要求，大大提高物流中心的运营效率。

②进发货系统的自动化。在物流中心的作业当中，进发货是较为耗费人力和时间的，因此实现其自动化对于提高物流中心的运营效率十分必要。

2）分拣系统的效率化

（1）分拣系统的重要性。分拣是物流中心内部运营当中的重要环节。随着经济的发展，物流作业日益复杂化，追求多品种、小批量分拣的效率化成了物流企业追逐的一个重要目标。按订单分拣系统运行的好坏不仅对物流中心生产效率有着直接影响，而且对物流中心其他功能的实现有着重要的调控作用。

（2）高效率按订单分拣。判断分拣效率高低的主要的数据指标有每天处理的订单数、每天处理的货物品种数、每张订单的货物品种数和每张订单的作业量。关键要从以下两个方面着手。

①选用合适的机械设备。选用合适的机械设备，其关键是采用自动分拣系统。自动分拣系统一般由控制装置、分类装置、输送装置和分拣道口四部分通过计算机网络连接在一起，配合人工控制系统及相应的人工处理环节组成完整的分拣系统。

②使用正确分拣作业方法。就具体作业而言，实现高效率按订单分拣的关键有下面几点：在分拣配货单上要写明货架编码；对于在台架上保管的商品宜采用单一分拣；采用数字化分拣。

3）库存管理

物流中心内有各种各样的库存货物，这些货物的最佳存量以及在库管理是物流中心运营当中非常重要的课题。在进行在库管理时必须注意以下两点。

（1）信息产业的迅速发展和运输业效率的提高，接受订货的周期必须不断缩短。

（2）由于客户需求的多样化，商品的寿命周期在缩短，品种在增加，很多零售业以"零库存"为经营目标，生产企业也在控制过期过剩的零部件实行"看板"管理，这就要求物流中心及时将货物送达，不得造成缺货、脱销或停产。

4）运输计划与管理

运输活动与客户服务水平有着密切的联系，同时运输费用又是物流成本的最大组成部分，运输成本在一般产品价格中占到 10%～20%。因此，有效的运输管理对于服务水平的提高和成本的降低至关重要，运输活动的计划与管理就成为物流中心运营活动的重要内容。运输的目的是将物资迅速、准确、安全、便利、低成本地运达目的地。要做好运输方面的工作，主要应从运输方式、运输规划和运输车辆三个方面入手。

（1）运输方式。一般情况下，根据货物的数量、批量、要求的进货日期、发货地等特性可以找到合适的运输方式。在实际操作中，需要对运输方式及货物的特性进行综合考察。

（2）运输规划。从生产同样商品的多个工厂，将产品供应给多个需求者，如果发生交叉运输，就会造成运输效率低下，此时运筹学中的运输规划就具有不可替代的作用。

（3）运输车辆。按照物流中心每天的发货情况，实时调整运输车辆的数量，使其与当前运送的货物相匹配。

以上四个方面的高效运营的实现离不开信息系统和自动化作业的支持。物流中心信息化管理和自动化作业的实现是物流中心运营的重要内容。

7.3.5 物流配送中心的绩效评价

1. 绩效评价的含义

人员、设备（车辆）、配送时间、成本、质量是物流配送活动中需要考虑的评估要素。具体来说，对配送组织和管理的绩效评价指标可以分为人员负担（人员生产力）、车辆负荷（设备生产力）、配送时间效率（时间生产力）、配送成本（成本力）和配送服务质量（品质力）等几个方面。

2. 绩效评价的指标体系

（1）人员负担指标。衡量个人能力负荷以及对组织的贡献，如平均每人配送量、平均每人配送距离、平均每人的配送重量、平均每人配送车次等。

（2）车辆负荷指标。用于判断是否需要增减配送的车次和数量，如平均每台车配送吨公里数、平均每台车的配送距离、平均每台车的配送重量、空车率（空车率=空车行走的距离/配送总距离）等。

（3）时间指标。例如，配送平均速度、配送时间比率（配送时间比率=配送总时间/配送人员×工作天数×正常工作时数）、单位时间配送额等。

（4）配送成本指标。例如，每吨配送成本、每容积货物配送成本、每车次配送成本、每公里配送成本等。

（5）配送服务质量指标。例如，配送延迟率等。

本章小结

配送作为一种现代流通组织形式，是集商流、物流、信息流于一身，具有独特运作模式的物流活动。物流配送由备货、理货、送货、流通加工四个基本要素组成。按配送活动组织者和承担者的多种结合选择，把配送分为企业自营、厂商共同配送和第三方配送三种模式。物流配送设备指进行各项物流活动所必需的成套设备和器物，组织实物流通所涉及的各种机械设备、运输工具、仓储设备、站场、计算机软硬件系统、电控系统、通信设备等。

配送中心是配送活动的实物载体，它的高效率运作体现在两个重要方面：一是管理设计的优化，二是先进信息技术和自动化技术的运用。对于配送中心的把握应注意以下问题。

第一，配送中心是现代管理理论的成功运用，它有严格而高效的流程和运作模式，每一个环节都力求精确，而配送的三大基本要素备货、理货和送货是管理设计的出发点，它们每个要素背后包含了若干具体的、枝节性的活动。把这些活动细分就是配送的基本作业，包括订单处理作业、采购作业、进货入库作业、库存管理作业、补货及拣货作业、流通加工作业、出货作业、运输作业等。这些活动的计划、组织、协调、控制就是配送中心的管理活动，绩效考核管理成果的体现也是影响管理的直接依据，配送中心的绩效考核有自成一套的体系，主要针对人员、车辆、时间、成本、质量进行考核。配送管理活动具体还体现在对作业的规划方面，通过实施一定的流程把作业活动组织起来，形成功能突出的连续性活动以满足客户的需求。这是从管理学角度把握物流配送。

第二，一种先进的管理理念一般都需要相应的技术支撑，管理要求的不断提高也促使了技术的发展；与此同时，技术的发展也使得管理不断地变革和创新。配送中心与其硬件设备、自动化技术、信息技术之间的关系就是这样一个典型。

关键概念

配送　集成配送　共同配送　备货　理货　配送中心

思考题

1. 配送的基本要素包含哪些？
2. 常见的配送模式有哪些？
3. 配送中心的主要功能是什么？
4. 配送中心的作业流程是怎样的？
5. 配送中心的基本设备设施及应用技术有哪些？
6. 配送中心的运营绩效通过哪些指标来体现？

案例分析

"7-11"便利店物流配送体系的发展

第8章

仓储管理

> **本章导读**

1. 了解仓储的基本概念、功能、分类，以及仓储合理化的主要标志和实施要点。
2. 了解仓库总体结构及其布局上的要求，理解和掌握仓库布局的技术方法。
3. 掌握仓储的作业流程。
4. 掌握 ABC 库存分类控制法、关键因素分析（critical value analysis，CVA）管理法。

8.1 仓储管理概述

商品在流通领域中的停滞过程，就是商品储存。如果说运输是创造产品的"空间价值"，那么商品储存则能创造产品的"时间价值"。储存是处在生产和消费两大活动之间，在物流中起"蓄水池"作用。储存的地点是仓库，所以有必要搞好企业的仓储管理。

仓储管理不论是在流通领域，还是在企业运作管理中都起着举足轻重的作用，因此学习仓储管理有助于对物流运作整个流程的把握。

8.1.1 仓储的概念及功能

1. 仓储的概念

仓储主要是对流通中的商品进行储存，并加以检验、保管、加工、集散和转换运输方式以解决供需之间和不同运输方式之间的矛盾，提供场所价值和时间效益，使商品的所有权和使用价值得到保护，加速商品流转，提高物流效率和质量，促进社会效益的提高。仓储是仓库储存和保管的简称，主要是利用仓库存放、储存未及时使用的物品的经济活动，即在特定的场所储存物品的经济行为。仓储活动主要包括储存和保管，而储存与保管是两个既有区别又有联系的概念。

储存是指物品在从生产地向消费地的转移过程中，在一定地点、一定场所、一定时间的停滞。储存是物流的一种运动状态，是物品流转过程中的一种作业方式。在这里实现对物品的检验、保管、流通加工、集散、转换运输方式等多种作业。物品的储存不一定在仓库中进行，也有可能储存在流动的汽车等场所。在储存过程中，由于物品本身自然属性及外界因素的影响，随时会发生各种各样的变化，从而降低物品的使用价值甚至丧失其使用价值。

保管就是研究物品性质以及物品在储存期间的质量变化规律，积极采取各种有效措施，创造一个适宜物品储存的条件，维护物品在储存期间的安全，保证其质量，最大限度地降低物品的损耗。因此，保管是储存的继续，主要目的在于防止外部环境对储存物品的侵害，保持物品的性能完整无损。

2. 仓储的功能

概括起来，仓储的功能可以分为如下几个方面。

1）调节功能

仓储在物流中起着"蓄水池"的作用。一方面储存可以调节生产与消费的关系，如销售与消费的关系，使它们在时间和空间上得到协调，保证社会再生产的顺利进行。例如，仓储在时间上的调节，有些企业的生产具有季节性，生产集中，但需求是连续不断的，而且比较稳定，如果这些产品即时推向市场销售，必然造成市场短期内的产品供给远远大于需求，造成产品价格大幅降低，甚至无法消费而被废弃。相反，在非供应季节，市场供应量少价高，通过将产品仓储，均衡地向市场供给，才能稳定市场，有利于生产的持续。如生产水果罐头的工厂就必须在作物的非生长季节贮存一定原料以备生产；另一些企业的需求具有季节性，但生产是稳定的，因为这样可以使生产成本最少，同时储备足够的产品来应对相对较短的热销季节，如空调和月饼。

另外，还可以实现对运输的调节。因为产品从生产地向销售地流转，主要依靠运输完成，但不同的运输方式在运向、运程、运量及运输线路和运输时间上存在着差距，两种运输方式一般不能直达目的地，需要在中途改变运输方式、运输线路、运输规模、运输方法和运输工具以及为协调运输时间和完成产品倒装、转运、分装、集装等物流作业，还需要在产品运输的中途停留，即储存。

2）检验功能

在物流过程中，为了保障商品的数量和质量准确无误，分清责任事故，维护各方面的经济利益，要求必须对商品及有关事项进行合格的检验，以满足生产、运输、销售以及用户的要求，仓储为组织检验提供了场地和条件。

3）集散功能

储存把生产单位的产品汇集起来，形成规模，然后根据需要分散发送到消费地。通过一集一散，衔接产需，均衡运输，提高物流速度（图 8-1）。

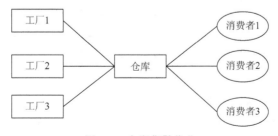

图 8-1 仓库集散作业

4）流通配送加工的功能

根据用户的需要，对商品进行分拣、组配、包装和配发等作业并将配好的商品送货上门。现代仓库的功能已处在由保管型向流通型转变的过程之中，即仓库由贮存、保管货物的中心向流通、销售的中心转变。仓库不仅要有贮存、保管货物的设备，而且还要增加分拣、配套、捆绑、流通加工、信息处理等设置。如图 8-2 和图 8-3 所示。

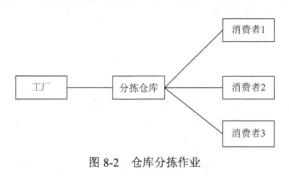

图 8-2　仓库分拣作业

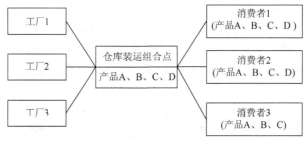

图 8-3　组配作业

8.1.2　仓库的分类

商业仓库的设置要根据各种商品储存条件的不同要求，与商品购销部门的联系程度和地理条件以及投资的大小等因素来作出决定。目前我国的仓库根据不同的角度，有如下几种分类方法，如表 8-1 所示。

表 8-1　仓库的类型

分类标准 ＼ 种类	I	II	III	IV
储存商品的性能和技术条件	通用仓库	专用仓库	危险品仓库	
仓库的主要职能	储备仓库	批发仓库	零售仓库	中转仓库
仓库的隶属关系	商业企业附属仓库	商业物流企业所属仓库		

1）按储存商品的性能和技术条件分类

（1）通用仓库。通用仓库，又称普通仓库、综合仓库，适用于不需要特殊保管条件的商品，如一般日用工业品。根据商品性能一致、护养措施一致的原则，对商品进行分区分类管理。这类仓库不需要特殊的技术装备，在我国商业仓库中所占的比重较大。

（2）专用仓库。专用仓库是一种配有特殊设施以满足某种需求的专用仓库。适用于储存性能比较特殊的商品，或具有一定技术装备能适应有特殊储存要求的商品，如食糖、果品、粮食、药材、禽畜等商品容易溶化、霉变、腐烂，且数量较大，需要单独储存，以及一些需要冷藏、冷冻、保温等的商品储存需求。

（3）危险品仓库。危险品仓库是一种配置有特殊装备和相应消防手段的一种专用仓库。危险品具有易燃、易爆、有毒、有腐蚀性或有放射性等特性，严禁与一般商品混放。危险品仓库的主要任务就是要确保各类危险品的储存安全。

2）按仓库的主要职能分类

（1）储备仓库。储备仓库主要是储存常年生产、季节消费，或季节生产、常年消费的商品。这类仓库可以设在商品运动的起点，如集货点。也可以设在商品运动过程的终点，如配送中心。储备仓库对商品的养护要求较高。

（2）批发仓库。批发仓库主要是储存商业批发部门收购进来的商品，然后向零售商店或其他商业批发部门陆续供应。根据要货单位的要求，一般需要办理商品的续配、拆零、分装、改装等业务。这类仓库的业务特点是数量小、批次多，吞吐频率高，大多设在消费地。

（3）零售仓库。零售仓库主要是为零售商店短期存货。零售部门从批发部门进货后，一般要进行必要的拆包、检验、分类、分级或进行分装、改装所进行的加工。这类仓库一般附设在零售商店内，规模大的零售商店可以在附近专设零售仓库，超级市场和大型零售商店还提出了建立保证日常供货的配送中心的必要。

（4）中转仓库。中转仓库主要是解决商品在运输途中，由于换装运输工具以及转换不同的运输方式暂时停留的需要。这类仓库一般都设在车站、码头附近，也有一部分中转仓库与当地物流部门所属仓库结合在一起使用。

3）按仓库的隶属关系分类

（1）商业企业附属仓库。这类仓库由商业部门的批发企业和零售业直接领导。这种仓库能密切配合购销，有利于商业企业开展业务活动。由于这类仓库是一个商业企业独家使用，不利于充分发挥仓库的利用效率。

（2）商业物流企业所属仓库。这类仓库为多个商业批发企业和零售企业提供储存商品服务，是商业部门集中管理仓库的一种形式。由于统一使用仓容，仓库的利用率较高。

8.1.3　仓储管理及合理化

仓储管理是指对仓库和仓库中储存物资进行管理。这种对仓库和仓库中储存物资的管理工作，是随着储存物资的品种多样化和仓库设计结构、技术设备的科学化而不断变化发展的。仓储管理的手段既有经济的，也有技术的。

1. 仓储管理的主要内容

仓储管理的内容具体包括以下几个方面。

（1）仓库的选址与建筑问题。例如，仓库的选址原则，仓库建筑格局、面积的确定，仓库内部运输道路与作业流程的布置等。合理规划并有效利用各种仓储设施，不断扩大仓储储存能力，提高作业效率。

（2）仓库的业务管理问题。简单地说，仓储业务作业是指以保管活动为中心，从仓库接收商品入库开始，到按要求把商品全部完好地送出去的过程，如图 8-4 所示。

图 8-4　仓库业务作业管理

即如何组织物资入库前的验收，如何存放入库物资，如何对物资进行有效的保养，以及如何出库等。做好仓储物资的验收、发运以及保管工作，保证企业生产获得及时齐备、准确完好的物资供应。

（3）仓库的库存管理问题。合理储备材料，过多的材料储备会占用大量的流动资金，而且增加了保管储存费用，所以仓储管理必须对各项物资的储备量予以正确的规划，以保证其合理的储存数量。

2. 仓储合理化的标志

合理仓储，就是保证货畅其流，要以满足市场供应不间断为依据，以此确定恰当的储存定额和商品品种结构，实现储存的"合理化"。否则，储存过多就会造成商品的积压，增加资金占用，使储存保管费用增加，造成商品在库损失，造成巨大的浪费；如果储存过少，又会造成市场脱销，影响社会消费，最终也会影响国民经济的发展。因此，储存的合理化，具有很重要的意义。

（1）选址合理。仓库设置的位置，对于商品流通速度的快慢和流通费用的大小有着直接的影响。仓库的布局要与工农业生产的布局相适应，应尽可能地与供货单位相靠近，这就是所谓"近厂近储"的原则，否则，就会造成工厂远距离送货的矛盾；商品供应外地的，仓库选址要考虑邻近的交通运输条件，力求接近车站码头以利商品发运，这就是所谓"近运近储"的原则；储存的商品主要供应本地区，则宜建于中心地，与各销售单位呈辐射状。总之，在布局时应掌握物流距离最短的原则，尽可能避免商品运输的迂回倒流，选择建设大型仓库的地理位置时，最好能具备铺设铁路专用线或兴建水运码头的条件；考虑到集装箱运输的发展，还应具有大型集装箱运输车进出的条件，附近的道路和桥梁要有相应的通过能力。

（2）储存量合理。储存量合理是指商品储存有合理的数量。在新的产品运到之前有一个正常的能保证供应的库存量。影响合理量的因素很多，首先是社会需求量，社会需求量越大，库存储备量就越多；其次是运输条件，运输条件好，运输时间短，则储存数量可以相应减少；再次是物流管理水平和技术装备条件，如进货渠道、中间环节、仓库技术作业等，都将直接或间接地影响商品库存量的水平。

（3）储存结构合理。储存结构合理，就是指对不同品种、规格、型号的商品，根据消费的要求，在库存数量上，确定彼此之间有合理的比例关系，它反映了库存商品的齐备性、配套性、全面性和供应的保证性。储存结构主要根据消费的需要和市场的需求变化等因素确定。

（4）储存时间合理。储存时间合理，就是每类商品要有恰当的储备保管天数。要求储备天数不能太长也不能太短，储备天数过长就会延长资金占用。储备天数过短，就不能保证供应。储存时间主要应根据流通销售速度来确定，其他如运输时间、验收时间等也是应考虑的影响因素。此外，某些商品的储存时间，还由该商品的性质和特点所决定，如储存时间过长，产品就会发生物理、化学、生物变化，造成其变质或损失。

3. 仓储合理化的实施要点

（1）对储存物品和设施进行 ABC 管理。通过 ABC 分析，分别找出各种物资的合理库存量和保存方法，实施重点管理，合理优化成本。

（2）适当集中库存。利用储存规模优势，以适度集中储存取代分散的小规模库存，追求规模效益。

（3）提高单位产出。通过采用单元集装存储，建立快速分拣系统等方法，增加仓库的吞吐能力，加速资金的周转速度。

（4）采用有效的"先进先出"方式。对同种类物品采用"先进先出"管理方式，保证储存期限不至于过长。

（5）提高仓储密度，提高仓容利用率。通过采取高垛、密集货架、窄巷道式通道等方法，合理减少土地占用，提高单位存储面积利用率，以降低成本。

（6）采用有效的储存定位系统。通过采用"四号定位"（序号、架号、层号、位号）方法和先进的物品存储定位技术，节约物品的寻找、存放、取出时间，同时减少差错。

（7）采用有效的监测清点方法。通过先进的识别、监控系统，及时掌握储存情况，实现管理的现代化。

（8）采用现代储存保养技术，改善保管条件，提高服务质量。

（9）采用集装箱、集装袋、托盘等储运一体化方式。

（10）实行供应链管理，节省多余的出、入库等储存作业。

8.2　仓库布局

仓库布局是指在一定区域或库区内，对仓库的数量、规模、地理位置和仓库设施、道路等各要素进行科学规划和总体设计，也就是将一个仓库的各个组成部门，如库房、货棚、货场、辅助建筑物、铁路专用线、库内道路、附属固定设备等，在规定范围内，进行平面和立体的全面合理的安排。

8.2.1　仓库的结构

一个仓库通常由生产作业区、辅助生产区和行政生活区三大部分组成。

1. 生产作业区

生产作业区是仓库的主体部分，是商品储运活动的场所。按物料流程可以分为以下四部分。

（1）入库作业区域。主要功能：卸货进库、入库验收、入库搬运（电梯上下搬运）等。主要包括铁路专用线、道路、装卸台等。其中铁路专用线、道路是库内外的商品运输通道，商品的进出库、库内商品的搬运，都是通过这些运输线路。专用线应与库内道路相通，保证畅通。装卸站台是供货车或汽车装卸商品的平台，又分为单独站台和库边站台两种，其高度和宽度应根据运输工具和作业方式而定。

（2）在库作业区域。包括三大专项功能区域，即加工原料/辅料储存区、成品储存区、流通加工区。储货区是储存保管的场所，具体分为库房、货棚、货场。货场不仅可存放商品，同时还起着货位的周转和调剂作业作用。

（3）检测流水线区域。主要功能：移位搬运、货物储存、产品加工、产品整理、成品包装、成品检测等。

（4）出库作业区域。主要功能：货物捆扎、出库搬运、出库装载。

2. 辅助生产区

辅助生产区是为了商品储运保管工作服务的辅助车间或服务站，包括车库、变电室、油库、维修车间等。

3. 行政生活区

行政生活区是仓库行政管理机构和生活区域。一般设在仓库入库口附近，便于业务接洽和管理，行政生活区与生产作业区应分开，并保持一定距离，以保证仓库的安全及行政办公和居民生活的安静。

8.2.2　仓库平面布置

仓库平面合理布置是根据仓库场地条件、仓库业务性质和规模、物资储存要求以及技术设备的性能和使用特点等因素，对仓库各组成部分，如库房、货场、辅助建筑物、库内道路、附属固定设备等，在规定的范围内进行平面的合理安排和布置。

1. 仓库平面布置的要求

（1）要适应仓储企业生产流程，有利于仓储企业生产正常进行。

①单一的物流方向。仓库内商品的卸车、验收、存放地点之间的安排，必须适应仓储生产流程，按一个方向流动。

②最短的运距。应尽量减少迂回运输，专用线的布置应在库区中部，并根据作业方式、仓储商品品种、地理条件等，合理安排库房、专用线与主干道的相对应。

③最少的装卸环节。减少在库商品的装卸搬运次数和环节，商品的卸车、验收、堆码作业最好一次完成。

④最大的利用空间。仓库总平面布置是立体设计，应有利于商品的合理存储和充分利用库容。

（2）有利于提高仓储经济效益。

①要因地制宜，充分考虑地形、地址条件，满足商品运输和存放上的要求，并能保证仓库充分利用。

②布置应与竖向布置相适应。所谓竖向布置，是指建立场地平面布局中每个因素，如库房、货场、转运线、道路、排水、供电、站台等，在地面标高线上的相互位置。

③总平面布置应能充分、合理地使用机械化设备。我国目前普遍使用的门式、桥式

起重机一类固定设备，合理配置这类设备的数量和位置，并注意与其他设备的配套，便于开展机械化作业。

（3）有利于保证安全生产和文明生产。

①库内各区域间、各建筑间应根据"建筑设计防火规范"的有关规定、留有一定的防火间距，并又有防火、防盗等安全设施。

②总平面布置应符合卫生和环境要求，既满足库房的通风、日照等，又要考虑环境绿化、文明生产，有利于职工身体健康。

2. 仓库平面布置的步骤

仓库总平面布置的程序如下。

（1）仓库总平面布置的准备工作。仓库总平面布置的合理与否很大程度上取决于有关资料的齐备、准确及可靠程度。总平面布置是一个反复试验的过程，即布置、修改、再布置、再修改，反复多次，直到求得最满意的布置方案。在布置时一般借助于一些辅助工具，如作业流程图、仓库平面图、样板图等，在纸面上加以设计。所以在总平面布置前还需要准备好必要的辅助工具。

（2）找出和布置关键性作业位置。在仓库总平面布置中，铁路专用线的位置往往受外部条件的限制，而且在很大程度上决定着仓库总平面布置的走向，所以应首先确定专用线的位置。库房、货场的位置可根据上述要求依次确定。

总平面布置所依据的主要资料有：储存物的品种、规格、数量，建设地区的铁路和公路分布情况，地形条件，水、电供应条件，当地气象资料，采取的装卸搬运手段，消防及安全要求协作条件等。

（3）对工作面积进行大致的布置。根据建设地点的现有地形，对库房、货场、主要通道、装卸场地以及辅助车间、办公室、生活福利设施的相应位置及占用面积进行大致的初步设计。

（4）设计次要通道。次要通道与主要通道相交并形成一个完整的运输网，通道的设置与宽度应视物资运输的需要和安全要求而定。

（5）单体设计。根据储存物资的保管要求、仓库业务、作业流程和仓库性质，并结合当地气象及环境条件，具体确定库房的建筑类型和方位，以及库房内设备的类型和位置。

（6）辅助和辅助装置的设置。对排水系统、消防系统和水、电供应线路及辅助设施等进行设计。至此，仓库总平面布置工作初步完成。最后还应对照总平面布置的要求进行检查，并到建设现场核实布置情况。

8.2.3 库内布置

1. 按收发状态的库内布置

按物资收发状态进行库房内的布置规划，也称为 ABC 动态布局法。ABC 分析法是一种科学的管理方法，其原理在于，在任何复杂的经济工作中，都存在"关键的少数和一般的多数"这样一种规律。在一个系统中，关键的少数可对系统具有决定性的影响，而其余多数影响较小或者没有多大影响。这样如果将相当的工作重点主要用于解决这些具有决定性影响的少数重点上，比不分轻重缓急，平均对待，其效果显然要好得多。ABC

分析法，就是根据这种思想，通过分析，找出重点（即关键少数），并确定与之相适应的管理方法。

2. 统一编号，四号定位

货位编号就是根据不同库房条件和货物类别，作出统一编号，以便"标志明显易找，编排循规有序"。

（1）货场货位编号。货场货位编号一般有两种方法：第一种是按照货位的排列，编成排号，再在排号内顺序编号；第二种是不编排号，只采取从左至右和自前至后的方法，顺序编号。

（2）货架货位编号。货架货位编号的方法有三种：第一种是以排为单位的货架货位编号；第二种是以品种为单位的货架编号；第三种是以货物编号代替货架货位编号。

（3）四号定位。四号定位是将库房、货架、层数、货位号等四者按规律编号，并和账面统一起来的规划方法。四号定位用在货场上、料棚中，可用货区号、点号、排号、位号定位。

8.3 仓储作业流程

仓储作业按照物料的流向主要分为入库作业、储存保管和出库作业。仓储作业流程如图 8-5 和图 8-6 所示。

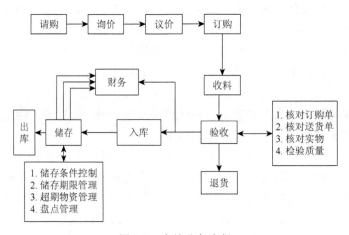

图 8-5　仓储业务流程

8.3.1　入库作业管理

1. 商品接收的依据

商品入库的依据是仓库同货主企业签订的仓储合同，仓库的上级管理部门下达的入库通知或物资入库计划。

2. 商品入库的方式

（1）车站、码头接货。

（2）专用线接车。

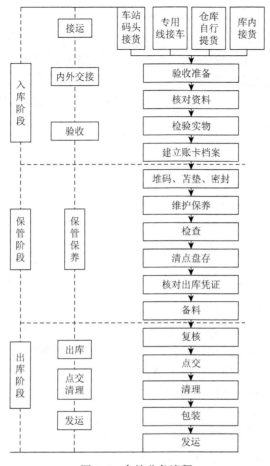

图 8-6 仓储业务流程

（3）仓库自行接货。

（4）库内接货。

3. 商品入库交接的程序

入库流程如下。

（1）核对订购单和送货单。

（2）点收检查。

（3）办理入库手续。

（4）物品放置到指定位置。

（5）物品标识卡加以标识。

4. 商品入库的验收

商品验收包括验收准备、核对证件和检验实物三个作业环节。

（1）验收准备。

（2）核对凭证。

（3）实物检验。主要是进行数量检验和质量检验。而质量检验包括外观检验、尺寸检验、物理力学性能检验和化学成分检验四种形式。

5．入库中的问题处理

（1）商品验收中，可能会发现如证件不齐、数量短缺、质量不符合要求等问题，应区别不同情况，及时处理。

（2）在商品验收过程中，如果发现商品数量或质量的问题，应该严格按照有关制度进行处理。

8.3.2　储存保管

1．分区分类作业

1）分区分类储存的基本原则

（1）商品的自然属性、性能应一致。

（2）商品的养护措施应一致。

（3）商品的作业手段应一致。

（4）商品的消防方法应一致。

2）商品分区分类储存的方法

由于仓库的类型、规模、经营范围、用途各不相同，各种仓储商品的性质、养护方法也迥然不同，因而分区分类储存的方法也有多种，需统筹兼顾，科学规划。

（1）按商品的种类和性质分区分类储存。

（2）按商品的危险性质分区分类储存。

（3）按商品的发运地分区分类储存。

（4）按仓储作业的特点分区分类储存。

（5）按仓库的条件及商品的特性分区分类储存。

2．货物规划和统一编号作业

1）货位编号的方法

（1）仓库内储存场所的编号。

（2）库房编号。

（3）货位编号。

2）商品分类的方法

商品的分类是指为满足某种目的和需要，根据商品的特征、特性，选择适当的分类标志，将商品划分为不同类别和组别的过程。

3）商品编码的原则和方法

商品编码，又称商品货号或商品代码，它赋予商品以一定规律的代表性符号。符号可以由字母、数字或特殊标记等构成。

（1）商品编码的原则。

①唯一性原则。

②简明性原则。

③标准性原则。

④可扩性原则。

⑤稳定性原则。

（2）商品编码的种类。商品编码以所用的符号类型分为数字代码、字母代码、字母-数字代码、条形码共四种。其中，最常用的是数字代码和条形码。

（3）商品编码的方法。商品编码的方法常用的有三种。

①层次编码法：是按照商品类目在分类体系中的层次、顺序，依次进行编码，主要采用线分类体系。

②平行编码法：以商品分类面编码的一种方法，即每个分类面确定一定数量的码位，各代码之间是并列平行的关系。例如，服装的平行编码法如表 8-2 所示。

表 8-2　服装平行编码

服装面料	式样	款式	服装面料	式样	款式
全毛（A）	男士装（Ⅰ）	西装（1）	毛绦（C）	童装（Ⅲ）	连衣裙（3）
全棉（B）	淑女装（Ⅱ）	大衣（2）	丝麻（D）	婴儿装（Ⅳ）	衬衫（4）

③混合编码法：是层次编码法与平行编码法的结合运用。

若是全毛淑女西装，其编号为 AⅢ。编码时可全部用字母或全部用数字编码，也可同时用字母、数字进行编码。

3. 堆码与苫垫作业

1）堆码作业技术

（1）堆码的要求。

①对堆码场地的要求。

②对堆码商品的要求。商品在正式堆码前，需达到以下要求。

a. 商品的名称、规格、数量、质量已全查清。

b. 商品已根据物流的需要进行编码。

c. 商品外包装完好、清洁、标志清楚。

d. 部分受潮、锈蚀以及发生质量变化的不合格商品，已加工恢复或已剔除。

e. 为便于机械化作业，准备堆码的商品已进行集装单元化。

③堆码操作的要求。

a. 安全。

b. 合理。

c. 方便。

d. 整齐。

e. 节约。

（2）货垛安排。

①货垛"五距"的规范要求。货垛的"五距"指垛距、墙距、柱距、顶距和灯距。

②货垛可堆层数、占地面积的确定。

③货垛底层排列。

④货垛的基本形式。为适应不同商品的性能、外形和保管要求，货垛的形式可以各异。

箱形商品的堆垛通常有以下四种基本形式：重叠式、砖砌式、纵横交错式、中心留空通风式。

2）苫垫作业技术

（1）苫盖技术。

①苫盖目的。为了防止商品直接受到风吹、雨打、日晒、冰冻的侵蚀，存放在露天货场的商品一般都需苫盖。

②苫盖材料。通常使用的苫盖材料有：塑料布、席子、油毡纸、铁皮、苫布等，也可以利用一些商品的旧包装材料改制成苫盖材料。

（2）垫垛技术。垫垛就是在商品堆垛前，根据货垛的形状、底面积大小、商品保管养护的需要、负载重量等要求，预先铺好垫垛物的作业。

8.3.3 出库作业管理

1. 商品出库的依据

商品出库必须依据货主开的"商品调拨通知单"，才能出库。

2. 商品出库的要求

做到"三不三核五检查"："三不"，即未接单据不登账，未经审单不备货，未经复核不出库；"三核"，即在发货时，要核实凭证、核对账卡、核对实物；"五检查"，即对单据和实物要进行品名检查、规格检查、包装检查、件数检查、重量检查。

3. 商品出库的程序

（1）出库流程。

内部：①领料人填写领料单；②主管签字；③凭单领料；④核对品名、规格、数量并发料。

外部：①商务代表填写库单；②用户确认；③收银；④出库单送到装机处；⑤装机人员领料；⑥仓库发料；⑦装机人员核对规格、数量并签字。

（2）货物出库的方式。货物出库的方式主要有三种：①客户自提，是客户自己派人或派车来公司的库房提货；②委托发货，自己去提货有困难的客户，他们会委托公司去找第三方物流公司提供送货服务；③仓储企业派自己的货车给客户送货。

（3）出库程序。出库程序包括：①核单备料；②复核；③包装；④点交；⑤登账；⑥清理现场和档案等过程。

（4）退货手续。退货流程包括：①商务填红字出库单；②收银；③装配；④核对货单办理退库手续；⑤货物归还原位。

4. 出库中的问题处理

商品出库过程中出现的问题总是多方面的，应分别对待处理。

（1）出库凭证（提货单）上的问题。

（2）货数与实存数不符。

（3）串发货和错发货。

（4）包装破漏。

（5）漏记和错记账。

8.4 库存控制

库存控制又称库存管理，是对制造业或服务业生产、经营全过程的各种物品、产成品以及其他资源进行管理和控制，使其储备保持在经济合理的水平上。

库存量过大会增加仓库面积和库存保管费用，从而提高了产品成本，占用大量的流动资金，造成资金呆滞，既加重了货款利息等负担，又会影响资金的时间价值和机会收益，造成产成品和原材料的有形损耗和无形损耗，造成企业资源的大量闲置，影响其合理配置和优化，掩盖了企业生产、经营全过程的各种矛盾和问题，不利于企业提高管理水平。

而库存量过小则会造成服务水平的下降，影响销售利润和企业信誉；造成生产系统原材料或其他物料供应不足，影响生产过程的正常进行；使订货间隔期缩短，订货次数增加，使订货（生产）成本提高；影响生产过程的均衡性和装配时的成套性。

所以在保证企业生产、经营需求的前提下，使库存量经常保持在合理的水平上；掌握库存量动态，适时、适量提出订货，避免超储或缺货；减少库存空间占用，降低库存总费用；控制库存资金占用，加速资金周转。

8.4.1 订货点技术

通常，库存控制系统，又称为库存策略，有输出、输入、约束条件和运行机制四个方面，如图 8-7 所示。库存控制系统的输入和输出都是各种资源。与生产系统不同，在库存控制系统中没有物质形态的转化。输入是为了保证系统的输出（对用户的供给）。约束条件包括库存资金的约束、空间约束等。运行机制包括控制哪些参数以及如何控制。在一般情况下，在输出端，独立需求不可控；在输入端，库存系统向外发出订货的提前期也不可控，它们都是随机变量。可以控制的一般是何时发出订货（订货点，

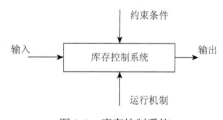

图 8-7 库存控制系统

reorder point）和一次订购多少（订购量）两个参数。库存控制系统正是通过控制订货点和订货量来满足外界的需求并使总库存费用最低。

任何库存控制系统必须回答以下三个问题。

（1）隔多长时间检查一次库存量？

（2）何时提出补充订货？

（3）每次订货多少？

按照对以上三个问题的回答方式不同，可以分成三种典型的库存控制系统。

1. 固定量系统

固定量系统，也称为 (s, Q) 库存策略，就是订货点和订货量都固定量的库存控制系统，如图 8-8 所示。当库存量降到订货点 s 或以下时，系统就会向供应商发出订货，每次订货均为一个固定量 Q。经过一段时间，即提前期（lead time，LT），所发出的订货到达，库存量增加 Q。订货提前期是从发出订货至到货的时间间隔，其中包括订货准备时间、发出

订单、供方接受订货、供方生产、产品发运、产品到达、提货、检验、入库等过程。

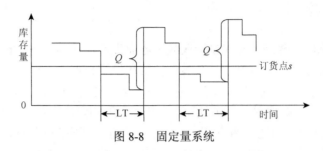

图 8-8　固定量系统

固定量系统随时要检查库存量，并随时发出订单。这样，增加了管理的工作量，但它使库存量得到了紧密的控制。因此，固定量系统适用于重要物资的库存控制。

2. 固定间隔期系统

固定间隔期系统又称为（R，S）策略，固定量系统需要随时监视库存变化，对于物资种类很多且订货费用较高的情况是很不经济的。固定间隔系统可以弥补固定量系统的不足。

固定间隔期系统就是每经过一个相同的时间间隔 t，发出一次订货，订货量为最高库存水平 S 与现有库存量的差额。如图 8-9 所示，经过固定的间隔时间 t 后，发出订货，这时库存量降到 L_1；订货量为 $S-L_1$；经过一段时间到货，库存量增加 $S-L_1$；再经过固定间隔期 t 之后，又发出订货，这时库存量降到 L_2，订货量为 $S-L_2$，再经过一段时间到货，库存量增加 $S-L_2$。

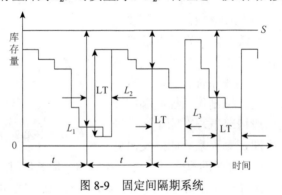

图 8-9　固定间隔期系统

固定间隔期系统不需要随时检查库存量，到了固定的间隔期，各种不同产品可以同时订货。这样，简化了管理，也节省了订货费。不同产品的最高库存水平可以不同。固定间隔期系统的缺点是不论库存水平 L 降得多还是少，都按期发出订货，当 L 很高时，订货量很少。为了克服这个缺点，出现了最大最小系统。

3. 最大最小系统

最大最小系统又称为（s，S）策略，最大最小系统是一种固定间隔期系统，只不过它需要确定一个订货点 s。当经过时间间隔 t 时，如果库存量降到 s 及以下，则发出订货；否则，再经过时间 t 时再考虑是否发出订货。最大最小库存系统如图 8-10 所示，当经过间隔时间 t 之后，库存量降到 L_1，L_1 小于 s，发出订货，订货量为 $S-L_1$，经过一段时间到货，库存量增加 $S-L_1$。再经过时间 t 后，库存量降到 L_2，L_2 大于 s 不发出订货。再经过时间 t，库存量降到 L_3，L_3 小于 s，发出订货，订货量为 $S-L_3$，经过一段时间到货，库存量增加 $S-L_3$，如此循环。

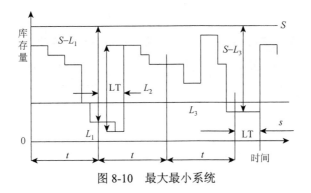

图 8-10　最大最小系统

以上三种库存控制系统为最基本的库存控制系统，由以上三种最基本的系统还可以演变出 (R, s, Q)、(R, Q) 等几种不同的库存控制系统。

8.4.2　ABC 库存分类控制法

ABC 库存分类控制法就是以库存物资单个品种的库存资金占整个库存资金的累积百分数为基础，进行分级，按级别实行分级管理。

在众多的库存商品中，不是每一个商品的比重和管理方法都相同的，根据二八管理法则，一般规律如下。

A 类物品是指品种少、占用资金多、采购较难的重要物品；应采取最经济的办法，实行重点管理，定时定量供应，严格控制库存。

C 类物品是指品种多、占用资金少、采购较容易的次要物品；应采取简便方法管理，固定定货量。

B 类物品是指处于上述二者之间的物品；应采用一般控制、定期定货、批量供应的方法。

1. ABC 库存分类管理法的作用

（1）压缩库存总量。

（2）解放占压资金。

（3）库存合理化。

（4）节约管理投入。

2. ABC 库存分类控制法在仓储管理中的应用举例

（1）收集各个品目商品的年销售量、商品单价等数据。

（2）对原始数据进行整理并按要求进行计算，如计算销售额、品目数、累计数、累计品目百分数、累计销售额、累计销售额百分数等。

（3）做 ABC 分类表。在总品目数不太多的情况下，可以用大排队的方法将全部品目逐个列表，按销售额的大小，由高到低对所有品目顺序排列；将必要的原始数据和经过统计汇总的数据，如销售量、销售额、销售额百分数填入；计算累计品目数、累计品目百分数、累计销售额、累计销售额百分数填入；将累计销售额为 60%～80% 的若干品目定为 A 类；将销售额为 20%～30% 的若干品目定为 B 类；将其余的品目定为 C 类。如果品目数很多，无法全部排列在表中或没有必要全部排列出来，可以采用分层的方法，即先按销售额进行分层，以减少品目栏内的项数，再根据分层的结果将关键的 A 类品目逐个列出来进行重点管理。

（4）以累计品目百分数为横坐标，累计销售额百分数为纵坐标，根据 ABC 分析表中的相关数据，绘制 ABC 分析，如图 8-11 所示。

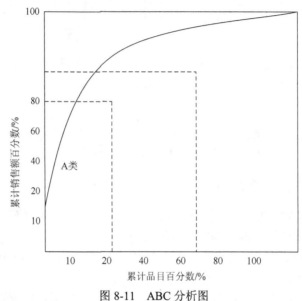

图 8-11　ABC 分析图

（5）根据 ABC 分析的结果，对 ABC 三类商品采取不同的管理策略。

8.4.3　CVA 的基本原理特点与应用

CVA 管理法又称为关键因素分析法，CVA 管理法比 ABC 库存管理法具有更强的目的性。CVA 是将库存划分为最高优先级、较高优先级、中等优先级和较低优先级并根据不同特点采取特定管理措施的一种管理方法。

在使用时，CVA 管理法强调合理数量的高优先级物品，原因是高优先级物品的数量过多会导致非高优先级物品的重视程度降低，不利于高优先级以外物品的管理。在实际工作中提倡把 ABC 分类法和 CVA 管理法结合起来使用，这样会取得更理想的效果。表 8-3 是 CVA 管理法所划分的库存种类及其管理策略。

表 8-3　CVA 管理法库存品种划分及其管理策略

库存类型	特点	管理措施
最高优先级	生产经营中的关键物品或 A 类重点客户的存货	不允许缺货
较高优先级	生产经营中的基础性物品或 B 类客户的存货	允许偶尔缺货
中等优先级	生产经营中比较重要的物品或 C 类客户的存货	允许合理范围内缺货
较低优先级	生产经营中需要，但可代替的物品	允许缺货

■ 本章小结

仓储主要是对流通中的商品进行储存，并加以检验、保管、加工、集散和转换运输方式以解决供需之间和不同运输方式之间的矛盾，提供场所价值和时间效益，使商品的所有权和使用价值得到保护，加速商品流转，提高物流效率和质量，促进社会效益的提高。仓储是仓库储存和保管的简称，主要是利用仓库存放、储存未及时使用的物品的经济活动，即在特定的场所储存物品的经济行为。仓储活动主要包括储存和保管，而储存与保管是两个既有区别又有联系的概念。

仓储功能主要包括调节功能、检验功能、集散功能、配送功能。

合理仓储，就是保证货畅其流，要以满足市场供应不间断为依据，以此确定恰当的储存定额和商品品种结构实现储存的"合理化"。否则，储存过多就会造成商品的积压，增加资金占用，使储存保管费用增加，造成商品在库损失，造成巨大的浪费；如果储存过少，又会造成市场脱销，影响社会消费，最终也会影响国民经济的发展。因此，储存的合理化具有很重要的意义。主要要求：选址合理、储存量合理、储存结构合理、储存时间合理。

仓库布局是指在一定区域或库区内，对仓库的数量、规模、地理位置和仓库设施、道路等各要素进行科学规划和总体设计。也就是将一个仓库的各个组成部门，如库房、货棚、货场、辅助建筑物、铁路专用线、库内道路、附属固定设备等，在规定范围内，进行平面和立体的全面合理的安排。

仓储作业按照物料的流向主要分为入库作业、储存保管和出库作业。库存控制又称库存管理，是对制造业或服务业生产、经营全过程的各种物品、产成品以及其他资源进行管理和控制，使其储备保持在经济合理的水平上。

主要库存控制方法有订货点技术、ABC 库存分类控制法、CVA 管理法、"先进先出"库存管理法、MRP 库存管理技术、JIT 库存管理技术、供应商管理库存、联合库存控制等。

■ 关键概念

仓储　仓库布局　库存控制　订货点技术　ABC 控制法

■ 思考题

1. 简述仓储的功能及其分类。
2. 简述仓库布局的方法。
3. 简述仓储作业流程。
4. 如何进行库存控制？
5. 零库存如何实现？
6. 怎样才能合理规划仓储？
7. 介绍库存控制的几种基本方法。

■ 案例分析

安吉汽车零部件库存管理与优化

第 9 章

国际物流

➤**本章导读**

1. 了解国际物流的含义与特点、国际物流系统的组成。
2. 了解国际物流的主要形式。
3. 掌握国际物流的基本流程和业务方法。

随着国际经济交流与合作的快速发展，商品、物资的跨国界流动便形成了国际物流，它是国际贸易活动的重要组成部分。高效的国际物流可以增强本国商品在国际市场上的竞争能力，扩大本国对外出口，并保证本国需要的设备、原材料等商品的顺利进口，满足国民经济发展的需要。电子商务时代的来临，信息技术及计算机技术在物流中的综合应用将彻底改变国际物流的面貌，使国际物流向着信息化、网络化、智能化、柔性化等方向发展。

■ 9.1 国际物流概述

9.1.1 国际物流的含义、特点

1. 国际物流的含义

国际物流（international logistics，IL）是相对于国内物流而言的。从狭义来理解，国际物流具体是指当生产和消费分别在两个或两个以上国家（或地区）独立进行时，为了克服生产和消费之间的空间隔离和时间距离，对物资（商品）进行物理性移动的一项国际商品贸易或交流活动，从而完成国际商品交易的最终目的，即实现卖方交付单证、货物和收取货款，而买方接受单证、支付货款和收取货物的过程。广义的国际物流不仅包括上述国际贸易物流，还包括国际展览与展品物流、国际邮政物流和国际捐赠、援助物流等非贸易国际物流。

在我国，只要货物的起运地点、目的地或约定的经停地点不在我国境内均构成国际物流，在我国境内处于海关监管的物流行为，如保税运输、转关运输等均属于国际物流的范围，此外，中国台湾、澳门、香港等地区与内地之间的物流应按照国际物流的规则处理。

国际物流活动包括进口和出口供应链，涉及订单处理、支付程序、运输和储存管理、用户服务等环节，其整个流程很少有企业能够依靠自身力量单独办理和完成。因此，国际物流过程离不开贸易中间人，即由专门从事商品使用价值转移活动的业务机构或代理人来完成，如国际货物的运输是由国际货物运输服务公司来代理的，再如报关行、进出口贸易公司、出口打包公司和进口经纪人等，它们主要是接受企业的委托，代理与货物有关的各项业务。

2. 国际物流的特点

国内物流与国际物流存在着很大的区别，主要特点如表 9-1 所示。

表 9-1　国际物流与国内物流比较

项目	国内物流	国际物流
物流环境	较简单	由于各国的法律、人文、习俗、语言、科技、设施等不同，环境复杂
物流风险	较低	较高
物流信息系统的建立	较容易	较困难
标准化要求	较低	较高
运输主要方式	铁路和公路，较简单	海洋、航空和国际多式联运，较复杂
市场准入的限制	较少	较多
政府监管机构	主要是物流安全机构	除物流安全机构，还包括一关三检等
物流保险	货物与运输工具保险欠发达	货物与运输工具保险较发达
信息传递	口头或书面的系统就可以进行沟通，现阶段已使用电子数据交换进行沟通	口头或书面的成本较高，且常常无效，因各国的标准不同，电子数据交换的应用也受到限制
代理机构	较少	对国际运输代理（货代、船代）、运输经纪人和报关行依赖性较强
运输范围	较小	涉及国与国之间的运输，范围较大
运输风险	较小	运输的时间长、转运困难、装卸频繁以及不同国家的基础设施水平不一，造成风险较高
完成周期	以 3~5 天或 4~10 天为单位	以周或月为单位
库存	较低	较高
物流单证	涉及的单证少，且标准化低	涉及的单证较多且具有国际通用性
适用的物流法规	本国的法律法规	已加入的国际公约与国际惯例

9.1.2　国际物流的类型

1. 国际贸易物流

国际贸易物流是指一般意义上的商品国际物流，是随着国际贸易的发展而产生和发展起来的，并已成为影响和制约国际贸易进一步发展的重要因素。它是生产和消费分别在两个或两个以上的国家或地区独立进行时，为了克服生产和消费之间的空间隔离和时间距离，对物资（商品）进行物理性移动的一项国际商品贸易或交流活动，从而完成国际商品交易的最终目的。

国际贸易按照货物的流动方向，可划分为出口贸易、进口贸易、国境贸易。以国境和关境为划分进出口的标准，可分为总贸易和专门贸易；依照商品形态，可分为有形贸易和无形贸易；依照货物运送方式，可分为陆路贸易、海路贸易、航空贸易、邮政贸易；依据有无第三者参加贸易，可分为直接贸易、间接贸易、转口贸易；依照清算工具的不同，可分为自由结汇方式贸易和易货贸易。

2. 国际军事物流

国际军事物流就是指军用品作为商品及物资在不同国家或地区间的买卖和流通。其中，国际军品贸易是特殊的国际贸易，是广义国际物流的一个重要组成部分。国际军品贸易既包括军事专用品的贸易，又包括军民通用品的贸易，但一般主要是指军事专用品的贸易，又称为国际军火贸易。

国际军火贸易，就交易的内容来说，主要包括四类：一是可直接用于军事消费或战争消费的武器装备；二是可直接或间接用于武器装备生产的军事生产资料和军事战略物资；三是可直接或间接用于军火生产的军事科学技术；四是与军火买卖有关的军事投资和军事劳务。

3. 国际展品物流

国际展览会是以固定的地点，在特定的日期和期限里，通过展示达到产品、服务、信息交流的社会活动形式。有人描述展览会是用最短的时间，在最小的空间里，用最少的成本做最大的生意。国际展览的种类包括综合展览会、贸易展览会、消费展览会、国际展览会、地方展览会、农业展览会、经济活动展览会、独家展览会、流动展览会、国际贸易中心、虚拟展览会等。

4. 国际邮政物流

国际邮政物流是指通过各国邮政运输办理的包裹、函件等。每年全世界通过国际邮政所完成的包裹、函件、特快专递等数量相当庞大，因此成为国际物流的一个重要组成部分。邮政运输是一种较简便的运输方式。世界各国的邮政包裹业务均由国家办理，我国邮政业务由邮电部门负责办理。国际上，各国邮政之间订有协定和公约，这些协定和公约，使邮件包裹的传递畅通无阻，四通八达，形成全球性的邮政运输网，从而使国际邮政运输成为国际物流中普遍采用的运输方法之一。

在国际邮政运输中，国际特快专递业务是 1971 年 6 月 20 日首先在美国和英国之间办起来的，此后开办国不断增加。特快专递邮件业务包括定时业务和特需业务两大类，按邮件性质分类，这两类业务又包括信函类、文件类和物品类邮件。国际上较大的快递公司有 DHL、UPS、FedEx、TNT、OCSD 等。我国于 1980 年 7 月首先与新加坡开办了国际特快专递邮件业务，至 1998 年底，我国已与 96 个国家和地区建立了国际邮政特快专递业务关系，国际快递邮件可以通达近 120 个国家和地区，国内开办此项业务的城市已达 2000 个。

9.1.3 国际物流系统的组成与运作

1. 国际物流系统的组成

国际物流各组成要素必须有机地结合在一起，才能共同协力实现低的物流费用和好的顾客服务，从而最终达到国际物流整体效益最大的总体目标。所以，建立完整的国际物流系统十分重要。国际物流系统是由商品的包装、储存、运输、检验、外贸加工和其前后的整理、再包装以及国际配送等子系统构成的。

（1）国际货物运输子系统。运输的作用是将商品使用价值进行空间移动，物流系统依靠运输作业克服商品生产地和需要地之间的空间距离，创造商品的时空效益。国际货物运输作业能够实现商品由卖方向买方或是由发货方向收货方的转移，是国际物流系统的核心，有时候就用运输代表整个物流全体。国际货物运输具有路线长、环节多、涉及面广、手续繁杂、风险性大、时间性强、内外运两段性和联合运输等特点。随着科技的发展，运输设施现代化、大宗货物散装化和杂件货物集装箱化已经成为运输业革命的重要标志。现代物流业的迅速发展无不与运输业的技术革命相关联，西方工业发达国家在国际贸易中处于有利和领先的地位，与其物流运输业的现代化条件是分不开的。

（2）外贸商品储存系统。外贸商品的储存、保管使商品在其流通过程中处于一种或长或短的相对停滞状态，这种停滞是完全必要的。因为外贸商品流通是一个由分散到集中，再由集中到分散的源源不断的流通过程，为了保持不间断的商品往来，满足出口需要，必然有一定量的周转储存，否则，国际物流就会出现阻断。商品的储存和保管克服了外贸商品使用价值在时间上的差异，物流部门也依靠储存保管创造商品的时间价值。外贸商品一般储存于厂商或港口的仓库里，但从物流效率的角度看，外贸商品停留在仓库里的时间不宜过长，而应尽量减少储存时间、储存数量，加速物资和资金周转，实现国际贸易系统的良性循环。

（3）进出商品装卸与搬运子系统。进出商品的装卸与搬运作业相对于商品运输而言，是短距离的商品搬移，是仓库作业和运输作业的纽带和桥梁，实现的也是物流的空间效益。它是保证商品运输和保管连续性的一种物流活动。搞好商品的装船、卸船、进库、出库以及在库内的搬倒清点、转运、转装等，对加速国际物流十分重要，而且节省装卸搬运费用也是物流成本降低的重要环节。有效地搞好装卸搬运作业，可以减少运输和保管之间的摩擦，充分发挥商品的储运效率。

（4）进出口商品的流通加工与检验子系统。流通加工与检验是随着科技进步和物流业的发展而不断发展的具有一定特殊意义的物流组成部分。对物资商品进行一定的物理化学加工可以更好地满足消费者的需要，促进销售，扩大出口，提高物流效率和物资利用率，同时也能充分利用本国劳动力和加工能力，扩大就业机会，赚取更多外汇；而检验的存在则可以维护产品的质量，保证进出口商品的质量要求。流通加工的具体内容包括：袋装、定量小包装（多用于超级市场）、贴标签、配装、挑选、混装、刷标记等贸易商品服务。

（5）商品包装子系统。美国杜邦化学公司提出的"杜邦定律"认为，63%的消费者是根据商品的包装装潢进行购买决策的。所以，经营出口的企业应认真考虑商品的包装设计，把包装、储存、装卸和运输有机联系起来统筹规划，实现现代化国际物流系统所要求的"包、储、运一体化"，即商品的包装应综合考虑储存便捷和运输速度，以加速物流、方便储运并减少物流费用。

（6）信息系统。信息系统即信息流和通信基础设施。信息的顺利传递直接关系到国际物流的效率，而信息的传递又必须以通信基础设施为载体。国际物流中信息流的时效性很强，只有良好的通信基础设施才能保证为国际物流的各个环节及时、准确地提供信息。如以国际海运为例，在国际货轮离港的第二天，信息流便分别向发运国和到货国通知货物海运保险申请书并制作运费报告，当货物运送完毕时，信息流按港口类别的集装箱海运日程及时报告行踪，并预报到港时间、地点及服务，如果发生其他障碍，信息流立刻发出警告信息。这种动态跟踪的信息流，不仅可以随时掌握国际物流的行踪，而且可以使损失减少到最小，而实现这一切的物质条件便是通信基础设施的完善。

（7）通关子系统。国际物流的一个重要特点就是要货物跨越关境。由于各国海关的规定并不完全相同，所以，对于国际货物的流通而言，各国的海关可能会成为国际物流中的"瓶颈"。要消除这一瓶颈，就要求物流经营人要熟知相关各国的通关制度，在适应各通关制度的前提下，建立安全有效的快速通关系统，保证货畅其流。

2. 国际物流系统的运作

国际物流系统通过其所联系的各子系统发挥功能，包括采购、运输、储存、装卸搬运、包装、流通加工、商品检验以及信息处理功能等。它们相互协作，以实现国际物流系统所要求达到的低费用和高水平服务，从而最终达成国际物流系统的整体交易最大的目标。

国际物流系统是以实现国际贸易、国际物资交换的总体目标为核心的。国际贸易合同签订后的履行过程，就是国际物流系统的实施过程。国际物流系统的运作流程如图9-1所示。

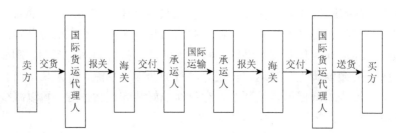

图9-1 国际物流系统的运作流程

国际物流系统在国际信息流系统的支撑下，在运输和储运等作业的参与下，在进出口中间商、国际货代及承运人的通力协作下，利用国际物流设施，共同完成一个遍布国内外，纵横交错，四通八达的物流运输网络。

基于多式联运的国际物流运作主要经历以下阶段。

（1）本国阶段，从供方委托到把货物发送到国际物流网络的配送中心（或物流中心、分拨中心），主要是实现集货及运输到配送中心，货物从服务网络向经营网络移动。

（2）仓储阶段，对集到的货物进行分类及流通加工，做好运往物流枢纽的装载工作。

（3）物流枢纽阶段，主要是国家出入境的机场、港口及陆路口岸。

（4）报关阶段，根据各种规定，完成一关三检的工作。

（5）中转运输，实现国与国之间的货物运输功能。

（6）国外阶段，进行国外报关，运达国际物流网络的海外物流中心，在海外物流中心进行组装等流通加工增值服务，再进入海外配送阶段，这是海外服务网络的内容，配送完毕，把信息反馈回上游相关部门，完成了一次国际物流活动。

根据上述分析，可以看出多式联运是国际动作的主体和纽带，是贯穿整个国际物流活动的主线，通过多式联运网络化的高效运作，客户公司的服务半径和货物集散空间低成本、低风险地扩大。多式联运运输网络和服务内容扩张，将带动国际物流业务的发展。

9.1.4　国际物流标准化

国际物流涉及不同的国家、不同的地区、不同行业的众多企业，如果每个企业、每个国家都用自己的标准进行贸易活动，必然导致各个企业之间无法顺利沟通，贸易无法衔接，从而国际物流无法实现。为实现国际物流的通用化、国际化、效率化，必须要建立一个国际物流的标准化体系。

标准化是对产品、工作或服务等普遍的活动规定统一的标准，并且对这个标准进行贯彻实施的整个过程。标准化的内容，实际上就是经过优选之后的共同规则。在国际上，日内瓦国际标准化组织负责协调世界范围的标准化问题，以推行世界范围的共同规则。

国际物流标准化是以国际物流为一个大系统，制定系统内部设施、机械设备、专用工具等各个分系统的技术标准；制定系统内各分领域，如包装、装卸、运输等方面的工作标准；以系统为出发点，研究各分系统与分领域中技术标准与工作标准的配合性，按配合性要求，统一整个目标物流系统的标准；研究整个国际物流系统与相关其他系统的配合性，从而谋求国际物流大系统的标准统一，形成最佳物流秩序和经济效益。

国际标准化组织对国际化物流系统标准作出了统一规定，相关术语如下。

（1）物流模数。物流模数是制造物流设施与设备的尺寸基准，是为了物流的合理化和标准化，而以数值表示的物流系统各种因素的尺寸的标准尺度。它是由物流系统中的各种因素构成的，这些因素包括货物的成组，成组货物的装卸机械、搬运机械和设备、货车、卡车、集装箱以及运输设施，用于货物保管的机械和设备等。

（2）物流托盘。物流托盘化是指把成为物流对象的货物的尺寸，通过托盘统一起来，由于物流中的各种货物的尺寸不同，为了方便货物的运输、搬运等环节的顺利进行，需要先把不同尺寸的货物放在托盘中，将托盘标准化。目前由于不同的国家习惯不同，各自使用的托盘标准也不同，如世界上流行的托盘有美国托盘、欧洲的标准托盘和日本的标准托盘，国际标准化组织规定的托盘标准是欧洲的托盘标准。

（3）电子数据交换标准。电子数据交换系统，即能够做到合理化、标准化地使用计算机处理商务文件，企业与企业之间通过计算机网络直观地进行信息交流，简单迅速地相互交易。要实现这个目的，就需要有电子信息交换专用的标准规则，这就是电子数据交换标准，国际通行的电子数据交换标准有联合国管理的 US/EDI-FACT。目前国际贸易中的许多信息都依靠电子数据交换进行数据传递。

目前，国际物流标准化工作正在研究及制定中，但与物流有关的许多设施、设备的标准化大多早已发布，并由专门的专业委员会负责制定新的国际标准，其中国际标准化组织对于物流标准化的重要模数尺寸已大体取得了一致意见，并拟定了初步方案，基础模数尺寸如下。

（1）物流基础模数尺寸 600mm×400mm。

（2）物流模数尺寸（集装基础模数尺寸）以 1200mm×1000mm 为主，也允许 1200mm×800mm 及 1100mm×1100mm。

我国目前尚未从物流系统角度全面开展各环节标准化工作，也没有研究物流系统的配合性问题，但我国的相关部门与国际标准化组织建立了密切联系，并对照国际标准化组织的相关组织明确了我国物流标准的归口单位；同时我国已经制定了一些分系统的标准，其中汽车、叉车、吊车等已全部实现了标准化，包装模数及包装尺寸、联运平托盘也制定了国家标准，参照国际标准，还制定了运输包装部位的标示方法国家标准。其中，联运平托盘外部尺寸系统规定优先选用两种尺寸，各为：TP2——800mm×1200mm，TP3——1000mm×1200mm；还可选用一种尺寸为TPl——800mm×1000mm。托盘高度基本尺寸为 100mm 和 70mm 两种。

■ 9.2　国际物流的基本流程与业务

进出口业务与国际物流之间存在着非常紧密的关系：国际贸易促进了物流的国际化；而国际物流是国际贸易顺利完成的必要条件，构成了进出口业务的主要组成部分。因此，国际物流活动主要还是依照有关的国际贸易公约及国际贸易惯例展开的。国际物流的流程与进出口程序类似，其基本业务主要有订单处理、运输和保险、理货、报关检验、支付、储存、销售等。

9.2.1　订单处理

如果进口商与出口商经过交易磋商签订了正式合同，订单处理就是对履行合同的相关事项所做的安排。它主要包括以下两个内容。

首先是为了执行合同而进行的一些履约准备工作，如进口商需申请进口许可证、进口配额等相关文件，在信用证支付条件下，还应按照合同有关规定填写开立信用证申请书向银行办理开证手续；出口商在按时、按质、按量准备应交货物的同时，应催促买方按合同规定及时办理开立信用证或付款手续，信用证开到后还要对信用证内容逐项认真审核，信用证条款必须与合同内容相一致，品质、规格、数量、价格、交货期、装运等应以合同为依据，不得随意改变，以保证及时装运、安全结汇。

其次是进出口商之间的联络，主要是针对装运、保险、接货等问题所做的信息沟通。由于不同的贸易术语对买卖双方的责任有不同的规定，因此，双方要根据术语的有关规定来完成一定的通知义务。如在离岸价（free on board，FOB）合同中，买方应按规定期限将船名、装货泊位及装船日期通知卖方，以便卖方及时备货装船；在成本加保险费加运费（cost，insurance and freight，CIF）合同中，则由卖方给予买方货物已经装船的充分通知，以便买方及时收领货物。

如果进口商与出口商之间没有签订专门的正式合同，那么订单的处理就尤为重要，按照国际习惯做法，对订单不加修改地接受就在进口商与出口商之间形成了一个受法律保护的合约。订单往往没有标准的形式，一般应包括以下信息：购买意向、订购数量、购买价格、信用条件和运输方式等。收到订单的一方如果觉得所有条件是可以接受的，会发出一张收到证实书；如果认为有些条件必须修改，双方会进一步讨论，之后，出口商会准备一张形式发票来注明双方都同意的条件，形式发票应注明商品的类型、数量、单价、估计重量、尺寸、有关的支付信用条件，如果进口商接受，那么形式发票就成为双方成交的法律凭证。

9.2.2　运输和保险

为了确保国际物流的经济安全，进出口双方应合理选择货物运输的路线、运输方式、运输工具，并对货物在运输中的风险进行投保。

不同的贸易术语对运输和保险责任的划分有所不同，如在 FOB 交货条件下，由买方负责派船到对方口岸接运货物；在 CIF 交货条件下，由卖方负责租船订舱。所以，双方应严格按照合同要求来履行各自的义务。承担运输责任的一方应根据合同与运输公司（承运人）签订运输合同，委托运输公司完成货物的位移。

基本程序是：首先，托运人根据船期表填写货物托运单（booking note，B/N）；其次，承运人根据托运单的内容，结合运输工具的航线、航期和仓储条件签发装货单（shipping order，S/O），通知托运人装货的日期和航次，船长根据装货单接受该批货物装船；再次，船方在验收货物并装船后，由船长或大副签发收货单（mate's receipt，MR），托运人凭收货单向承运人或其代理人缴纳运费并获取正式提单（bill of lading，B/L）；最后，运输过程结束后，收货人凭提单向承运人领取货物。

承担投保责任的一方应根据合同要求的投保金额和险别及时向保险公司办理投保手续。保险金额一般应由买卖双方经过协商确定，通常按 CIF 或 CIP（carriage and insurance paid to）总值加 10%计算。投保险别则根据商品的特点及运输过程中的风险程度由双方约定，合同中没有约定的，投保方按最低险别投保。出口货物的保险由出口企业按合同或信用证要求填制投保单，列明被保险人名称，保险货物项目、数量、包装及标志，保险金额，起讫地点，运输工具名称，起讫日期，投保险别等，并缴纳保险费，保险公司接受投保后即签发保险单或保险凭证。为了简化投保手续和防止出现漏保等情况，进口货物一般采取预约保险的做法，即投保人与保险公司签订不同运输方式下的预约保险合同。进口商对每批进口货物不需要填制投保单，仅以国外的装运通知单代替投保单，作为办理了投保手续，签有进口预约保险的公司对该批货物自动承保。

9.2.3　理货

理货是指船方或货主根据运输合同在装运港和卸货港收受和交付货物时，委托港口的理货机构代理完成的在港口对货物进行计数、检查货物残损、指导装舱积载、制作有关单证等工作。理货对于买卖双方履行贸易合同，按质按量交易货物，保障航行安全和货物在运输途中的安全具有重要意义。

理货工作有以下内容。

（1）理货单证。理货单证是指理货机构在理货业务中使用和出具的单证，反映船舶载运货物在港口交接时的数量和状态的实际情况的原始记录，具有凭证和证据的性质。理货单证的种类有理货委托书、计数单、现场记录、日报单、待时记录、货物溢短单、货物残损单、货物积载图，还有分港卸货单、货物分舱单、复查单、更正单、分标志单、查询单、货物丈量证明书等单证。

（2）分票、理数和确定溢短货物。分票是依据出口装货单或进口舱单分清货物的主标志归属，分清混票和隔票不清货物的归属。分票是理货工作的起点。理货员在理数之前，首先要按出口装货单或进口舱单分清货物的主标志，以明确货物的归属，然后才能根据理货数字确定货物是否溢短、残损。

理数就是在船舶装卸货物过程中，记录起吊货物的钩数，点清钩内货物细数，计算装卸货物的数字。理数的方法有发筹理数、划钩理数、挂牌理数、点垛理数、抄号理数、自动理数等。

溢短货物是指船舶承运的货物，在装运港以装货单数字为准，在卸货港以进口舱单数字为准。当理货数字比装货单或进口舱单数字溢出时，称为溢货，短少时称为短货。

在船舶装卸货物时，装货单和进口舱单是理货的唯一凭证和依据，也是船舶承运货物的凭证和依据。理货结果就是通过与装货单和进口舱单进行对照，来确定货物是否溢出或短少。货物装卸船后，由理货长根据计数单核对装货单或进口舱单，确定实际装卸货物是否有短溢。

（3）理残。凡货物包装或外表出现破损、污损、水湿、锈蚀、异常变化等现象，可能危及货物的质量或数量，称为残损。理残是理货人员的一项主要工作，其工作内容是对船舶承运货物在装卸时，检查货物包装或外表是否有异常状况。理货人员在船舶装卸过程中，必须要剔除残损货物，记载原残货物的积载部位和残损情况，以便判断残损责任。

（4）绘制实际货物积载图。装船前，理货机构从船方或其代理人取得配载图，理货人员根据配载图来指导和监督工人装舱积载。但是由于各种原因，在装船过程中经常会发生调整和变更配载。理货长必须参与配载图的调整和变更事宜，在装船结束时，理货长还要绘制实际装船位置的示意图，即实际货物积载图。

（5）签证和批注。理货机构为船方办理货物交接手续，一般是要取得船方签证的，同时，承运人也有义务对托运人和收货人履行货物收受和交付的责任。当然，如果理货机构是公证机构，那么它的理货结果就可不经船方签证而生效，但目前我国还没有这样做。因此，船方为办理货物交付和收受手续，在理货单上签字，主要是在货物残损单、货物溢短单、大副收据和理货证明书上签字，称为签证。签证工作一般在船舶装卸货物结束后，开船之前完成。我国港口规定，一般在不超过船舶装卸货物结束后两小时内完成。在理货或货运单证上书写对货物数字或状态的意见，称为批注。船方批注是船方加的批注，一般加在理货单证和大副收据上；理货批注是理货人员加的批注。在装货时，理货人员发现货物外表状况有问题，发货人又不能进行处理，而又要坚持装船，这时理货人员就得如实批注在大副收据上。还有发现货物数字不符，而发货人坚持要按装货单上记载数字装船，理货人员也应在装货单上按理货数字批注。有时还要如实批注货物的装船日期等内容。在卸货时，理货长对船方加在理货单证上的批注内容有不同意见，经摆事实、讲道理后，船方仍坚持不改变批注内容，这时，理货长可在理货单证上加上不同意船方批注内容的反批注意见。

（6）复查和查询。处理卸港货物数字与舱单记载的货物数字不一致时，国际航运习惯做法是船方在理货单上批注"复查"方面的内容，即要求理货机构对理货数字进行重新核查。复查的另一个含义还包括理货机构主动进行的复查，即当理货数字与舱单记载的货物数字差异比较大时，为确保理货数字的准确性，在提请船方签证之前，往往要对所理货物进行复核。如果船舶卸货发生溢出或短少，理货机构为查清货物溢短情况，向装运港理货机构发出查询文件或电报，请求进行调查，且予以答复；或在船舶装货后，发现理货、装舱、制单有误，或有疑问，理货机构向卸货港理货机构发出查询文件或电报，请求卸货时予以注意、澄清，且予以答复；或航运公司向理货机构发出查询文件或电报，请求予以澄清货物有关情况，且予以答复，这些统称为查询。

9.2.4 报关检验

进出口货物必须经设有海关的地点进境或者出境，进口货物的收货人或其代理人应当自运输工具申报进境之日起 14 天内，出口货物的发货人或其代理人应当在装货的 24 小时前向海关如实申报、接受海关监管。逾期罚款，征收滞报金。如自运输工具申报进境之日起超过三个月未向海关申报，其货物可由海关提取变卖。

对一般进出口货物，海关的监管程序是：接受申报、查验货物、征收税费、结关放行。

而相应的收、发货人或其代理人的报关程序是：申请报关、交验货物、缴纳税费、凭单取货。一般货物进出口监管程序如图 9-2 所示。

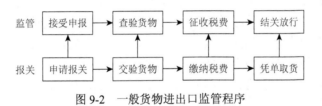

图 9-2　一般货物进出口监管程序

报关单位应在规定时间内填写"进出口货物报关单"向海关申报，并随附发票、提单、保单等有关单据，如属法定检验的进出口商品，还必须随附商品检验证书。海关审核单证是否齐全、填写是否正确，报关单内容与所附各项单证的内容是否相符，然后查验进出口货物与单证内容是否一致，必要时海关将开箱检验或提取样品。报关单位要协助海关查验货物，负责搬移货物，开拆和重封货物的包装。货物经海关查验通过后，由海关计算税费，填发税款缴纳证，待报关单位交清税款或担保付税后，海关在报关单、提单、装货单或运单上加盖放行章后结关放行。

进出口货物的检验主要是对货物（尤其是进口货物）的品质、数量及规格等实施检验，确定进出口商品是否残损，是否符合安全、卫生的要求。国际通行的检验方法是"两次检验、两个证明、两份依据"，即以装运港的检验证书作为交付货款的依据，在货物到达目的地后，允许买方公证机构对货物进行复验并出具检验证书作为货物交接的最后依据。进口货物运达港口卸货后，港务局要进行卸货核对，如发现短缺，应及时填制"短卸报告"交由船方签认并根据短缺情况向船方提出保留索赔权的书面声明。卸货时如发现残损，货物应存放于海关指定仓库，待保险公司同商检局检验后作出处理。对于法定检验的进口货物，必须向有关商检机构报验，未检验的货物不准投产、销售和使用，如进口货物经商检局检验发现有残损短缺，应凭商检局出示的证书对外索赔。

9.2.5 支付

进口商对出口商支付货款的程序因所采用的支付方式的不同而有差异，在中国出口业务中，使用议付信用证方式较为普遍。货物装运后，受益人（卖方）应及时制单，在信用证规定的有效期和交单期内向银行交单并开出汇票。议付行收到交易单证等各种票据后，按照信用证的要求审单，并在收到单据后 7 个银行工作日将审单结果通知受益人。如果确认"单证一致，单单一致"，议付行将向开证行或其指定的银行寄单索偿，同时按与受益人约定的方法进行结汇。开证行收到国外寄来的汇票及单据后，对照信用证的规定核对单据的份数和内容。如果内容无误，即由银行对国外付款，同时进口商向银行承兑或付款赎单。进口商在取得相关单据后可以凭单提取进口货物。如果银行在审单时发现单、证不符，应作出适当处理，如停止对外付款，相符部分付款而不符部分拒付，货到检验合格后再付款，在付款的同时提出保留索赔权等。

9.2.6 储存和销售

出口商在货物备运期间，应妥善保管所交货物，防止发生变质，如串味、腐烂、破碎等。进口商收到货物后也需对货物进行储存，有时还需要对货物进行分装、转运等处理。在此期间，进口商应对储存地点、保险、费用等问题加以综合考虑，特别是当进口商向出口商索赔时，在储存期间采取必要手段保全尤为重要，否则一旦货物在储存期间由于保管不当而损坏，进口商会因此丧失索赔权。

进口货物的销售应按照进口商事先制订的商业计划进行，即选择恰当的营销组合将进口商品推向目标市场。

综上所述，国际物流的完成或者说一条完整的进出口供应链涉及相当复杂的环节，要求进口商和出口商必须具备处理相关单据的能力和经验，以及和方方面面的机构协调关系的技能。当进口商和出口商缺乏这些技能时，可以考虑利用进出口经纪人、货运代理人等专业人员来完成国际物流环节。这些中介在国际贸易竞争激烈，社会分工越来越细的情况下发挥着日趋重要的作用。

■ 9.3 国际货物运输

9.3.1 国际货物海上运输

与国内物流相比，国际物流以远洋运输为主，并由多种运输方式组合，需要更合理地选择运输路线和方式。运输方式选择和组合的多样性是国际物流的一个显著特征。海运是国际物流运输中最普遍的方式。

国际贸易的货物有 2/3 以上是通过海洋运输的。远洋运输是伴随着国际贸易而进行的国际货物运输，其活动范围广阔，航行距离长，运输风险也更大，其经营活动要受有关国际公约和各国法律的约束，也要受到国际航运市场的影响。

国际海上运输的三大主力船型是集装箱船、散货船和油船。国际海运的营运方式是班轮运输和租船运输。

1. 班轮运输

在国际贸易运输中，班轮运输是主要的运输方式之一。它的服务对象是非特定的、分期的众多货主，因此，班轮公司具有公共承运人的性质。

班轮通常是指具有固定航线、沿途停靠若干固定港口、相对固定的费率，按照事先规定的时间表（sail schedule）航行的船舶。对于停靠的港口，不论货物数量多少，一般都可接受托运。

1）班轮运输的基本特点

"四固定"即航线、挂港、船期、运价比较固定，有利于货主掌握船期、核算运输费用、组织货源、促进出口成交。

同一航线上的船型相似并保持一定的航班密度。这可保证商品既不脱销，又不集中到货，适应均衡应市的需要，使商品能卖到相对合理的价格。

运价内已包括装卸费用。班轮运输中货物的装卸费用一般由承运人支付，承运人和托运人之间一般不计滞期、速遣费，而是按照港口习惯快速装卸（customary quick despatch，CQD）。但近年来，有的班轮公司为了减少船期损失，同一些装卸效率太低的港口签订了速遣协议，这种协议与货主没有直接关系。

承托双方的权利义务和责任豁免以签发的提单条款为依据。班轮公司出具的班轮提单载明了承运人应负的有关责任条款，是班轮公司接收货物并负责运输的依据。若因特殊情况，在某一航次中取消了沿途中某一挂港时，班轮公司将负责安排其他船将原定由本航次运往该港的货物尽快运到目的地，交给提单指定的收货人，并负担由此产生的一切费用。

由于班轮承运的对象是件杂货物，与大宗货物相比具有批次多、批量小、货价高等特点，对港口装卸要求高。在国际贸易中，班轮承运的货物数量约占海运货物总量的20%，但价值却是海运国际贸易总额的80%左右。班轮运输的运输组织技术比较复杂，每艘班轮航次一般都要接运数百份甚至上千份的提单，且货物特性、包装差异很大，沿途挂靠四五个港口，每个港口有卸有装，又要不误船期，这就需要配以一定实力的设备和人员。因此，一个国家有多少定期班轮航线，每月能开出多少班轮航班是衡量这个国家对外贸易和航运业发达程度的重要标志之一。

2）班轮运价

班轮运价（liner freight）是班轮公司为运输货物向货主收取的运输价格，也就是班轮公司为运输单位货物所消耗的人力、物力以及为运输货物所支付给各有关方面的费用。其中包括船舶折旧、修理基金的提取、银行利息、燃料物料的消耗、港口使用费（如装卸费、吨税、运费税等）、船员工资福利和伙食以及适当的利润等。

影响班轮运价的主要因素是运输成本、货物的价值和特性、运输量和港口的装卸效率、航程的距离、燃料的价格和船员的工资水平以及航运市场供求关系的变化等。

2. 租船运输

海洋运输船舶有定期船和不定期船。定期船舶就是班轮；不定期船就是租船。

1）租船的特点

没有固定的航线、固定的装卸港口和固定的船期。租船的航线和装卸港口不是固定不变的，它可以根据货主各种不同的需要，结合市场上的各种因素临时决定。

没有固定的运价。租船运价是随租船市场供求情况的变化而变动的。在某一地区，如船舶供过于求，则运价下跌，反之，则运价上涨，经常处于变动之中。但与班轮运价相比，租船运价一般是较低的。

适于运输大宗货物。租船主要是用来装运大宗货物，如各种矿石、石油、煤炭、硫黄、磷灰石，各种谷物、饲料、化肥、食糖、水泥等大宗货物。这种货物一般数量较大，而班轮不能提供足够的舱容，用租船装运较为适宜和方便。世界海运干货中，租船运输占总运量的80%以上，油轮运输用租赁方式的，也占50%以上，由此可见租船在运输大宗货物中的重要作用。

2）租船的方式

租船的方式可分为程租和期租两种。

程租（voyage charter），是指船舶按照船、租双方事先约定的条件，按时开到装货港口装货，再开到卸货港口卸货，完成整个航程的运输任务。租船期以一个或数个航程为限。在这种租船条件下，租方负担运费、货物装卸费（也可规定由船方负责全部或一部分）、隔票费和船舶滞期费，船方则需负责船员工资、港口使用费、港口代理费、船用燃料费和物料费等。对租船人来说，程租方式简单易行，不必操心船舶的调度和支配，也很容易根据运费估算每吨货物的运输费用，有利于经济核算，适于装运货类单一、装卸港较少的大宗货运输。在租船市场上，大宗货运输占绝对大的比重，所以程租方式用得很普遍，成为租船的基本形式。不仅如此，租船市场行情的涨落也主要以程租运价来表示。

程租的基本形式是单程，但也可包括若干个航程。依航次的多少，程租船可分为下列几种形式。

单航次租船（single trip charter）。只租一个航次，船东负责自一个港口装货到另一个港口卸货，货物卸完，租期即告终止。

来回程租船（retum trip charter）。在完成一个单航次后，随即在卸货港或附近港口装货，再运回原装港或附近港口卸货。卸货完毕，租期即告终止。

连续航次程租（consecutive voyages）。船租双方一次谈妥，用一条船连续完成若干个相同的程租航次。这种方式的特点是完成若干航次是连续的，一程运货，另一程空放，因此航程一般较短，如由美国大西洋沿岸港口装运煤、粮到西欧大陆港口，由澳大利亚或加拿大太平洋沿岸港口装运粮食至我国港口，如经船租双方议定，船方也可揽装回程货物，但以不影响下一航次的装运时间为限。

包运合同（contract of affreightment，COA），又称包租船。实际上是一种多航次的程租，与单航次程租的区别是：单航次程租是用一条船运一批货，而包运合同则是用若干条船来运一批货物，只确定承运货物的数量及承运期限，而不必规定具体的航次数。

这种方式对租船人来说，可减轻租船的压力，对船方来说，在营运上也比较灵活，他可以用自有船舶来承运，也可租用其他船公司的船舶来完成规定的任务。

期租（time charter），又叫定期租船，是按一定的期限租船，在这个期限内，租船人支付租金，以取得船舶的使用权。租期少则三个月，多到若干年直至船舶报废均可。在租期以内，租船人可按照自己的需要来安排船舶的营运和调度，并负责在使用期内船舶的燃料费、港口费和拖轮费等。船东除保证船舶的适航性外，并负责船员的配备和供应船员的给养。

目前，在我国租船业务中，还有一种航次期租（time charter trip）的方式。这种方式租期不作具体规定，而是以完成一个航次货运任务为准。其他条件基本与期租船一样。

9.3.2 国际航空运输

航空运输（air transport）与海洋运输、铁路运输、公路运输等方式相比，其主要优点是运输速度快，不受运输路程长短限制，适合鲜活易腐和季节性商品的运送；同时其运输条件好，货物很少产生损伤变质，适合贵重物品的运输；可简化包装，节省包装费用；航空运输迅速准时，在商品交易中，有利于巩固市场和提高信誉。航空运输的主要缺点是运输量小，运输费用高。

国际航空货物运输的经营方式主要有两种，即班机运输（scheduled airline）和包机运输（chartered carrier）。

1. 国际航空运输的方式

（1）班机运输。班机是指在固定的航线上定期航行的航班，这种飞机固定始发站、目的站和途经站。一般航空公司的班机都是客货混合型飞机，只有一些较大的航空公司在某些航线上辟有使用全货机的货运航班。由于班机有固定的航线及始发和停靠站，并且定期开航，为收发货人提供了准确的启运和到达时间，保证货物能够安全迅速地运送到世界各地。

（2）包机运输。包机运输适用于货物批量较大而班机不能满足需要的情况。包机运输可分为整机包机和部分包机。整机包机是指航空公司和包机代理公司，按与租机人双方事先约定的条件和运价，将整架飞机租给租机人，从一个或几个航空站装运货物至指定目的地的运输方式，适合于运输大批量货物。部分包机是几家航空货运代理人联合包租一架飞机，或由包机公司把一架飞机的舱位分别卖给几家航空货运代理公司。部分包机方式适合于一吨以上但不足整机的货物。

2. 国际航空运输的组织形式

国际航空货物运输的组织方法主要有以下几种。

（1）集中托运。集中托运（consolidation）是指航空货运代理公司把若干批单独发运的货物组成一整批，向航空公司办理托运，采用一份总运单集中发运到同一到站，或者运到某一预定的到站，由航空货运代理公司在目的地指定的代理收货，然后再报关并分拨给实际收货人。这种集中托运业务在国际航空运输业中开展较为普遍，是航空货运代理的主要业务之一。

（2）联合运输。联合运输是包括空运在内的两种以上运输方式，具体做法有陆空运输（train-air，TA）和陆空陆联运（train-air-truck，TAT）等。伴随着国际航空运输的快速发展，铁路直接连通机场已成为当代发展最为显著的方式，既促进了航空事业，也为铁路运输开辟了一个新的市场。

（3）送交业务。送交业务（delivery）是指在国际贸易中，通常出口商为了推销商品、扩大贸易，往往向顾客赠送样品、目录、宣传资料等。这些商品空运至到达国之后，委托当地的航空代理办理报关、提取、转运的工作，最后送交给收货人，在到达时发生的手续费、税金、运费、劳务费等一切费用，均由航空货运代理先行垫付后向委托人收取。由于这一业务十分方便，许多私人物品也采用这种运输方式。

（4）货到付款。货到付款（cash on delivery）是发货人或其代理人与承运人之间达成协议，由承运人在货物到达后交予收货人的同时代收航空运单（air waybill）上所记载的货款，然后寄给发货人或其他代理人，承运人在办理一批货到付款时，按货到付款总额的一定百分比提取劳务费。

9.3.3 国际多式联运

《联合国国际货物多式联运公约》对国际多式联运（international multimodal transportation，IMT）的定义是：国际多式联运是指多式联运经营人按照多式联运合同，以至少两种不同的运输方式，将货物从一国境内接管的地点运到另一国境内的指定交货地点的运输方式。国际多式联运是多种运输方式的最佳组合，"是多种运输方式的集成"，在物流条件下"商品运输由单一的传统运输方式变成多种运输方式的最佳组合"，将传统运输方式下相互独立的各种运输方式按照科学、合理的流程组织起来"减少中间储存和中转时间"，从而使客户获得最佳的运输路线、最短的运输时间、最高的运输效率、最安全的运输保障和最低的运输成本。

在国际多式联运形式下，不论运输全程分几个区段，经过几种运输形式的转换，一切运输事项均由多式联运经营人负责办理，货主只需一次性订立运输合同，办理一次性托运，按统一费率支付运费，购买一次性保险。如果运输过程中出现责任问题，不论其发生在哪个运输区段，都由多式联运经营人负责。这种一个合同、一种单据、一种运费率的形式大大方便了货主。相对于货运代理，省去了一些烦琐的操作，为托运人或者发货人留下更多的时间去处理其他的事情。

1. 国际多式联运的运输组织形式

国际多式联运是采用两种或两种以上不同运输方式进行联运的运输组织形式。这里所指的至少两种运输方式可以是海陆、陆空、海空等。这与一般的海海、陆陆、空空等形式的联运有着本质的区别。后者虽也是联运，但仍是同一种运输工具之间的运输方式。众所周知，各种运输方式均有自身的优点与不足。一般来说，水路运输具有运量大、成本低的优点；公路运输则具有机动灵活、便于实现货物门到门运输的特点；铁路运输的主要优点是不受气候影响，可深入内陆和横贯内陆实现货物长距离的准时运输；而航空运输的主要优点是可实现货物的快速运输。由于国际多式联运严格规定必须采用两种或两种以上的运输方式进行联运，因此这种运输组织形式可综合利用各种运输方式的优点，充分体现社会化大生产、大交通的特点。

1）铁路与公路的复合运输

铁路与公路的联运系统（truck-rail）也称背载运输（piggy-back），例如，平车载运拖车（trailer-on-flat-car，TOFC），即是通过货车或公路货运与铁路所提供的运输服务方式。

2）铁路和海运的复合运输

最早期的铁路和水运所使用的联运系统是指：在河川或海洋间无可供铁路跨越的桥梁，便在水运码头由铁路货车驶入船舱内，由船舶越过江海。海路联运采用平车载运集装箱的联运方式（container-on-flat-car，COFC），则是于 1984 年由 APL（American president lines）海运公司开始，将其所载运的远东地区集装箱，由美国铁路以双层载集装箱车辆（double-stack train，DST），从西海岸运送到芝加哥、纽约等地，大受欢迎，现已成为普遍使用的复合运输形式。

另一广为采纳的集装箱陆桥运输系统（land bridge service），是指海运集装箱与横越大陆（land）的铁路运输联合。例如，从远东到欧洲的集装箱运输，若完全采用海运，可需先通过太平洋，绕经巴拿马运河，再通过大西洋到欧洲。但是由于行经巴拿马运河在时间与成本上都不太经济，所以改用铁路和海运的复合运输，即先将集装箱经太平洋运到美国东岸港口，由铁路横越美国，再以集装箱船经过大西洋运到欧洲，这称作集装箱的陆桥运输系统。

3）公路和海运的复合运输

公路与海运的复合运输称作船背运输（fishy back），是指船上无装卸货物的设施，直接将集装箱载运于货车拖车上，由岸上所架的跳板（ramp）驶入船舱，集装箱与拖车共同留在船上一起运载，待到达目的地靠岸后，再由拖车直接将集装箱拖出，故称驶进驶出（roll on/roll off，RO/RO）。

4）空运和公路的复合运输

航空货运因仅能降落于机场，所以都必搭配其他运输方式进行门到门的运输。空运和公路的复合运输称作鸟背运输（birdy back），使用于高价值货物的快速门到门运输，将货车直接驶入机舱，飞机卸货时再驶离机舱。货车与航空的货物联运，若有装卸货动作的，则称作路空联运（air-truck）。

5）空运和海运的复合运输

空运和海运的复合运输称作空桥运输（air-bridge），或称作海空联运（sea-air）。

多式联运的类型如表 9-2 所示。

表 9-2　多式联运的类型

运具	公路	铁路	海运	空运
公路	—	背载运输	船背运输	路空联运
铁路	背载运输	—	海路联运	—
海运	船背运输	海路联运 COFC	—	空桥运输
空运	路空联运	—	空桥运输	—

2. 多式联运业务关系方

国际多式联运，业务的参与方比较复杂，主要的相关关系如下。

1）多式联运经营人

国际货物多式联运公约有专门定义，多式联运经营人是与托运人进行签约，负责履行或组织履行联运合同，并对全程运输负责的企业法人和独立经营人。他可以是拥有或经营运载工具，如船舶、铁路、公路、航空、内河运输的某一区段的实际承运人，也可以是其本身不拥有或经营运载工具的货运代理人，实务中，以船舶运输公司为多式联运经营人和货运代理人，以无船承运人的身份从事多式联运经营活动者居多。他们在国际多式联运业务活动中，以本人或委托他人以本人的名义，与有关区段承运人订立分合同安排相关联运，与枢纽港和网络点，如码头、仓储、场站和内陆货站等订立分合同安排相关货物交接、装卸、存放与保管等相关业务。

那些不拥有经营性资产的货运代理人，以多式联运经营人的身份开展多式联运活动，其地位相当于一般承运人，在其接管货物后的整个掌管和运输过程中包括任何区段发生货物灭失、损坏，都应以承运人的身份负直接赔偿责任。

2）货物托运人与收货人

货物托运人和收货人是指货物实际托运人和实际收货人。与多式联运经营人的关系，前者是多式联运的业务委托关系和合同当事方；后者是多式联运合同涉及的第三方和在目的地享受货物提运权的关系人。

3）分合同方

分合同方包括区段承运人（如船舶所有人或经营人，铁路、公路、航空和江河运输经营人），以及非运载工具经营人（如集装箱场站、仓储经营人和转运代理人等）。与多式联运经营人签订分合同当事人应承担合同中所约定的责任部分。目前，国际通行的多式联运活动的"网状责任制"规定，如果货物的灭失或损坏发生的运输区段能够确定，多式联运经营人的赔偿责任和责任限额，适用调整该区段方式的有关法律。因此，当托运人向多式联运经营人提起索赔，对于认定的责任区段，多式联运经营人在承担分合同方，即区段承运人所负责任相同的赔偿后，可以根据分合同的约定，向认定责任的区段承运人进行追偿。

多式联运经营人与各相关方签订分合同，具体商定相互之间的权利、义务、责任，以及有关业务安排事项，不得影响多式联运经营人对于合同托运人应承担的全程运输责任，除非法律、法规另有规定。

4）其他有关方

其他有关方主要指那些与货物和国际多式联运活动相关的其他关系方，包括与货物进出口业务相关的货物保险与货物检验，以及其他责任保险方、进出口贸易监管、外汇控制机构、海关和理赔行等。

3. 国际多式联运的线路选择

国际多式联运的线路选择直接关系到货物运输的费用、时间和运输质量，也是多式联运经营人的服务能否使货主或托运人满意的最关键因素。综合各种运输因素考虑，哪家多式联运经营企业选配的线路最适合于货物的运输，哪家企业就能赢得最多的货主信任，从而提高企业的效益，所以做好线路的选择对整个多式联运来说有重要的意义。

通常，多式联运的运费由运输成本、经营管理费用和利润三项构成。多个多式联运经营人在竞争时，都应尽量地降低运输成本，使自己更具有竞争力。运输成本不能单纯地考虑运费这一单一因素，认为运费越低越好，还要考虑运输时间、运输质量等因素。也就是说几家多式联运经营企业在竞争时要考虑给不同的货物选配不同的运输线路。

选择运输线路需考虑的因素如下。

（1）运输费用。运费高低决定着多式联运经营企业的竞争力，是线路选择的决定性因素，包括各区段的运输费用、中转费用，以及必要时候的仓储费用。

（2）运输方式。根据货源结构、运输时间、运输批量、运输的出发地和目的地的不同，确定该运输线路的主要运输方式，以及与其配套的区段运输方式。例如，货物价值高、批量小、运送时间要求快的货物，主要运输方式可选用航空运输。

（3）运输时间。在运输途中，同一运输区段上两条线路的运输时间不仅仅包括各区段的运输时间，还包括中转站的中转时间、必要时候的仓储时间。

（4）运输质量。运输质量主要是指有没有货损和货物灭失。在运输途中，由于天气、海浪等不可抗力，货物会或多或少地受到损坏。运输质量较高的路线可以减少货物损失，因此，线路的运输质量是多式联运经营人选择线路时必须考虑的因素。

（5）服务水平。运输线路的服务水平主要包括过境口岸设施条件、手续便捷程度、运输信息的畅通和港口、场站的服务质量等方面。货物在港口、海关、公路、堆场等环节滞留的时间越长，货物运输过程中的成本就越高，导致多式联运企业竞争力下降。在现代社会中运输信息畅通也是十分重要的，畅通的运输信息可使多式联运经营人随时了解货物的运输状况，以便及时对突发性事件作出迅速的处理。所以，运输线路服务质量的高低也是多式联运经营人在选择运输线路时考虑的重要因素。

4. 国际多式联运业务流程

多式联运业务，从多式联运经营人角度，主要包括：与发货人订立多式联运合同，组织全程运输，完成从接货到交货过程的合同事项等基本内容。多式联运是依托不同运输方式，跨国、跨地区的物资流通业务。如把多式联运从货物接收到最后交付这一过程进行分解，则具体业务主要包括以下几方面。

（1）出运地货物交接，即托运人根据合同的约定把货物交至指定地点。若港口交货，货主可在港口办理出口报关手续；若内陆货站交货，通常由海关派员现场监装和办理出口报关手续。集装箱货物，箱子一般由多式联运经营人提供，发货人可自行装箱，也可委托多式联运经营人代为装箱。多式联运经营人接管货物时，应签发一份多式联运单据给发货人。单据是可转让的或不可转让的，由发货人选择。

（2）多式联运路线和方式的确定，与分包方签订货物联运合同。

（3）货物出口安排。对货物全程运输投保货物责任险和集装箱保险。

（4）通知转运地代理人，与分包承运人联系，及时做好货物过境或进口换装、转运等手续申办和业务安排。

（5）货物运输过程的跟踪监管，定期向发货人或收货人发布货物位置等信息。

（6）通知货物抵达目的地时间，并要求目的地代理人办理货物进口手续。目的地代理人也可根据收货人的委托，处理货物进口和提货相关事宜。例如，了解出口地备货与出运情况，与联运公司联系货物运输动态和及时进行到货通知，委托检验货物，办理提运货物手续等。若港口交货，在港口地报关后提运货物；若内陆目的地进行货物清关提取，则通常在入境地先办理保税运输手续，加封后运往内地，然后在目的地再办理报关手续。

此外，具体业务还包括结算费用、箱子跟踪管理、租箱与归还业务，以及货物索赔和理赔业务等。

9.4　国际货物储存

国际物流货物仓储工作同国际物流货物运输一样，都是对外贸易及国际物流不可缺少的环节。国际物流货物仓库不仅负担着进出口货物保管存储的任务，而且还担负着出口货物的加工、挑选、整理、包装、备货、组装和发运等一系列的任务。国际贸易和跨国经营中的商品从生产厂家或供应部门被集中运送到装运港口，有时需临时存放一段时间，再装运出口，它主要是在各国的保税区和保税仓库进行的，这又涉及各国保税制度和保税仓库建设等方面内容。

9.4.1　保税仓库

1. 保税仓库的概念

随着国际贸易的不断发展，贸易方式日益多样化，如进口原材料、配件进行加工装配后复出口，补偿贸易，转口贸易，期货贸易等灵活贸易方式。如果进口时要征收关税，复出时再申请退税，运作起来手续重复烦琐，加大整体成本，增加国际贸易的风险，不利于国际贸易的健康发展，针对此现象出现了保税仓库。

保税仓库是指经海关批准设立的专门存放保税货物及其他未办结海关手续货物的仓库。除非另有规定，货物进入保税仓库，在法律上意味着在全部储存期间暂缓执行该货物投入国内市场时应遵循的法律规定，也就是说这些商品仍然被看成处于境外，只有当货物从保税仓库提出时，才被当作直接进口货物对待。保税仓库的保税范围，各国并不完全相同。

保税仓库实际是口岸功能的延伸，保税仓库除了具有传统的保税仓储功能，还具有转口贸易、简单加工和增值服务、物流配送、商品展示等功能。在国际贸易中，除国家禁止进境货物，保税仓库货物一般不受仓库所在地国家的税费和进口许可证件管理制度的约束，所以许多企业常常通过保税仓库来合理规避国际市场价格风险和有关税费、贸易管制等，有力地促进了国际贸易的健康发展。

2. 保税仓库允许存放货物的范围

各国对保税仓库允许存放货物的规定不完全相同。在我国，保税仓库允许存放如下货物。

（1）暂缓纳税手续的进口货物。这类货物主要是指进口国工程、生产等紧急需要，由种种原因而造成的预先进口货物。这些货物储存在保税区内随用随取，而超出需求量的货物可免税退回。另外还包括进口国情况变化、市场变化，而暂时未能确定货物去向，需要先行存放的货物。

（2）需要进口技术处置的货物。有些货物在进入进口国后，由于与销售国的市场不符，需要换包装、改尺寸或进行其他相应的加工处理。这些货物可先进入保税仓库进行技术处理，等到符合相应的要求可以内销时再行完税，如果无法满足进口国的需要不能销售的货物则免税退回。

（3）来料加工复出的货物。为了鼓励"两头在外"国际贸易战略的实施，对有些来料加工，又在保税区或保税仓库完成加工，加工后直接出口的货物，可直接存放在保税仓库中。

（4）不内销而过境转口的货物。有些货物或无法内销，或在该区域存放有利于转口，或无法向第三国直接进口而需要转口，可暂时存放在保税仓库中。

9.4.2　货物进入保税仓库的程序

（1）填写保税报关单。申请货物保税者应填写保税报关单并一式三份，该报关单上应写明申报者有关履行法律规定的义务和承诺。报关单上除了有一般报关单所需要的所有内容，还应有从保税仓库提取货物时计税需要的一些详细情况。除公共保税仓库，存入保税仓库的申报都应该提供相应的担保。

（2）保管单签字。存入保税仓库货物的报关人应是货主本人或其授权的代理人，他们应在保管单上签字。在海关的规定中，允许报关代理人对价值在一定限额内的商品以本人的名义向海关申报。申报后，代理人有义务监督自己承诺的履行情况，并承担相应的法律责任。

（3）检验。在保管手续完成后，应对货物履行一定的验收手续，必要时还可采取取样、加封等保证海关监督权利有效实施的手续，以保证在脱离海关监管后仍可以对商品进行辨认。

（4）海关登记。存放在保税仓库的货物应由主管海关进行登记，并按加工业务的不同进行分类。货物的登记将在货物存放保税仓库期间继续记录相应的情况。相关的货物报关单经海关查验放行后，一份由海关留存，两份随货带交保税仓库。保税仓库经理人应于货物入仓库后即在上述报关单上签收，一份留存，一份交回海关存查。

9.4.3　货物在保税仓库内的储存

货物在保税仓库内允许进行一定的活动，但其活动不能影响其数量和质量。

1. 货物在保税仓库中的搬运

在大部分情况下，保税仓库的国外货物往往是以散装的形式进入，为了提高其投入国内市场时的质量必须对货物进行相应的包装。因此，货物必须在保税仓库中进行一些允许的处理。但是在对货物处理前，应提出相应的申请，除公共保税仓库，一切申请需担保，在原则上这种处理应在海关监管之下完成。

存入保税仓库的货物可以由存货人将所有权转让给第三方，这样可以促进仓储货物的商品化。进行货物转让时应填写专门的报关单，保证将出让人的义务转移到受让人身上。

存入保税仓库的货物在办理相关的手续后，可以进行转仓保管或转移到不同类型的保管仓库中。

2. 货物在保税仓库中的灭失

货物在保税仓库储存过程中，海关有权对货物进行各种必要的监管和清点。海关提出检查要求时，存货人应配合，查货物数量、质量与原货不符，存货人应承担补税义务及相应的法律责任。

对于存入保税仓库后未按期复运出口的货物，海关总署署长有权决定将其销毁，从而避免人为地拖延时间，将损坏的货物转为进口，减少纳税。但是，由于不可抗力原因造成货物灭失，保税仓库经营者和货主有权利享受免交这部分关税及相关的一些税赋。

3. 货物在保税仓库存放的期限

对于保税仓库内货物存放的期限各国有其具体的规定。我国《海关对保税仓库及所存货物的管理规定》中规定保税仓储货物存储期限为一年，确有正当理由的，经海关同意可予以延期；除特殊情况，延期不得超过一年。在限期内，货物需要转移到不同类型的保税仓库时，总期限不得超过其中最长一类规定时间。

9.4.4 货物流出保税仓库

保税仓库货物出库的流向多样，各个流向出库手续不尽相同。下面分储存后原物复出口、加工贸易提取后加工成品出口、向国内销售或使用三种情况介绍我国有关的保税仓库货物出库。

（1）原物复出口。存入保税仓库的货物在规定期限内复运出境时，货物所有人或其代理人应向保税仓库所在地主管海关申报，填写出口货物报关单，并提交货物进口时经过海关签章确认的进口报关单，经主管海关核实后予以验放有关货物或按转关运输管理办法，将有关货物监管运至出境地海关验放出境。复出境手续办理后，海关在一份出口报关单上加盖印章退还货物所有人或其代理人，作为保税仓库货物核销依据。

（2）加工贸易提取使用。从保税仓库提取货物用于来料加工，来料加工项目加工生产成品复出口时，经营加工贸易的单位首先按进料加工或来料加工的程序办理，向外经贸部门申请加工贸易合同审批，再持有关批件到主管海关办理合同登记备案，并在指定银行开设加工贸易银行保证金台账后，由主管海关核发《登记手册》。经营加工贸易单位持海关核发的《登记手册》向保税仓库所在地主管海关办理保税仓库提货手续，填写进料加工或来料加工专用。"进口货物报关单"和"保税仓库领料核准单"经海关核实后，在"保税仓库领料核准单"上加盖放行章。

（3）向国内销售或使用。存入保税仓库的货物需转为进入国内市场销售时，货物所有人或代理人应事先报主管海关核准并办理正式进口手续，填写"进口货物保管单"。对货物属于国家规定实行进口配额、进口许可证、机电产品进口管理、特定登记进口商品以及其他进口管理商品的，需要向海关提交有关进口许可证或其他有关批件，并缴纳该货物的进口关税和进口环节增值税、消费税。

保税仓库货物应按月向主管海关办理核销。经营单位于每月的前五天将上月所发生的保税仓库货物的入库、出库、结存等情况列表报送主管海关，并随同附上经海关签章的进口、出口报关单及"保税仓库领料核准单"等单证。主管海关对保税仓库入库、出库报表和实际进口、出口报关单及领料单进行仔细核对，必要时派人员到仓库实地核查有关记录和货物结存情况，核实无误后予以核销，并在一份保税仓库报表上加盖印章认可，退还保税仓库经营。

■ 本章小结

国际物流与国内物流相比有其自身的特点，如物流环境存在差异；国际物流不确定因素多，风险大；国际物流必须有国际化信息系统的支持；国际物流的标准化要求高等。

国际物流系统由商品的包装、储存、运输、检验、外贸加工和其前后的整理、再包装以及国际配送等子系统构成。

国际物流的流程与进出口程序类似，其基本业务主要有订单处理、运输和保险、理货、报关检验、支付、储存、销售等。

国际物流是指当生产和消费分别在两个或两个以上国家（或地区）独立进行时，为了克服生产和消费之间的空间隔离和时间距离，对物资（商品）进行物理性移动的一项国际商品贸易或交流活动，从而完成国际商品交易的最终目的，即实现卖方交付单证、货物和收取货款，而买方接受单证、支付货款和收取货物的过程。

理货是指船方或货主根据运输合同在装运港和卸货港收受和交付货物时，委托港口的理货机构代理完成的在港口对货物进行计数、检查货物残损、指导装舱积载、制作有关单证等工作。

理残是理货人员的一项主要工作，其工作内容是对船舶承运货物在装卸时，检查货物包装或外表是否有异常状况。理货人员在船舶装卸过程中，必须要剔除残损货物，记载原残货物的积载部位和残损情况，以便判断残损责任。

报关：进出口货物必须经设有海关的地点进境或者出境，进口货物的收货人或其代理人应当自运输工具申报进境之日起 14 天内，出口货物的发货人或其代理人应当在装货的 24 小时前向海关如实申报、接受海关监管。

■ 关键概念

国际物流　国际物流系统　报关　报检　国际多式联运　保税仓库

■ 思考题

1. 国际物流的含义和特点是什么？
2. 国际物流系统的组成有哪些？
3. 国际物流的基本流程是怎样的？
4. 国际物流的主要形式有哪几种？
5. 国际物流的发展趋势是什么？

■ 案例分析

"一带一路"与中欧班列

第10章

物流成本管理

➢ 本章导读

1. 了解物流成本的概念和含义，明确物流成本的特点及影响因素。
2. 明确物流成本的分类。
3. 掌握物流成本的计算方法。
4. 了解物流成本控制的原则和内容。
5. 掌握物流成本控制的基本程序。

10.1 物流成本概述

10.1.1 物流成本的概念及含义

1. 物流成本的概念

根据国家标准《物流术语》，物流成本可定义为"物流活动中所消耗的物化劳动和活劳动的货币表现"，是指物品在时间和空间的位移（含静止）过程中所耗费的各种劳动和资源的货币表现。具体地说，它是物品在实物劳动过程中，如包装、运输、存储、装卸搬运、流通加工等各个活动中所支出的人力、财力和物力的总和。

加强对物流费用的管理，对降低物流成本，提高物流活动的效益具有非常重要的意义。

2. 物流成本的含义

由于从不同的角度对物流成本进行观察和分析，分析考虑的角度不同，对物流成本的认识也就不同，物流成本的含义也就不同。从人们进行物流成本管理和控制的不同角度，把物流成本分成社会物流成本、货主企业物流成本和物流企业物流成本三个方面，如图10-1所示。

其中，社会物流成本是宏观意义上的物流成本，而货主企业物流成本以及物流企业物流成本是微观意义上的物流成本。社会物流成本是核算一个国家在一定时期内发生的物流总成本，是不同性质企业微观物流成本的总和，人们往往用社会物流成本占国内生产总值（gross domestic product，GDP）的比重来衡量一个国家物流管理水平的高低；制造企

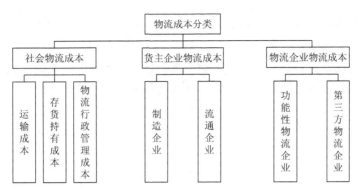

图 10-1　物流成本的分类及含义

业物流是物流业发展的原动力，而商品流通企业是连接制造业和最终客户的纽带，货主企业是物流服务的需求主体，同时也是运营管理的主体；物流企业物流成本是指提供功能性物流服务业务的物流企业（如仓储服务企业、运输服务企业等）和提供一体化物流服务的第三方物流企业在运营过程中发生的各项费用。

商品流通企业的物流可以看作制造企业物流的延伸，而物流企业主要是为商品流通企业和制造企业提供服务的，因此，物流企业物流成本可以看作货主企业物流成本的组成部分，而社会物流成本则是货主物流成本的综合。

10.1.2　物流成本的特点和影响因素

物流长期以来一直被认为是企业的第三利润源泉，在不少企业中，物流成本在企业销售成本中占了很大的比例，因而加强对物流活动的管理，关键是控制和降低企业各种物流费用。但是要加强物流成本管理，应先明确在当今企业活动中物流成本的特征与影响因素。

1. 物流成本的特点

从当今企业的物流实践中反映出来的物流成本的特点如下。

（1）在通常的企业财务决算表中，物流成本核算的是企业对外部运输业所支付的运输费用或向仓库支付的商品保管费等传统的物流成本，对于企业内与物流中心相关的人员费、设备折旧费、固定资产税等各种费用则与企业其他经营费用统一计算，因而，从现代物流管理的角度来看，企业难以正确把握实际的企业物流成本。先进国家的实践经验表明，实际发生的物流成本往往要超过外部支付额的 5 倍以上。

（2）在一般的物流成本中，物流部门完全无法掌握的成本很多，例如，保管费中过量进货、过量生产、销售残次品的在库维持以及紧急输送等产品的费用都是纳入其中的，从而增加了物流成本管理的难度。

（3）物流成本削减具有乘数效应，例如，如果销售额为 100 万元，物流成本为 10 万元，那么物流成本削减 1 万元，不仅直接产生了 1 万元的利益，而且因为物流成本占销售额的 10%，所以间接增加了 10 万元的利益，这就是物流成本削减的乘数效应。

（4）从销售关联的角度来看，物流成本中过量服务所产生的成本与标准服务所产生的成本是混同在一起的，例如，很多企业将销售促进费算在物流成本中。

（5）物流在企业会计制度中没有单独的项目，一般所有成本都列在费用一栏中，较难对企业发生的各项物流成本进行明确、全面的计算与分析。

（6）对物流成本的计算与控制，各企业通常是分散进行的，也就是说，各企业根据自己不同的理解和认识来把握物流成本，这样就带来了一个管理上的问题，即企业间无法就物流成本进行比较分析，也无法得出产业平均物流成本值。例如，不同的企业外部委托物流的程度是不一致的，由于缺乏相互比较的基础，无法真正衡量各企业相对的物流绩效。

（7）由于物流成本是以物流活动全体为对象，所以，它是企业唯一的、基本的、共同的管理数据。

（8）各类物流成本之间具有悖反关系，一类物流成本的下降往往以其他物流成本的上升为代价。

综合以上物流成本的特点可以看出，对于企业来讲，要实施现代化的物流管理，首先是全面、正确地把握包括企业内外发生的所有物流成本在内的企业整体物流成本，也就是说，要削减物流成本必须以企业整体成本为对象。另外，物流成本管理应注意不能因为降低物流成本而影响对用户的物流服务质量，特别是流通中多频度、定时进货的要求越来越广泛，这就要求物流企业能够对应流通发展的这种新趋向。例如，为了符合顾客的要求，及时、迅速地配送发货，企业需要进行物流中心等设施的投资，显然，如果仅仅为了减少物流成本而放弃这种投资，就会影响企业对顾客的服务水平。

2. 影响物流成本的因素

1）竞争性因素

企业所处的市场环境充满了竞争，企业之间的竞争除了产品的价格、性能、质量，从某种意义上来讲，优质的客户服务是决定竞争成败的关键。而高效物流系统是提高客户服务的重要途径。如果企业能够及时可靠地提供产品和服务，则可以有效地提高客户服务水平，这都依赖于物流系统的合理化。而客户的服务水平又直接决定物流成本的高低，因此，物流成本在很大程度上是由于日趋激烈的竞争而不断发生变化的，企业必须对竞争作出反应。影响客户服务水平的主要方面有以下几个因素。

（1）订货周期。企业物流系统的高效必然可以缩短企业的订货周期，降低客户的库存，从而降低客户的库存成本，提高企业的客户服务水平，提高企业的竞争力。

（2）库存水平。存货的成本提高，可以减少缺货的成本，即缺货成本与存货成本成反比。库存水平过低，会导致缺货成本增加；但库存水平过高，虽然会降低缺货成本，但是存货成本会显著增加。因此，合理的库存应保持在总成本最小的水平上。

（3）运输。企业采用更快捷的运输方式，虽然会增加运输成本，却可以缩短运输时间，降低库存成本，提高企业的快速反应能力。

2）产品因素

产品的特性不同会影响物流成本，主要有以下几点。

（1）产品价值。产品价值的高低会直接影响物流成本的大小。随着产品价值的增加，每一物流活动的成本都会增加，运费在一定程度上反映货物移动的风险。一般来讲，产品的价值越大,对其所需使用的运输工具要求越高,仓储和库存成本也随着产品价值的增加而增加。高价值意味着存货中的高成本,以及包装成本的增加。

(2)产品密度。产品密度越大,相同运输单位所装的货物越多,运输成本就越低。同理,仓库中一定空间领域存放的货物越多,库存成本就会越低。

(3)产品废品率。影响物流成本的一个重要方面还在于产品的质量,也即产品废品率的高低。生产高质量的产品可以杜绝因次品、废品等回收、退货而发生的各种物流成本。

(4)产品破损率。产品破损率较高的物品即易损性物品,对物流成本的影响是显而易见的,易损性的产品对物流各环节,如运输、包装、仓储等都提出了更高的要求。

(5)特殊搬运。有些物品对搬运提出了特殊的要求,如对长、大物品的搬运,需要特殊的装卸工具;有些物品在搬运过程中需要加热或制冷等,这些都会增加物流成本。

3)环境因素

环境因素包括空间因素、地理位置及交通状况等。空间因素主要指物流系统中企业制造中心或仓库相对于目标市场或供货点的位置关系等。若企业距离目标市场太远,交通状况较差,则必然会增加运输及包装等成本。若在目标市场建立或租用仓库,也会增加库存成本。因此环境因素对物流成本的影响是很大的。

4)管理因素

管理成本与生产和流通没有直接的数量依存关系,但却直接影响着物流成本的大小,节约办公费、水电费、差旅费等管理成本相应可以降低物流成本总水平。另外,企业利用贷款开展物流活动,必然要支付一定的利息(如果是自有资金,则存在机会成本问题),资金利用率的高低,影响着利息支出的大小,从而也影响着物流成本的高低。

10.2　物流成本分类

10.2.1　常见的分类方法

我国物流成本的核算范围还没有形成统一的规范。参照日本运输省流通对策本部制定的《物流成本计算统一标准》,适应我国物流管理的需要,物流成本可以从以下三个方面来分类计算。

1. 按物流范围分类

物流成本按照物流范围可以分为供应物流费、生产物流费、销售物流费、回收物流费和废弃物流费等五种。

(1)供应物流费。它是指从商品(包括容器、包装材料)采购直到批发、零售业者进货的物流过程中所产生的费用。

(2)生产物流费。它是指从购进的商品到货或由本企业提货时开始,直到最终确定销售对象的时刻的物流过程中所需要花费的费用,包括运输、包装、保管、配货等费用。

(3)销售物流费。它是指从确定销售对象开始,直到商品送交客户的物流过程中所需要的费用,包括包装、商品出库、配送等方面的费用。

（4）回收物流费。它是指材料、容器等由销售对象回收到本企业的物流过程中所需要的费用。

（5）废弃物流费。它是指在商品、包装材料、运输容器的废弃过程中而产生的物流费用。

2. 按物流支付形态分类

按物流支付形态的不同进行物流成本的分类，是以财务会计中发生的费用为基础，将物流成本分为本企业支付的物流费和其他企业支付的物流费；本企业支付的物流费又可以分为企业本身的物流费和委托物流费；其中企业本身的物流费又分为材料费、人工费、公益费、维护费、一般经费和特别经费等。

物流成本计算虽然属于管理会计的领域，但是要准确地掌握物流成本，就必须以企业财务会计为基础，从财务会计核算的全部相关项目中抽出其中所包含的物流费用。这虽然是物流成本核算中最困难的工作，却是最为重要的基础工作。如果没有从财务会计中抽出来的物流成本的费用资料，物流成本计算就只是一句空话。将从财务会计核算的项目中抽出来的物流成本分类为材料费、人工费、公益费、维护费、一般经费、特别经费和委托物流费以及其他企业支付的物流费，就是按支付形态不同对物流成本进行的分类。

（1）材料费。它是指因物料的消耗而发生的费用。由物料材料费、燃料费、消耗性工具、低值易耗品摊销以及其他物料消耗等费用组成。

（2）人工费。它是指因人力劳务的消耗而发生的费用，包括工资、奖金、福利费、医药费、劳动保护费及职工教育培训费和其他一切用于职工的费用。

（3）公益费。它是指为公益事业所提供的公益服务而支付的费用，包括水费、电费、煤气费、冬季取暖费、绿化费及其他费用。

（4）维护费。它是指土地、建筑物、机械设备、车辆、船舶、搬运工具、器具备件等固定资产的使用、运转和维修保养所产生的费用，包括维修保养费、折旧费、房产税、土地车船使用税、租赁费、保险费等。

（5）一般经费。它是指差旅费、交通费、会议费、书报资料费、文具费、邮电费、零星购进费、城市维护建设税、能源建设税及其他税款，还包括物资及商品损耗费、物流事故处理及其他杂费等一般支出。

（6）特别经费。它是指采用不同于财务会计的计算方法所计算出来的物流费用，包括按实际使用年限计算的折旧费和企业内利息等。

（7）委托物流费。它是指将物流业务委托给第三方物流企业时向其支付的费用，包括支付的包装费、运费、保管费、出入库手续费、装卸费、特殊服务费等。

（8）其他企业支付的物流费。它是指在物流成本中，还应当包括向其他企业支付的物流费。例如，商品购进采用送货制时包含在购买价格中的运费和商品销售采用提货制时从销售价格中扣除的运费等。在这些情况下，虽然表面上看本企业并未发生物流活动，但却发生了物流费用，这些费用也应该计入物流成本之内。

这种分类方法有两个优点。

（1）可以反映企业一定时期内在生产经营中发生了哪些费用，数额是多少，据以分析企业各个时期各种费用的构成和水平，还可以反映物质消耗和非物质消耗的结构和水平，有助于统计工业净产值和国民收入。

（2）这种分类反映了企业生产经营中材料和燃料动力以及职工工资的实际支出，因而可以为企业核定储备资金定额，考核储备资金的周转速度，以及编制材料采购资金计划和劳动工资计划提供材料。

但是，这种分类不能说明各项成本的用途，因而不便于分析各种成本的支出是否节约、合理。

3. 按物流功能分类

物流成本按其物流功能分为以下类别。

（1）运输成本。物流企业的运输成本主要包括以下几点：①人工费用，如工资、福利费、奖金、津贴和补贴等；②营运费用，如营运车辆的燃料费、轮胎费、折旧费、维修费、租赁费、车辆牌照检查费、车辆清理费、养路费、过路过桥费、保险费、公路运输管理费等；③其他费用，如差旅费、事故损失费、相关税金等。

（2）流通加工成本。流通加工成本构成内容主要有：流通加工设备费用、流通加工材料费用、流通加工劳务费用以及流通加工的其他费用。除上述费用，流通加工中耗用的电力、燃料、油料以及车间经费等费用，也应加到流通加工费用中。

（3）配送成本。配送成本是企业的配送中心在进行分货、配货、送货过程中所发生的各项费用的总和，其成本由以下费用构成：配送运输费用、分拣费用、配装费用。

（4）包装成本。包装成本一般包括以下几方面：包装材料费用、包装机械费用、包装技术费用、包装辅助费用、包装的人工费用。

（5）装卸与搬运成本。装卸与搬运成本构成内容主要有以下几方面：人工费用、固定资产折旧费、维修费、能源消耗费、材料费、装卸搬运合理损耗费用以及其他，如办公费、差旅费、保险费、相关税金等。

（6）仓储成本。仓储成本主要包括以下几个方面：仓储持有成本、订货或生产准备成本、缺货成本和在途库存持有成本。

物流成本按功能分类，反映了不同功能的费用，这种分类有利于成本的计划、控制和考核，便于对费用实行分部门管理和进行监督。

10.2.2　广义物流成本分类

以上狭义的物流成本分类方法，在一定程度上满足了企业统计计算物流成本的需要。但是值得注意的是：客户服务成本是企业在进行物流成本管理时必须要考虑的成本要素；各类物流成本之间具有此消彼长的关系，试图减少单个活动的成本也许会导致总成本增加，管理层必须考虑所有物流成本的总和，才能实现有效的管理和真正的成本节约。由于现有的物流成本分类方法不但忽略了客户物流成本，而且不能清楚地反映各类物流成本之间的悖反关系，因此，为了提升企业物流成本的管理效率，必须将物流成本管理的视角扩展到广义物流成本的范畴，并进行重新分类。

（1）客户服务水平。与不同客户服务水平相关的关键的成本权衡因素是丧失销售的成本。丧失销售的成本不仅包括失去的现有销售所带来的贡献，还包括未来的潜在销售。

企业可能由于以前顾客的反面口头宣传而丧失未来的销售机会。某一项评估表明，每个不满意的顾客会将他或她对于产品或服务的不满向平均其他九个人诉说。毫无疑问，要衡量客户服务的真实成本是很困难的。

因此，最好的办法是根据客户需要决定希望达到的客户服务水平，并考虑哪些需求将会如何受营销组合其他方面的开支的影响。正如前面所说的，其思想是在给定客户服务目标的前提下，使总成本最小化。因为其他五个主要的物流成本因素共同作用来支持客户服务，物流经理需要得到有关每个成本类别的开支的正确数据。

（2）运输成本。根据分析个体的不同，可以用多种不同的方法来考察支持运输的支出。运输成本可以按客户、生产线、渠道类型、运输商、方向（进货对发货）等分类。根据发运量、运输的重量、距离以及出发地和目的地不同，成本相应的变化很大。成本和服务还会随着所选择的运输方式的不同而发生大幅度的变动。

（3）仓储成本。仓储成本由仓储和储存活动以及工厂和仓库的选址过程所造成，包括由仓库数量和位置的变化而引起的所有成本。

（4）订单处理/信息系统成本。订单处理和信息系统的成本与如处理客户订单、配送信息和需求预测等活动相关。

（5）批量成本。主要的物流批量成本是由生产和采购活动所引起的。批量成本是和生产或采购相关的成本，随着生产批量、订单的大小或频率的变化而变化。

（6）库存持有成本。可能影响库存持有成本的物流活动包括库存控制、包装以及废品回收和废物处理。库存持有成本由许多因素组成，除销售的丧失成本，库存持有成本是最难确定的。

（7）包装成本。包装作为物流企业的构成要素之一，与运输、保管、搬运、流通加工均有十分密切的关系。包装是生产的终点，同时又是物流的起点，因而包装在物流中有非常重要的作用。

以上对广义物流成本的分类，将物流看成是一个完整的体系，并以给定企业的客户服务目标为前提。这种分类方法从各种物流活动和成本的关系出发，分析成本产生的原因，将总成本最小化，实现有效的物流管理和真正的成本节约。

■ 10.3　物流成本计算

10.3.1　物流成本计算的一般方法

1. 会计方式的物流成本核算方法

会计核算方法，就是通过凭证、账户、报表对物流耗费予以连续、系统、全面地记录、计算和报告的方法。会计方式的物流成本核算，包括两种形式。

（1）双轨制。即把物流成本核算与其他成本核算截然分开，单独建立物流成本核算的凭证、账户、报表体系。在单独核算的形式下，物流成本的内容在传统成本核算和物流成本核算中得到双重反映。

（2）单轨制。即物流成本核算与企业现行的其他成本核算，如产品成本核算、责任成本核算、变动成本核算等结合进行，建立一套能提供多种成本信息的共同的凭证、账户、报表核算体系。在这种情况下，要对现有的凭证、账户、报表体系进行较大的改革，需要对某些凭证、账户、报表的内容进行调整，同时还需要增加一些凭证、账户和报表。这种结合无疑是比较困难的，但并不是不可能的，因为企业物流成本的大部分内容包括在产品成本中，责任物流成本是责任中心成本的一部分，变动物流成本则是企业变动成本的一部分。

运用会计方式进行物流成本核算时，提供的成本信息比较系统、全面、连续，且准确、真实，这是其优点。但这种方法比较复杂，或者需要重新设计新的凭证、账户、报表核算体系，或者需要对现有体系进行较大的甚至可以说是彻底的调整。

企业物流成本会计核算是采用"单轨制"还是采用"双轨制"，应根据每个企业的具体情况而定。不过，从发展的观点来看，最好是采用单轨制会计核算方式。当然，采用单轨制会计核算方式还必须具备一定的条件：①核算人员必须有较高的业务素质；②企业管理基础工作必须比较健全；③管理人员必须具备综合的现代成本管理意识；④企业的成本工作必须实现标准化和现代化，有基本的组织保证。

2. 统计方式的物流成本核算方法

所谓统计方式，就是说它不要求设置完整的凭证、账户和报表体系，而主要是通过对企业现行成本核算资料的解剖分析，从中抽出物流耗费部分（即物流成本的主体部分），再加上一部分现行成本核算没有包括进去，但要归入物流成本的费用，如物流信息、外企业支付的物流费等，然后再按物流管理的要求对上述费用重新归类、分配、汇总，加工成物流管理所需要的成本信息。具体做法如下。

（1）通过对材料采购、管理费用账户的分析，抽出供应物流成本部分，如材料采购账户中的外地运输费，管理费用账户中的材料市内运杂费，原材料仓库的折旧修理费，保管人员的工资等，并按功能类别、形态类别进行分类核算。

（2）从生产成本、制造费用、辅助生产、管理费用等账户中抽出生产物流成本，并按功能类别和形态类别进行分类核算。例如，人工费部分按物流人员的人数比例或物流活动工时比例确定，折旧修理费用按物流固定资产占用资金比例确定。

（3）从销售费用中抽出销售物流成本部分，包括销售过程发生的运输、包装、装卸、保管、流通加工等费用，委托物流费按直接发生额计算。

（4）外企业支付物流费部分，现有成本核算资料没有反映。其中供应外企业支付的物流费可根据在本企业交货的采购数量，每次以估计单位物流费率进行计算；销售外企业支付的物流费根据在本企业交货的销售数量乘以估计单位物流费率进行计算；单位物流费率的估计可参考企业物资供应，销售给对方企业交货时的实际费用水平。

（5）物流利息的确定可按企业物流资产占用额乘以内部利率进行计算。

（6）从管理费用中抽出退货物流成本。

（7）废弃物物流成本对于企业来说，数额一般较小，可以不单独抽出，而是并入其他物流费用中。

委托物流费的计算比较简单，它等于企业对外支付的物流费用。而企业内部物流耗费及外企业支付物流费用的计算比较复杂，总的原则是单独为物流活动所耗费的部分直接计入；间接为物流活动所耗费的部分，以及物流活动与其他非物流活动共同耗费的部分，则按一定标准或比例，如物流人员的比例、物流工时比例、物流资金数额等分配计算。

与会计方式的物流成本核算比较起来，由于统计方式的物流成本核算没有对物流耗费进行连续、全面、系统的跟踪，所以据此得来的信息，其精确程度受到很大的影响，但正由于它不需要对物流耗费进行全面、系统、连续的反映，所以运用起来比较简单、方便。在会计人员素质较差、物流管理意识淡薄、会计电算化尚未普及的情况下，可运用此法，以简化物流成本核算，满足当前物流管理的需要。

3. 统计方式与会计方式相结合的物流成本核算方法

统计方式与会计方式相结合，即物流耗费的一部分内容通过统计方式予以核算，另一部分内容通过会计方式予以核算。运用这种方法，也需要设置一些物流成本账户，但不像第一种方法那么全面、系统，而且，这些物流成本账户不纳入现行成本核算的账户体系，对现行成本核算来说，它是一种账外核算，具有辅助账户记录的性质。具体做法如下。

（1）辅助账户设置。一般说来，企业应设置物流成本总账，核算企业发生的全部物流成本；同时按物流范围设置供应、生产、销售、退货、废弃物流成本二级账；在各二级账下按物流功能设置运输费、保管费、装卸费、包装费、流通加工费、物流管理费三级账，并按费用支付形态设置专栏。

（2）对于现行成本核算已经反映，但分散于各科目的物流费用，如计入管理费用中的对外支付的材料市内运杂费、物流固定资产折旧、本企业运输车队的费用、仓库保管人员的工资、产成品和原材料的盘亏损失、停工待料损失，计入制造费用的物流人员工资及福利费、物流固定资产的折旧修理费、运输费、保险费、在产品盘亏和毁损等，在按照会计制度的要求编制凭证、登记账簿、进行正常成本核算的同时，据此凭证登记相关的物流成本辅助账户，进行账外的物流成本核算。

（3）对于现行成本核算没有包括，但属于物流成本应该包括的费用，其计算方法与统计方式下的计算方法相同。

（4）月末根据各物流成本辅助账户所提供的资料编制范围类别、功能类别、形态类别等各种形态的物流成本报表。

这种方法的优缺点介于第一种方法和第二种方法之间，即它没有第一种方法复杂，但它也没有第一种方法准确、全面；与第二种方法比较，情形则恰恰相反。

10.3.2 物流成本核算的步骤

物流成本计算方法可以从"按支付形态不同分类"入手，从企业财务会计核算的全部相关科目中抽出所包含的物流成本，然后以表格的形式从不同角度逐步计算出各类物流成本。

1. 分类计算物流成本

按支付形态的不同分类将物流成本从各相关科目中抽出，并进行计算。

（1）材料费。材料费是由物流消耗而产生的费用。直接材料费可以通过用各种材料的实际消耗量乘以实际的购进价格来计算。材料的实际消耗量可以按物流成本计算期末

统计的材料支出数量计算，在难以通过材料支出单据进行统计时，也可以采用盘存计算法，即

$$本期消耗量=期初结存+本期购进-期末结存$$

材料的购进价格应包括材料的购买费、进货运杂费、保险费、关税等。

（2）人工费。人工费是指对物流活动中消耗的劳务所支付的费用。物流人工费的范围包括职工所有报酬（工资、奖金、其他补贴）的总额、职工劳动保护费、保险费、按规定提取的福利基金、职工教育培训费及其他。

在计算人工费的本期实际支付额时，报酬总额按计算期内支付该从事物流活动的人员的报酬总额或按整个企业职工的平均报酬额计算。职工劳动保护费、保险费、按规定提取的福利基金以及职工培训教育费等都需要从企业这些费用项目的总额中把用于物流人员的费用部分抽出来。但当实际费用难以抽出来计算时，也可将这些费用的总额按从事物流活动的职工人数比例分摊到物流成本中。

（3）公益费。公益费是指对公共事业所提供的公益服务（自来水、电、煤气、取暖、绿化等）支付的费用。严格地讲，每一物流设施都应安装计数表直接计费。但对没有安装计量仪表的企业，此部分费用可以从整个企业支出的公益费中按物流设施的面积和物流人员的比例计算得出。

（4）维护费。维护费根据本期实际发生额计算，对于经过多个期间统一支付的费用（如租赁费、保险费等），可按期间分摊计入本期相应的费用中。对于物流业务中可以按业务量或物流设施来掌握和直接计算的物流费，在可能的限度内直接算出维护费，对于不能直接算出来的，可以根据建筑物面积和设备金额等分摊到物流成本中。

折旧费应根据固定资产原值和经济使用年限，以残值为零，采用使用年限法计算，计算公式为

$$固定资产折旧额=固定资产原值/固定资产预计经济使用年限$$

对于使用年限长且有价格变动的物流固定资产折旧，可采用重置价格计算。

（5）一般经费。一般经费相当于财务会计中的一般管理费。其中，对于差旅费、交通费、会议费、书报资料费等使用目的明确的费用，直接计入物流成本。对于一般经费中不能直接计入物流成本的，可按职工人数或设备比例分摊到物流成本中。

（6）特别经费。特别经费包括按实际使用年限计算的折旧费和企业内利息等。

企业内利息在物流成本计算中采用与财务会计不同的计算方法。企业内部物流利息实际上是物流活动所占用的全部资金的资金成本。由于这部分资金成本不是以银行利率而是以企业内部利率来计算，所以称为企业内部物流利息。

利息在财务会计中是以有利率负债的金额为基础，根据融资期间和规定的利率来计算的。但在物流成本的计算中，企业内部物流利息却是以对固定资产征收固定资产占用税时的计价额为基础，对存货以账面价值为基础，根据期末余额和企业内利率来计算的。

企业内利息仅仅是以管理会计中资本成本形式加到成本中的，实质上是对物流占用资产的一种以整个企业内部平均利息率来计算的资本成本，因而它与实际支付的利息不同。

企业内部利息的计算，对物流作业中使用的固定资产（土地、建筑物、机械设备、

车辆等）以征收固定资产占用税时的评估价格乘以企业内利息率，对存货（商品、包装材料等）以账面价值乘以企业内利息率来计算。

（7）委托物流费。委托物流费根据本期实际发生额计算。包括托运费、市内运输费、包装费、装卸费、保管费和出入库费、委托物流加工费等。除此之外的间接委托的物流费按一定标准分摊到各功能的费用中。

（8）其他企业支付的物流费。其他企业支付的物流费，以本期发生购进对其他企业支付和发生销售对其他企业支付物流费的商品重量或件数为基础，乘以费用估价来计算。

其他企业支付的物流费的计算，必须依靠估价的费用单价，但当本企业也承担与此相当的物流费时，也可以用本企业相当的物流费来代替。

2. 编制各物流功能成本计算表

根据计算物流成本的需要，将以上通过计算得出的数据资料编制各物流功能的成本计算表。企业物流的运输费、保管费等每一种功能分别编制一张物流成本计算表。如果把所有的功能都作为成本计算对象，则要编制七张成本计算表。如果只计算其中某几项功能的费用，可根据实际需要填制。以运输成本为例，如表 10-1 所示。

表 10-1　运输费用计算表

				供应物流费	企业内物流费	销售物流费	退货物流费	废弃物物流费	合计
企业物流费	本企业支付物流费	企业本身物流	材料费						
			人工费						
			维护费						
			一般经费						
			特别经费						
			企业本身物流费						
		委托物流费							
		本企业支付的物流费							
	外企业支付的物流费								
	企业物流费总计								

可以汇总编制整个公司的物流成本计算表（按形态、范围），如表 10-2 所示。

表 10-2　物流成本计算表（形态别、范围别）

				供应物流费	企业内物流费	销售物流费	退货物流费	废弃物物流费	合计
企业物流费	本企业支付物流费	企业本身物流	材料费						
			人工费						
			维护费						

续表

			供应物流费	企业内物流费	销售物流费	退货物流费	废弃物物流费	合计
企业物流费	本企业支付物流费	企业本身物流	一般经费					
			特别经费					
			企业本身物流费					
		委托物流费						
		本企业支付的物流费						
	外企业支付的物流费							
	企业物流费总计							

如果要了解按物流功能、支付形态分类的物流成本，可以编制如表 10-3 所示的汇总表，明确看出哪种物流功能的成本最大，都发生在哪些物流活动中。

表 10-3　物流成本计算表（形态别、功能别）

支付形态 ＼ 功能			物品流通				信息流通费	物流管理费	合计
			包装费	运输费	保管费	装卸费			
企业物流费	本企业支付物流费	企业本身物流	材料费						
			人工费						
			维护费						
			一般经费						
			企业本身物流费						
		委托物流费							
		本企业支付的物流费							
	外企业支付的物流费								
	企业物流费总计								

也可以编制按物流范围、功能分类的物流成本汇总表，如表 10-4 所示。可以了解哪个范围、哪种功能的物流成本最大，并且还可以计算销售额与物流成本的比例。

表 10-4　物流成本计算表（范围别、功能别）

范围 ＼ 功能	物品流通				信息流通费	物流管理费	合计
	包装费	运输费	保管费	装卸费			
供应物流费							
企业内部物流费							
销售物流费							
退货物流费							

功能 范围	物品流通				信息流通费	物流管理费	合计
	包装费	运输费	保管费	装卸费			
废弃物物流费							
合计							
销售额							
销售成本							
销售数量							

■ 10.4 物流成本控制

10.4.1 物流成本控制的原则及内容

1. 物流成本控制的原则

为了有效地进行物流成本控制，由于物流成本管理与控制的系统性要求及物流成本自身的二律背反等规律，实际工作中应注意以下几个原则。

（1）物流成本控制与服务质量控制相结合。物流成本控制的目的在于加强物流管理、促进物流合理化。物流是否合理取决于两个方面，一是对客户的物流服务质量水平；另一个是物流成本的水平。如果只重视物流成本的降低，有可能会影响到客户服务质量，这是行不通的。一般来说，提高物流服务质量水平与降低物流成本之间存在着一种"效益悖反"的矛盾关系。也就是说要想降低物流成本，物流服务水平就有可能会下降，反之，如果提高物流服务质量水平，物流成本又可能会上升。因此，在进行物流成本控制时，必须搞好服务质量控制与物流成本控制的结合。要正确处理降低成本与提高服务质量的关系，从而在二者的最佳组合上，谋求物流效益的提高。

（2）局部控制与整体控制相结合。这里所说的局部控制是指对某一物流功能或环节所耗成本的控制，而系统控制是指对全部物流成本的整体控制。物流成本控制最重要的原则是对总成本进行控制。物流是以整个系统作为本质的，这就要求将整个系统及各个辅助系统有机地结合起来进行整体控制。例如，航空运输比其他运输手段的运费高，但航空运输可以减少包装费，保管费几乎为零，而且没有时间上的损失。因此，从总成本的角度看，不应单看运输费用的削减与否。从一定意义上说，采用总成本控制比局部物流功能的成本控制更为合适。例如，采取接受小批量订货、小批量发送的方针，交易额能够增加，销售费用也较便宜。但是，小批量会使发货次数增加，运输费用也会随之增加。因此，总成本的系统控制是决定物流现代化成败的决定性因素，物流成本控制应以降低物流总成本作为目标。

（3）全面控制和重点控制相结合。物流系统是一个多环节、多领域、多功能所构成的全方位的开放体系。物流系统的这一特点也从根本上要求我们进行成本控制时，必须遵循全面控制的原则。首先，无论产品设计、工艺准备、采购供应，还是生产制造、产品销售，抑或售后服务各项工作都会直接或间接地引起物流成本的升降变化。为此，要求对整个生产经营活动实施全过程的控制；其次，物流成本的发生直接受制于企业供、产、销各部门的工作，为此要求实施物流成本的全部门和全员控制；再次，物流成本是各物流功能成本所构成的统一整体，各功能成本的高低直接影响物流总成本的升降。为此，还要求实施全功能的物流成本控制；最后，从构成物流成本的经济内容来看，物流成本主要由材料费、人工费、折旧费、委托物流费等因素构成。为此，要求实施物流成本的全因素控制。

需要指出的是，强调物流成本的全面控制，并非将影响成本升降的所有因素事无巨细、一律平等地控制起来，而应按照例外管理的原则，实施重点控制。即要对物流活动及其经济效果有重要影响的项目或因素，如物流设备投资项目、贵重包装物、能源等或管理上有特殊规定的项目以及物流活动中那些数量大、金额大、连续出现的差异，严加控制。

（4）经济控制与技术控制相结合。这就是要求把物流成本日常控制系统与物流成本经济管理系统结合起来，进行物流成本的综合管理。物流成本是一个经济范畴，实施物流成本管理，必须遵循经济规律，广泛地利用利息、奖金、定额、利润等经济范畴和责任结算、绩效考核等经济手段。同时，物流管理又是一项技术性很强的工作。要降低物流成本，必须从物流技术的改善和物流管理水平的提高上下功夫。通过物流作业的机械化和自动化，以及运输管理、库存管理、配送管理等技术的充分应用，来提高物流效率，降低物流成本。

（5）专业控制与全员控制相结合。对于物流成本形成有关的部门（单位）进行物流成本控制是有必要的，这也是这些部门（单位）的基本职责之一，如运输部门对运输费用的控制、仓储部门对保管费用的控制、财会部门对所有费用的控制等。有了专业部门的物流成本控制，就能对物流成本的形成过程进行连续的全面的控制，这也是进行物流成本控制的一项必要工作。有了全员的成本控制，形成严密的物流成本控制网络，从而可以有效地把握物流成本过程的各个环节和各个方面，厉行节约、杜绝浪费、降低物流成本，保证物流合理化措施的顺利进行。

2. 物流成本控制的内容

在实际工作中，物流成本的控制可以按照不同的对象进行。一般来说，物流成本的控制对象可以分为以下几种主要形式。

（1）以物流成本的形成过程为控制对象。即从物流系统（或企业）投资建立，产品设计（包括包装设计），材料物资采购和存储，产品制成入库和销售，一直到售后服务，凡是发生物流成本费用的各个环节，都要通过各种物流技术和物流管理方法，实施有效的成本控制。

（2）以包装、运输、储存、装卸、配送等物流功能作为控制对象，也就是通过对构成物流活动的各项功能进行技术改善和有效管理，从而降低其所消耗的物流成本费用。

除了以上两种成本控制对象划分形式，物流系统还可以按照各责任中心（运输车队、装卸班组、仓库等）、各成本发生项目（人工费、水电气费、折旧费、利息费、委托物流费等）等进行成本控制，而这些成本控制的方式往往是建立在前面所述的物流成本管理系统的各种方法基础上的，需要与物流成本的经济管理技术有效地结合起来运用。

3. 物流成本控制应注意的问题

物流成本控制就是要在物流活动中，不断改善物流技术和物流管理，降低物流成本。现代物流成本意识的贯彻要注意以下几个方面。

（1）企业要从战略布局的高度定位物流成本控制。物流是企业经营战略的一部分，企业生产、经营的战略和策略决定了物流系统的运行模式，产品种类、服务项目和营销策略的改变都将导致物流成本的变化。因此，在进行各项战略决策时，需要将各项决策对物流的要求和对物流成本的影响纳入考虑范围。

（2）以理想物流成本为目标。要打破传统的"成本无法再降低"等观念的束缚，就必须以理想的物流成本为目标，时刻将理想物流成本作为行动指南，树立"物流成本降低无止境"的观念。例如，在库存管理中，以零库存为目标；在运输管理中，不出现空载等。

（3）形成全员式的降低物流成本格局。要最大限度地降低物流成本需要全体从事物流工作的员工的参与，每个员工都要具有降低物流成本的愿望和意识，并进行自我控制。另外，物流成本的发生不仅应由物流部门负责，也涉及企业的其他部门，因此，物流成本的降低还需要各部门的通力合作，以确保从总成本角度来降低物流成本。

（4）持续不断地降低物流成本。降低物流成本不应作为一时的权宜之计，应持续不断地进行。而且随着经济环境的变化，理想的物流成本也会不断变化，因此物流成本管理必须适时调整，才能满足现代成本管理的需要。

10.4.2 物流成本控制的程序

物流成本控制应贯穿于企业生产经营的全过程。物流技术的改善、物流管理方法的改变以及物流信息系统的运用等，都是为了提高物流服务水平和降低物流成本。因此，在物流技术的应用和物流管理过程中，实施全过程、全员参与的物流成本管理是有必要的。例如，在物流技术装备的改善决策中，要注意分析装备改善前的物流服务质量水平和物流服务成本水平，在实施改善后的物流服务质量水平和物流服务成本水平会是怎么样的，从而得到正确的物流决策。在日常的物流运作过程中，也要注意每项物流作业的物流服务成本水平，通过物流成本的分析，来不断地对作业进行改善。

1. 物流成本的全过程控制观念

物流成本控制按控制时间来划分，具体可分为物流成本事前控制、物流成本事中控制和物流成本事后控制三个环节。

1）事前控制

物流成本事前控制是指在进行物流技术或物流管理改善前，预测每种决策方案执行后的物流成本情况，对影响物流成本的经济活动进行事前的规划、审核，确定目标物流成本。它是物流成本的前馈控制。

2）事中控制

物流成本事中控制是在物流成本形成过程中，随时对实际发生的物流成本与目标物流成本进行对比，及时发现差异并采取相应措施予以纠正，以保证物流成本目标的实现，它是物流成本的过程控制。

　　物流成本事中控制应在物流成本目标的归口分级管理的基础上进行，严格按照物流成本目标对一切生产经营耗费进行随时随地的检查审核，把可能产生损失、浪费的苗头消灭在萌芽状态，并且把各种成本偏差的信息，及时地反馈给有关的责任单位，以利于及时采取纠正措施。

　　3）事后控制

　　物流成本事后控制是在物流成本形成之后，对实际物流成本的核算、分析和考核。它是物流成本的后馈控制，也是对各项物流决策正确性和合理性进行事后评价的重要环节。

　　物流成本事后控制通过对决策执行前和决策实行后发生的实际物流成本进行比较，也可以和预计的物流成本或其他标准进行比较，确定物流成本的节约或浪费，并进行深入的分析、考虑决策的正确性，并查明物流成本节约或超支的主客观原因，确定其责任归属，对物流成本责任单位进行相应的考核和奖惩。通过物流成本分析，为日后的物流成本控制提出积极改进的意见和措施，进一步修订物流成本控制标准，改进各项物流成本控制制度，以达到降低物流成本的目的。

　　2. 物流成本控制的基本程序

　　一般来说，物流成本控制应包括以下几项基本程序。

　　1）制定成本标准

　　物流成本标准是物流成本控制的准绳，是对各项物流成本开支和资源耗费所规定的数量限度，是检查、衡量、评估实际物流服务成本水平的依据。物流成本标准包括物流成本计划中规定的各项指标，这些指标通常都比较综合，不能满足具体控制的要求，这就必须规定一系列具体的标准。确定这些标准可以采用计划指标分解法、预算法、定额法等。在采取这些方法确定物流成本标准时，一定要进行充分的调查研究和科学计算，同时还要正确处理物流成本指标与其他技术经济指标的关系（如与质量、生产效率等关系），从完成企业的总体目标出发，经过综合平衡，防止片面性，必要时还应进行多种方案的择优选用。

　　2）监督物流成本的形成

　　这就是根据控制标准，对物流成本形成的各个项目，经常地进行检查、评比和监督。不仅要检查指标本身的执行情况，而且要检查和监督影响指标的各项条件，如物流设施设备、工具、工人技术水平、工作环境等，所以物流成本控制要与企业整体作业控制等结合起来进行。

　　物流相关费用的控制不仅要有专人负责，而且要使费用发生的执行者实行自我控制，还应当在责任制中加以规定。只有这样，才能调动全体员工的积极性，使成本的控制有群众基础。

　　3）及时揭示并纠正不利偏差

　　揭示物流成本差异，即核算确定实际物流成本脱离标准的差异，分析差异的成因，明确责任的归属。针对物流成本差异发生的原因，分析情况的轻重缓急，提出改进措施，加以贯彻执行。对于重大差异项目的纠正，一般采用下列步骤。

　　（1）提出降低物流成本的课题：从各种物流成本超支的原因中提出降低物流成本的

课题。这些课题首先应当是那些成本降低潜力大、各方关心、可能实行的项目。提出课题的要求，包括课题的目的、内容、理由、根据和预期达到的经济效益。

（2）讨论和决策：课题选定以后，应发动有关部门和人员进行广泛的研究和讨论。对重大课题，可能要提出多种解决方案，然后进行各种方案的对比分析，从中选出最优方案。

（3）确定方案实施的方法、步骤及负责执行的部门和人员。

（4）贯彻执行确定的方案：在执行过程中也要及时加以监督检查。方案实现以后，还要检查其经济效益，衡量是否达到了预期的目标。

4）评价和激励

评价物流成本目标的执行结果，根据物流成本绩效实施奖惩。

■ 本章小结

物流成本管理是物流管理的核心内容。无论采取什么样的物流技术与管理模式，其最终目的不是在于这种模式与技术本身，而是要在保证一定物流服务水平的前提下实现物流成本的降低。可以说整个物流技术和物流管理的发展过程就是不断追求物流成本降低的过程。

从人们进行物流成本管理的不同角度，把物流成本分成社会物流成本、货主企业物流成本（包括制造企业和商品流通企业）以及物流企业物流成本三个方面。

本章在对狭义物流成本进行分类的基础上，将物流成本管理的视角扩展到广义物流成本的范畴，并对物流成本进行了重新分类，以提升企业物流成本的管理效率。

物流成本计算的方法是主要有三种，有会计的方法、统计的方法以及会计与统计相结合的方法。

物流成本的控制可以按物流成本的形成过程对控制对象进行分析，也可以按包装、运输、储存、装卸、配送等物流功能对控制对象进行分析。除此之外，还可以从物流系统内部的责任中心（运输车队、装卸班组、仓库等）、各成本发生项目（人工费、水电气费、折旧费、利息费、委托物流费等）等角度进行分析，开展物流成本控制工作。

■ 关键概念

物流成本　客户服务水平运输成本　仓储成本　订单处理/信息系统成本　批量成本　库存持有成本　包装成本

■ 思考题

1. 什么是物流成本？
2. 影响物流成本的因素有哪些？

3. 简述物流成本的特征。

4. 如何对物流成本进行科学分类？

5. 简述物流成本的计算方法。

6. 物流成本的控制要遵循哪些原则？

7. 分别简述运输成本、仓储成本和配送成本的控制方法。

8. 如何理解物流成本控制的全过程控制观念？

案例分析

安利降低物流成本的秘诀

第 11 章

物流质量管理

➤本章导读

1. 了解物流质量的概念；了解企业物流质量管理的概念；了解企业物流质量保证的概念；了解物流标准化的概念。

2. 理解企业物流质量管理体系的基本构成；理解物流质量保证体系的基本构成；理解物流质量保证体系的运转方式；理解物流标准化的基本内容。

11.1 物流质量管理概述

11.1.1 质量的概念

质量，是指反映实体满足明确的和隐含的需要能力的特性之总和。

实体，指可单独描述和研究的物品或事件。实体可以是活动或过程，可以是产品（包括普通的产品和服务），可以是组织、体系或人，也可以是上述各项的任何组合。每一个实体都应有清楚的界定和描述。质量并不局限于产品和服务，而是一直扩展到活动、工程、组织和人的质量，也即所有事物的质量。

需要，一般指顾客需要，也可指社会的需要及第三方（不是供方，也不是顾客）的需要，在很多情况下，需要会随着时间而变化，这就意味着要对质量要求进行定期评审。需要一般分两种形式。

（1）明确需要。一般指在合同环境中，特定顾客对实体提出的明确的需要，这种需要通常以合同契约等方式予以规定。

（2）隐含需要。指顾客或社会对实体的期望，或指那些虽然没有通过任何形式给以明确的规定，但却是为人们普遍认同的、不需要事先申明的需要。

11.1.2 质量特性

实体的质量特性通常可概括为性能、合用性、可信性、安全性、环境、经济性和美学等方面。不同类型的实体，"需要"不尽相同，因而质量特性的表现也不完全相同。但不管是什么实体，实体质量特性的最佳组合，是实体满足需要的能力的最高水平，是供方应当向顾客提供的，也是顾客希望得到的实体质量。

（1）性能。性能，是指对实体的使用价值所提出的各项要求，就是实体适合使用的性能，也称为使用适宜性。

（2）寿命。寿命，是指实体使用价值的期限。

（3）可靠性。可靠性，是指实体在规定的时间内、规定的条件下，完成规定工作任务能力的计量值或可能性。一般讲，产品不仅出厂时各项性能指标需达到规定要求，而且还要做到"经久耐用"，即产品的精度稳定性、性能持久性、零部件耐用性好，能够在规定的使用期限内保持规定的功能。

（4）安全性。安全性，是指产品在操作或使用过程中保证安全的程度，对操作人员是否会造成伤害事故、影响人身健康、产生公害、污染周围环境等可能性。

（5）经济性。经济性，是指产品的结构、重量、用料等制造成本，以及产品使用过程的后续运转费用、维护修理费用、维持费用、运营费用等使用成本。作为产品实体的经济性，不仅是看制造成本，还要特别注意其使用成本，要看其寿命期的总成本。

11.1.3　物流质量及其管理

1. 物流质量的概念

物流是一个系统，由运输、仓储、包装、搬运、流通加工和信息等要素构成，贯穿在生产、分配、流通和消费的整个过程中。作为一个组成部分，物流质量是供应链上满足顾客要求，提升服务质量的重要环节之一。

物流质量具有系统概念，一方面，在物流活动过程中对物流涉及的相关商品、各工艺环节、各种资源、技术、设备等，其质量是有具体定性定量的质量标准描述，可以直接地确定质量规格和操作规程；另一方面，物流是为客户提供时间、空间效应的物流服务，需要根据客户的不同需求提供不同的服务，物流服务提供企业必须有一套完整的服务质量考核体系，物流服务质量将直接由客户根据满足其需求的期望来评价。

2. 物流质量的属性

反映服务质量要求的质量特性有功能性、经济性、安全性、时间性、舒适性和文明性。

（1）功能性：是指服务实现的效能和作用。例如，售货的功能是使顾客买到所需商品；交通运输的功能是把旅客和货物送达目的地；邮政通信的功能是传递有关信息；咨询的功能是帮助客户作出合理决策等。能否使顾客得到这些服务功能，是对服务的最基本要求。因此，功能性是服务质量的最基本特性。

（2）经济性：是指为了得到相应服务，顾客所需费用的合理程度。这里所说的费用是指服务周期总费用，即顾客在接受服务的全过程中，直接、间接支付的相关费用总和。如对于旅行社提供的旅游服务，顾客要考虑的不仅是一次性支付旅行社的费用，还要考虑虽然未包括在旅行社承诺的费用中，但却是旅游全过程中必须发生（或对旅游质量影响显著因而难以拒绝）的费用。只有正确了解所有费用，旅游者才可能对旅游商品的经济性作出正确的判断。

（3）安全性：是指服务供方在对顾客进行服务的过程中，保证顾客人身不受伤害、财物不受损坏的能力的水平。安全性的提高或改善和服务设施、环境有关，也和服务过程的组织、服务人员的技能、态度等有关。

（4）时间性：是指服务能否及时、准时、省时地满足服务需求的能力。在服务对象对服务质量的感觉或评价中，时间性质量特性常常是一个敏感因素。

（5）舒适性：是指服务对象在接受服务的过程中感受到的舒适程度。舒适性含义因服务不同而不同，但大体上包括服务设施是否适用、方便和舒服，服务环境是否清洁、美观和有秩序等。舒适性和服务的不同等级相对应，但任何等级的服务在舒适性上都应努力提高服务的舒适性。

（6）文明性：是指顾客在接受服务的过程中，满足精神需求的程度。能否营造一个自由、宽松的环境气氛和友好、和谐的人际关系，是服务竞争的一个重要手段。

3. 物流质量管理

物流质量管理（logistics quality management），通过制定科学合理的基本标准，对物流活动实施的全对象、全过程、全员参与的质量控制过程。

（1）物流质量管理的基本特点：①全员参与，物流管理的全员性，正是物流的综合性、物流质量问题的重要性和复杂性所决定的；②全程控制，物流质量管理是对物品的包装、储存、运输、配送、流通加工等若干过程进行的全过程管理；③全面管理，整体发展。影响物流质量的因素具有综合性、复杂性，加强物流质量管理就必须全面分析各种相关因素，把握内在规律。

（2）物流运作体系的质量考核指标：①运作质量指标，即衡量物流配送实物操作水平的质量指标；②仓储服务质量指标，即在仓储管理中对库存管理、理货操作等方面服务的监控指标；③信息服务质量指标，即对物流服务中客户预约、信息跟踪反馈、签收单反馈等信息服务质量的监控；④客户满意度监控指标，即关系到客户直观感受，由客户反馈的指标。

（3）物流运作质量指标考核需要注意的问题：①观念转变，树立现代物流整体质量管理思想；②根据实际需要和预期客户期望满足程度制定质量考核指标体系；③物流服务质量管理体系要素。

11.2 物流质量管理的内容

物流质量的内容涵盖对象质量、物流服务质量、物流工作质量和物流工程质量四个方面的内容，其核心部分是物流服务质量。物流质量既包含物流对象质量，又包含物流手段、物流方法的质量，还包括物流协作质量，因而是一种全面的质量观。

11.2.1 物流对象质量

物流对象质量，即物流活动搭载商品的质量保证及改善。商品是流通过程中的产品，其质量在生产企业严格的质量保证条例的要求下，出厂即具有本身的质量标准。

在物流过程中，必须采用一定的技术手段，保证商品的质量（包括外观质量和内在质量等）不受损坏，并且通过物流服务，再提高客户的愉悦性和满意度，实质上是提高了客户对产品质量的满意度。

另外，有的商品在交给用户使用后，需要持续的服务，只有高质量的服务，才能让用户用得放心，用得开心，才能留住用户。例如，汽车的消费，4S 店就是产品服务延续的一种组织。

11.2.2　物流服务质量

物流服务质量是指企业通过提供物流服务，达到服务产品质量标准，满足用户需要的保证程度，物流服务是顾客感知到的物流服务集合，它离不开生产和交易的过程，是在买卖双方相互作用的真实瞬间中实现的。因此，定义一个顾客感知的物流服务质量绝非易事。当 ISO 9000—1994 将产品的定义扩大为包括服务、硬件、流程性材料、软件或它们的组合后，流通企业可以通过 ISO 9000 认证来提高流通企业的服务质量，因为以 ISO 9000 为指导性标准将具有可操作性。

物流企业服务的基本内容包括运输、储存包装、装卸搬运、流通加工、配送、物流信息处理、物流系统设计以及其他的如市场调查与预测、库存决策决议、订货指导、业务过程诊断、各种代办业务等，物流服务质量体现在这一内容展开的全部过程中。

1. 物流服务的本质和特性

由于物流业与一般制造业和销售业不同，它具有运输、仓储等公共职能，是为生产、销售提供物流服务的产业，所以物流服务就是物流业为他人的物流需要提供的一切物流活动。它是以顾客的委托为基础，按照货主的要求，为克服货物在空间和时间上的间隔而进行的物流业务活动。物流服务的内容是满足货主需求，保障供给，即在适量性、多批次、广泛性上满足货主的数量要求，在安全、准确、迅速、经济上满足货主的质量需求。

按照服务经济理论，物流服务除了具有服务的基本性质，还具有从属性、即时性、移动性和分散性、较强的需求波动性和可替代性，所以，物流服务必须从属于货主企业物流系统。表现在流通货物的种类、流通时间、流通方式、提货配送方式都由货主选择决定，物流业只是按照货主的需求，站在被动的地位来提供物流服务；不能忽视物流服务是属于非物质形态的劳动，它生产的不是有形的产品，而是一种伴随销售和消费同时发展的即时服务，物流服务是以分布广泛、大多数是不固定的客户为对象，数量众多而又不固定的顾客的需求在方式上和数量上是多变的，它的移动性和分散性会使产业局部的供需不平衡，会给经营管理带来一定的难度。

2. 物流服务产品

将物流服务作为一个产品来研究时，就把物流服务看作可以生产、营销、消费的对象，它是各种有形和无形服务的集合。它包括核心服务、便利性服务和支持性服务。

物流核心服务是围绕输送、保管、装卸搬运、包装及相关信息活动进行的服务。

用来方便核心服务使用的附加服务称为便利性服务。

用来提高服务价值或者使服务与其他竞争对手相区别的服务称为支持性服务。

将物流服务作为一个产品来研究时，物流业服务领域的扩大、服务功能的增加应当围绕核心服务，增加便利性服务和支持性服务。从核心服务、便利性服务到支持性服务，物流服务的复杂程度也逐渐加大，形成了梯形的物流复杂程度层。

由于物流服务从属于货主企业物流，是伴随销售和消费同时发展的即时服务，将物流服务作为一种产品分析的同时，不能忘记物流服务必须以顾客为导向，即物流服务产品还是顾客感知的物流服务集合。为此，对物流服务产品的分析还必须注重顾客的感知，要分析核心服务及其他服务是如何被顾客接受的，买卖双方的相互作用是如何形成的，以及顾客在服务过程中是如何准备参与的。因为只有注重顾客的感知，才能使服务具有可接近性，使各种物流服务的使用感到便利，只有考虑了服务的可接近性、相互作用和顾客的参与，新的便利性服务和支持性服务才能够真正成为企业的竞争优势。

11.2.3 物流工作质量

1. 工作质量

工作质量，是指与质量有关的各项工作对产品质量、服务质量、过程质量的保证程度。无论是生产过程，还是服务过程，归根结底，都是由一些相互关联的、具有不同职能和方式的具体工作所组成的。由于这些工作之间的整体性，一件工作的失误可能会波及其他工作，从而导致过程质量的失控，最后影响到产品或服务的最终质量。对于企业来说，工作质量就是企业的管理工作、技术工作以及售后服务对提高产品质量、服务质量和提高企业经济效益的保证程度。

工作质量能反映企业的组织工作、管理工作、技术工作及售后服务工作的水平。工作质量的特点是它不像产品质量那样直观地表现在人们的面前，而是体现在一切生产、技术、经营活动之中，并且通过企业的工作效率和工作成果，最终通过产品质量和经济效益表现出来。

工作质量的特点是难以直接地、定量地描述和衡量的。一般来说，工作质量的好坏可以通过工作的成果（或效果）来间接考察，如广泛使用的合格率、错漏检率、返修率、投诉率、满意率等就是这一类工作质量考察指标，合格率、废品率、返修率的下降，就意味着工作质量的提高。另外，在一些场合，不能直接定出上述指标，则采用综合评分的办法来衡量。例如，工作质量的衡量可以通过工作标准，把"需要"予以定量，然后，通过质量责任制等进行评价、考核与综合评分。具体的工作标准，依照不同的部门、不同的岗位来确定。

2. 物流工作质量

物流工作质量指的是物流企业运作过程中，各环节、各工种、各岗位的具体工作质量。物流工作质量和物流服务质量是两个有关联但又不大相同的概念，物流服务质量水平取决于各个物流工作质量的总和，所以，物流工作质量是物流服务质量的某种保证和基础。通过强化物流管理，建立科学合理的管理制度，充分调动员工积极性，不断提高物流工作质量，物流服务质量也就有了一定程度的保证。所以，提高物流服务质量要从工作质量入手，把物流工作质量作为物流质量管理的主要内容及工作重点。

物流的工作质量涉及物流各环节、各工种、各岗位的具体工作质量，用绩效考评的办法来进行其物流工作质量的考核。在我国，对物流活动的绩效进行考核还比较少，考核的方法也比较少。这里，从物流企业项目运作出发，来制定考评供应链运行绩效的关键业绩指标（key process indication，KPI）体系。

3. 物流工作质量管理

物流工作质量管理，就是针对物流各环节、各工种、各岗位具体工作质量的管理，确定质量方针、目标和职责并在质量体系中通过如质量策划、质量控制、质量保证和质量改进，使其实施全部管理职能的所有活动。物流工作质量管理分为物流活动决策支持的工作质量管理、物流调度管理控制的工作质量管理和物流业务的工作质量管理三个组成部分，涉及物流组织的各级管理者和操作者的工作职责，由最高管理者领导，工作质量管理的实施涉及组织中的所有成员，同时在工作质量管理中要考虑到经济性因素。

物流活动决策支持的工作质量管理是物流企业高级管理者工作质量的管理，对物流活动和物流业务的绩效进行评估和成本——收益分析工作质量进行管理，以及对由此而涉及的企业高层领导及管理人员的决策、管理质量进行有效的管理。涉及物流体系的设计和评估质量的管理，包括战略性规划和供应链合作伙伴之间的费用、资源关系，物流系统最低成本的实现等管理工作的质量管理，它不仅是企业当前总体运行质量的集中表现，而且是企业长期发展目标的可行性管理的科学管理支持依据。

物流调度管理控制的工作质量管理是对企业中层管理工作者的工作质量的管理，它是为了实现企业目标有效利用资源的具体过程的工作质量的管理。

物流业务的工作质量管理是物流企业基层具体物流业务操作者的工作质量的管理，它是确保某项特定的业务能够有效地、有效率地执行的工作质量的管理。

11.2.4 物流工程质量

1. 工程及工程质量

工程活动是现代社会存在和发展的基础，现代工程深刻改变着人类社会的物质生活面貌，世界各国现代化的过程在很大程度上就是进行各种类型现代工程的过程。

工程是指与生产实践密切联系，运用一定的科学技术方法及各种功能设施，组成有机的一个系统功能的整体，得以实现的活动。

工程质量是指工程在建设过程中，各阶段、各构成部件或子系统"符合规格"和"符合期望"的工作目标质量的总和。在实际工作中，工程设计人员根据客户的需要，确定工程的特点，确定工程质量的管理方法、措施以及质量的目标，"符合规格"即指工程的质量符合所制定的质量目标的程度。而"符合期望"则是工程设计人员直接采用客户的"期望值"作为工程的目标质量，客户成为最终质量的评审者、考核者，管理人员在质量的评估过程中，分析易量化的主观因素对客户评估的影响，这样，管理人员就能根据客户认为重要的因素判断工程的质量，"符合期望"需要管理人员密切关注工程所处的外部环境，关注影响工程质量的方方面面的因素。

工程质量如同产品质量一样，也有自己的形成规律。工程质量不是检验出来的，也不是宣传出来的，工程质量是工程建设全过程实现的结果，有一个产生、形成到实现的过程，在这一过程中的每一个环节都直接或间接地影响到工程质量。

2. 物流工程质量的定义

物流工程是流通领域及其他有物流活动领域的工程系统。对流通领域而言，是这一领域独特的工程系统，主要作用是支持流通活动，提高活动的水平并最终实现交易物的有效转移。

物流工程是支撑物流活动的总体的工程系统，可以分成总体的网络工程系统和具体的技术工程系统两大类别。实际上，任何物流企业的物流运作，包括第三方物流企业接受外包的物流运作，不可能是空手运作，必须依靠有效的工程系统来实现这种运作，当然，工程系统有可能是自建的，世界上很多大型物流公司都有自己的仓库、配送中心、机场、货机等工程设施，有些则需要依靠组织的办法来利用别人提供的工程设施，国家建设的物流设施基础平台，就是这么一种基础的工程设施。任何物流企业都必须依靠有效的工程系统来保证高质量的服务。

工程设施、技术装备的质量从根本上决定物流整体质量，因而需要对其进行有效控制。很明显，工程设施的水平和质量，可以从根本上决定物流的水平和质量，如采用大型集装箱联运系统之后，就基本杜绝了物流过程中单件货物的丢失，就是工程系统所起作用的实例。

对于生产企业而言，其内部的物流很难利用国家提供的基础工程设施的平台，也很难利用社会上营业性的工程设施，在这种情况下就需要自己建设一套工程系统。这一套物流工程系统将会是决定企业物流水平的非常重要的基本因素。

所以，和产品生产的情况类似，物流质量不但取决于物流服务质量、物流工作质量，而且取决于物流工程质量，优良的工程质量对于物流质量的保证程度，受制于物流技术水平、管理水平、技术装备。好的物流质量，是在整个物流过程中形成的，要想能"事前控制"物流质量，预防物流损失，必须对影响物流质量的诸因素进行有效控制。提高工程质量是进行物流质量管理的基础工作，提高工程质量，就能做到"预防为主"的质量管理。

3. 物流工程质量管理

物流工程质量管理，就是指工程设施、技术装备质量的综合管理。物流工程质量管理需要强调以下几个方面的工作。

（1）预防为主，不断改进。好的物流工程质量是设计、生产、实施出来的，不是靠最后检查出来的。根据这一基本原理，物流工程质量的管理要求把管理工作的重点，从"事后把关"转移到"事先预防"上来。从"管结果"变为"管因素"，实施"预防为主"的方针，将不合格工程质量消灭在物流工程建设的过程之中，做到"防患于未然"，但仍要加强各环节的质量检验职能。

（2）严于律己，用户至上。实行物流工程建设全过程的管理，要求所有各个环节都必须树立"下一环节就是用户""严于律己，用户至上"，努力为下一个环节服务的思想。现代物流工程建设是一环扣一环的，前一个环节的质量影响后一个环节的质量，一个环节的质量出了问题，就会影响整个生产过程以至产品质量。因此，要求每一个环节成果的质量都能经得起下一个环节（用户）的检验，满足下一个环节的要求。在有些优质物流工程建设过程中的许多环节，特别是一些关键环节中，开展复查上一环节的工作，保证本环节质量优质、准时为下一环节服务的活动，并经常组织上下环节、相关环节之间的互相访问和互提质量保证，最后保证优质物流工程的建设。

（3）用事实和数据说话。就是要求在物流工程建设的质量管理工作中，具有科学严谨的态度和作风，不能满足一知半解和表面现象；要对问题进行深入分析，除定性分析，还要尽可能定量分析，做到心中有数，避免主观性、盲目性。

（4）质量第一。任何物流工程的建设都必须达到要求的质量水平，否则就没有或未完全实现其使用价值，从而给物流的具体业务造成麻烦，带来不必要的损失。从这个意义上讲，物流工程的建设必须把质量放在第一位。

贯彻质量第一，要求参与物流工程建设和使用的相关企业的所有员工，尤其是领导干部，要有强烈的质量意识。相关企业在从事物流工程建设的各个环节时，首先应根据物流工程建设的要求，科学地确定质量方针并安排人力、物力、财力，以保证生产出优质产品。

（5）以人为本，科学管理。在质量管理诸要素中，人是最活跃、最重要的因素。质量管理是人们有目的的活动，要搞好质量管理工作，必须树立以人为主体的管理思想。

（6）质量与经济的统一。质量第一、质量至上，从经济的角度出发，应该是质量与成本统一，确定最适宜的质量标准。物流工程质量管理者应追求的是，在满足需求条件的前提下尽可能减少投入，完成适宜、物美、价廉的产品，以取得高质量与高性价比的统一。根据这一思想，既不可以片面追求过剩质量，而使成本大大提高，也不应该为了降低成本，而使质量降低，影响质量的适宜性。

■ 11.3　物流质量管理体系

11.3.1　物流质量管理体系概述

物流质量体系，就是指为实施物流质量管理所需的物流企业结构、程序、过程和资源。物流质量体系是物流质量管理的核心，是组织机构、职责、权限、程序之类的管理能力和资源能力的综合体。物流质量体系又是物流质量管理的载体，是为实施物流质量管理而建立和运行的，因此，一个组织的物流质量体系，包含在该组织质量管理范畴之内，但不包括质量方针的制定。任何一个物流企业都存在着用于质量管理的组织结构、程序、过程和资源，也就必然客观存在着一个质量体系。组织要做的是使之完善、科学和有效。组织的质量体系的建立、健全必须根据本组织的具体特点和内、外部环境考虑。因此，每个组织不能也不应该采用同样的质量体系模式。

1. 物流质量体系的形式

（1）物流质量管理体系。它是供方根据本组织质量管理的需要而建立的用于内部管理的物流质量体系。ISO 9004 标准为任何一个组织提供了建立质量管理体系的指南。

（2）物流质量保证体系。它是用于外部证明的质量体系，即当需方对供方提出外部证明要求时，为履行合同、贯彻法令和进行评价，供方为了向需方提供实施有关体系要素的证明或证实而建立的质量体系。

2. 物流质量管理体系的内涵

（1）物流质量管理体系由物流质量管理体系要素组成。物流质量管理体系是企业中所有与质量有关的要素，即物流质量管理体系要素，为确保物流商品和物流服务质量满足顾客需要这一共同目的而构成的企业质量管理工作的整体。常见的物流质量管理体系要素包括：各类物流质量管理活动及内容、为实施物流质量管理所建立的组织机构、面向质量形成过程和质量管理活动的各种作业程序以及对质量形成过程中所需的种种资源的管理活动和程序等。

（2）推行全面质量管理，必须首先建立质量方针并制定质量目标。对于任何一个组织，要推行全面质量管理，必须首先建立质量方针，制定质量目标，并且要在质量方针的指导下，为所制定的质量目标，对物流企业中所有与质量有关的活动和工作内容进行有效管理。所有这些面向质量的管理活动和内容构成了质量管理体系的基本要素。

（3）物流质量管理体系的主要内容。推行全面质量管理，必须设置组织机构，明确隶属关系和管理职责，以理顺从事各种质量活动的渠道；必须对产品形成过程中要用到的所有的资源进行有效控制和科学管理，以为形成高质量的产品提供积极支持；而且，要通过程序的制定以给出从事各种质量活动的工作方式，使各项质量活动有章可依、有法可循，从而经济、有效、协调地进行。

为实现质量的持续改进和不断提高，应对各项与质量有关的活动和行为进行监测、控制和分析，以确保其符合性和实现改进。

（4）物流质量形成全过程的管理。物流质量管理体系通常紧紧围绕着物流质量形成的全过程，涉及物流商品和物流服务实施的全部阶段，从最初的识别市场需要到最终满足要求的所有过程。物流质量管理体系对影响质量的各个环节都要考虑，从组织结构、管理职责、物流服务的形成过程和资源等方面，对如何确保物流质量进行规定，并形成文件，即质量管理体系文件，以规范企业的质量管理工作。

（5）一个组织通常只有一个质量管理体系。原则上，一个企业只有一个质量管理体系。物流质量管理体系的基本组成，即组织结构和管理职责、资源以及通用性管理和技术程序，对各种产品基本上一致，各种产品不同的只是专用的技术、管理文件和相应的作业活动。因此，物流质量管理体系是为实施质量管理而建立的有机整体，它应覆盖企业所有的物流服务体系，而不是按单一物流服务产品建立质量管理体系。

11.3.2　物流质量管理体系的组成和结构

作为建立质量方针和质量目标并实现这些目标的相互关联、相互作用的一组要素，质量管理体系整体上应分为四大部分，即管理职责、资源管理、过程管理以及测量、分析与改进。它们构成了质量管理体系的四大整体要素。质量管理体系的四个整体要素的相互间关系如图 11-1 所示。

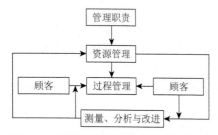

图 11-1　物流质量管理体系四要素的关系

1. 管理职责

管理职责作为质量管理体系的一大整体要素，从组织机构的设置、领导者的职责和权限、质量方针和质量目标的制定，以及如何有效地在一个组织实施质量管理进行了规定。其目的是通过组织机构的合理设置，领导者职责和权限的有效分配和控制，制定切实可行的质量方针和目标，并在方针和目标的指导下开展各项质量管理活动，以及通过使质量管理科学化、规范化，使组织的质量管理达到要求并获得持续改进。管理职责的基本内容是制定质量方针，确定质量目标，并积极进行质量的策划，另外还涉及文件和质量记录的有效控制。对质量管理体系进行评审，以确保质量管理体系的适宜性、充分性和有效性是管理职责的另一项必不可少的内容。通常，管理职责的实施和运作通过组织机构的设置和运作来实现。

组织的最高管理者要对产品质量全面负责。各职能部门和各类人员的质量责任也要落实。在落实质量责任时，首先确定组织所有与质量有关的活动，然后，通过协调把这些质量活动的责任落实到各职能部门，并明确规定领导和各职能部门的质量责任。各职能部门再通过制定岗位责任制和各项质量活动的控制程序（标准、制度、规程），明确规定从事各项质量活动人员的责任和权限，以及各项活动之间的关系。

物流企业的最高管理者应通过以下活动，对其建立、实施质量管理体系并持续改进其有效性的承诺提供证据。

（1）向组织传达满足顾客和法律法规要求的重要性。

（2）制定质量方针。

（3）确保质量目标的制定。

（4）进行管理评审。

（5）确保资源的获得。

物流企业的最高管理者是指在物流企业中最高层指挥和控制组织的一个人或一组人，应做出建立、实施质量管理体系并持续改进质量管理体系有效性的管理承诺，并提供开展以下活动的证据。

（1）通过"与产品有关要求的确定""内部沟通""设计和开发的输入""顾客满意"及会议传达、标语宣传等向组织的全体员工及时传达满足顾客、法律法规要求的重要性。

（2）制定质量方针。

（3）确保各职能层次制定合适的质量目标。

（4）对质量管理体系的适宜性、充分性、有效性进行评审，确定改进的机会并予以实施，使管理承诺得到落实。

（5）确保获得建立、实施质量管理体系并持续改进其有效性的资源。

2. 资源管理

资源，是物流质量体系的组成和基础。为了实施质量方针并达到质量目标，管理者应确定资源要求并提供必需的充分而且适宜的基本资源。

资源管理是质量管理体系的主要内容。物流商品和物流服务的形成过程是利用资源实施增值转换的过程。离开资源，形不成物流商品，同样也实施不了物流的服务。资源是物流产品和物流服务形成的必要条件，资源的优劣程度以及资源管理水平的高低，对物流产品质量和物流服务质量的形成有着十分密切的关系。为了实施质量方针并达到质量目标，物流企业的领导应保证必需的各类资源，并实施积极、高效的资源管理。

资源管理的主要内容包括人力资源、资源供给、工作环境、基础设施、自然资源、客户资源、财力资源、市场信息、合作者和竞争对手的关系管理等方面的内容。

11.4 物流质量保证体系

11.4.1 物流质量保证体系概述

1. 物流质量保证

物流质量保证，是企业对客户在物流产品和物流服务质量方面提供的担保，保证客户购得的物流产品和物流服务的质量可靠，使用正常，满足需求。从系统的观点看，它还包括上工序向下工序提供半成品和服务，要符合下工序的质量要求，即上工序向下工序提供质量担保。

物流质量保证，实质上体现了物流企业和客户之间的关系，上下工序之间的关系。它通过质量保证的有关文件或担保条件（如保单、质量保证书、质量契约）把物流企业和用户或消费者联系起来，取得用户的信任，使客户对物流企业所提供的产品和服务的质量确认可靠，物流企业也可以以此提高其竞争能力，赢得更多的用户，获得更大的经济效益。为了提供证实，物流企业必须开展有计划和有系统的活动。

（1）提供充分必要的证据和记录。为了"证实"，必须提供充分必要的证据和记录。同时还必须接受评价，如用户、第三方、物流企业最高管理者组织实施的质量审核、质量监督、质量认证、质量评审等。

（2）建立有效的质量保证体系。为组织实施"全部有计划和有系统的活动"，物流企业内应当建立一个有效的质量保证体系（模式）。这个质量保证体系应当能够基本满足不同用户、不同第三方可能提出的具体质量保证要求。

由于目的不同，物流质量保证分为内部质量保证和外部质量保证。

（1）内部质量保证。内部质量保证，是指为了使本物流企业最高管理者对物流企业具备满足质量要求的能力树立足够的信任所进行的活动，如质量审核、质量体系审核、质量评审、工序质量验证等。内部质量保证是企业质量管理职能活动的重要内容，在合同环境和非合同环境下都应开展。

（2）外部质量保证。外部质量保证，是指为了使用户或第三方对供方具备满足质量要求的能力树立足够信任所进行的活动，其目的是使用户或第三方对供方的质量管理有效性和可靠性产生信任感。外部质量保证经常用于合同环境。在外部质量保证活动中，首先应把用户对供方的质量体系要求（包括一般要求和特殊要求）列入合同；然后，根据合同对供方的质量体系进行验证、审核和评价。供方应向用户或第三方提供有关质量体系能满足合同要求的证据，如质量手册、程序性文件、质量计划、质量凭证与记录、见证材料等。

2. 物流质量保证的方法

质量保证的方法由以下一些活动组成。

（1）预先规划。在编写质量规划时应预先提出针对可能出现质量问题的纠正措施，应单独形成质量保证大纲，形成质量标准。

（2）技术检验。通过测试、检查、试验等检验手段确定质量控制结果是否与要求相符。

（3）正确确定保证范围和等级。质量保证范围和等级要力求相当，范围小了，等级低了，可能达不到全面质量要求；范围大了，等级高了，会增加管理的工作量和费用。等级划分应依据有关法规进行，如核电站按国家核安全法规划分为质保一级、质保二级和质保三级。

（4）物流质量活动分解。从供应链的角度出发，对与物流质量有关的活动逐层分解，直到最基本的质量活动，以实施有效管理和控制。有多种分解形式，矩阵式是常用的形式，例如，可以物质（设备、材料、部件、系统、结构等）和服务（设计、制造、采购、仓储、装卸、搬运、订单处理、配货、运输等）为列，以管理活动为行，行列相交点构成各种质量活动。

3. 物流质量保证体系的组成部分

物流质量保证体系，是企业以保证和提高产品质量为目标，运用系统概念和方法，依靠必要的组织机构，把各个部门、各环节的质量管理活动严密地组织起来，形成一个有明确的任务、职责、权限，互相协调、互相促进的质量管理的有机整体。物流质量保证体系的基本组成部分是：供应物流质量管理、生产物流质量管理、销售物流质量管理（图 11-2）。

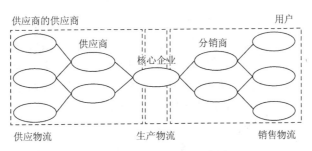

图 11-2　物流质量保证体系

1）供应物流质量管理

对于物流核心企业来说，供应物流是其生产资料、生产辅料、生产工具以及备品备件保障条件，具体涉及进货、运输、配送、搬运、检验储存、盘点、订单处理、拣选、补货等作业，每一种作业都需要相应的质量控制条例来加强质量的管理。

2）生产物流质量管理

工业产品正式投产后，能不能保证达到质量标准，这在很大程度上取决于生产车间技术能力以及制作过程的质量管理工作水平。生产制造过程中的质量管理要加强工艺管理，严格工艺纪律，使生产制造过程中经常处于稳定的控制状态。为了保证工艺加工的质量，还必须搞好文明生产，配置工位器具，保证通道畅通和生产场所的整齐清洁，使工艺过程有一个良好的条件和环境。

为了保证产品质量，必须根据组织的技术标准，对原材料、在制品、半成品、产品乃至生产工艺过程的质量都要进行检验，严格把关。保证不合格的原材料不投产，不合格的零部件不转序，不合格的半成品不使用，不合格的成品不许出厂，也不计算产值、产量。质量检验的目的不仅要挑出废品，而且要搜集和积累大量反映质量状况的数据资料，为改进质量、加强质量管理提供信息和情报。大规模的工业生产，每一个零件，每一道工序，都要依靠专职检验人员，也是不可能的。企业产品质量的好坏，归根到底还决定于操作工人。因此质量检验工作，除了要有一支有经验的专业队伍，还要广泛地发动生产工人参加，实行专职的人员检验和生产工人自检、互检相结合的三检制度。

3）销售物流质量管理

销售物流即产品自生产企业生产完成，通过运输、仓储、转运、配送、零售到消费者进行消费，完成产品周期使用价值的全过程，不同的商品有不同的流通渠道，每一步都需要有相应的销售物流质量控制条例来控制其质量。

11.4.2　物流质量保证体系运转的基本方式

物流质量保证体系运转的基本方式是 PDCA 的管理循环不停顿、周而复始地运转。它反映了质量保证体系活动所应遵循的科学程序。

PDCA 循环，也称为戴明环活动，就是质量管理活动所应遵守的科学工作程序，是全面质量管理的基本工作方法。它是由美国质量管理统计学专家戴明在 20 世纪 60 年代初创立的。

PDCA 循环中的四个英文字母分别是 P 表示 plan（计划）、D 表示 do（执行）、C 表示 check（检查）、A 表示 action（处理）的缩写。它反映了质量改进和完成各项工作必须经过的 4 个阶段。这 4 个阶段不断循环下去，周而复始，使质量不断改进。PDCA 管理循环如图 11-3 所示。

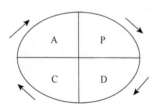

图 11-3　PDCA 管理循环

（1）计划制订阶段（plan）。就是制定质量目标、活动计划、管理项目和措施方案，具体步骤如下。

①对质量现状进行分析，找出存在的质量问题。根据顾客、社会以及组织的要求和期望，衡量组织现在所提供的产品和服务的质量，找出差距或问题的所在。

②分析造成产品质量问题的各种原因和影响因素。根据质量问题及其某些迹象，进行细致的分析，找出致使产生质量问题的各种因素。

③从各种原因中找出影响质量的主要原因。影响质量的因素往往很多，但起主要作用的则常为数不多，找出这样的因素并加以控制或消除，可产生显著的效果。

④针对影响质量问题的主要原因制定对策，拟定相应的管理和技术组织措施，提出执行计划。

（2）计划执行阶段（do）。按照预定的质量计划、目标和措施及其分工去实际执行。

（3）执行结果检查阶段（check）。就是把执行的结果与预定的目标对比，检查计划执行的情况是否达到预期的效果，哪些做对了，哪些做错了，成功的经验是什么，失败的教训是什么，原因在哪里。

（4）处理阶段（action）。对存在的问题进行深入的剖析，确定其原因，并采取措施。此外，在该阶段还要不断总结经验教训，以巩固取得的成绩，防止发生的问题再次发生，这一阶段的步骤如下。

①根据检查的结果，总结成功的经验和失败的教训，并采取措施将其规范化，纳入有关的标准和制度，巩固已取得的成绩，同时防止不良结果的再发生。

②提出该循环尚未解决的问题，并将其转到下一循环中去，使其得以进一步的解决。

11.4.3　建立物流质量保证体系

（1）制定明确的质量计划和质量目标。保证和提高物流产品和服务质量，是全面质量管理的中心目标。质量保证体系就是要围绕质量目标，把各个环节的质量管理活动组织起来。质量计划是企业质量目标的具体落实。它是具体组织协调质量保证体系各方面活动的基本手段，也是各部门各个环节质量工作的行动纲领。

企业既要有提高物流产品和服务质量的综合计划，又要有分项目、分部门、分层次的具体计划，既要有长期的计划，还要有年度、季度、月度等中短期计划，形成一套完整的质量计划体系，并且要有进度、有检查、有分析，以保证按进度实现质量改进措施，达到预期的目标。

（2）建立一套灵敏的质量信息反馈系统。物流质量保证体系的信息反馈，按其来源可以分为企业内反馈和企业外反馈。

企业内反馈，即企业内部质量信息的反馈流转，如企业内物流服务实施过程集货、拣货、补货等作业，至运输、配送过程，物流过程的后道工序向前道工序，基本作业生产向为之服务的辅助部门等所做的质量反馈。企业内反馈，大体来自工序的质量测试、物流产品的检验记录、生产现场的动态、有关质量基础资料、合理化建议等方面。

企业外反馈，大体可以来自供应商、协作商、竞争对手、配送站、零售商、维修点、消费者协会、国内市场、国际市场、专业管理部门等，企业外的信息反馈有好有坏，正确的做法是，无论什么信息，只要是与客户利益相关的，都应该引起重视。

（3）建立一个专门的综合质量管理机构。质量管理机构是质量保证体系两个反馈中心，它的作用在于统一组织、计划、协调、综合质量保证体系的活动，检查和推进各部门履行质量管理职能，开展质量管理教育和组织群众性的质量管理活动。

（4）组织供应链的质量保证活动。为了供应链合作企业建立长期稳定的协作关系，保证供应链合作企业的质量衔接对口，要把对供应链合作企业的技术指导、质量诊断、质量管理推进、职工培训，看作本企业质量项目的重要组成部分，要纳入本企业的质量保证体系，要求定期派出人员去帮助、指导改进和检查。

（5）广泛组织质量管理小组活动。质量管理小组是质量保障体系的基层组织，也是组织企业职工开展现场质量管理活动的一个群众性组织。它是在生产和工作岗位上从事各种劳动的职工，围绕企业的方针目标，以改进和提高质量、提高经济效益为目的，组织起来，运用科学的质量管理思想和方法开展活动的小组。质量管理小组是广大职工劳动、智慧、科学的结合，是企业职工的聪明才智和实事求是的科学态度相结合的一种自我改进、自我完善的活动。

11.5 物流标准化管理

11.5.1 物流标准化概述

1. 标准和标准化

标准是对重复性事物和概念所作的统一规定，它以科学、技术和实践经验的综合成果为基础，经有关方面协商一致，由主管机构批准，以特定的形式发布，作为共同遵守的准则和依据。

标准化是指在经济、技术、科学及管理等社会实践中，对重复性事物和概念通过制定、发布和实施标准，达到统一，以获得最佳秩序和社会效益。也就是说，标准化是对产品、工作、工程、服务等普遍的活动制定、发布和实施统一标准的过程。标准化是国民经济中一项重要的技术基础工作，它对于改进产品、过程和服务的适用性，防止贸易壁垒，促进技术合作，提高社会经济效益具有重要意义。

物流标准化，指的是以物流为对象，制定、发布和实施物流系统内部设施、机械装备、专用工具等各个分系统的技术标准；制定、发布和实施物流系统内各分领域，如包装、装卸、运输等方面的工作标准；以系统为出发点，研究各分系统与分领域中技术标准与工作标准的配合性要求，统一整个物流系统的标准；研究物流系统与相关其他系统的配合性，进一步谋求物流大系统的标准统一的过程。物流标准化具有以下含义。

（1）制定物流标准是物流标准化的起点。标准的酝酿、制定并随着发展的需要而修订的过程，是一个不断循环、螺旋式上升的过程。每完成一个循环，标准的水平就提高一步。

（2）物流标准的执行是物流标准化活动的基本任务和主要内容。物流标准化的效果只有通过在物流活动中实施标准，才能表现出来。在标准化的全部活动中，贯彻标准是一个关键环节，是建立最佳秩序、取得最佳效益的落脚点。每一项物流标准得到贯彻实施，可以加速运输、装卸的速度，降低暂存费用，减少中间损失，提高工作效率，获得显著的经济效益。

（3）物流标准化是一个相对的概念。从深度上讲，无论是单个标准，还是标准系统，随着客观情况的变化都要经过不断调整。每经过一次调整，它的结构就更趋合理，功能水平就相应提高，并逐步向深层次发展；从广度上看，一项孤立的标准，即使很完整，水平很高，标准化的目的也是不容易实现的。必须把与之相关的一系列标准都建立起来，形成一个系统，这个系统再与其他系统相结合、配套，形成更大的系统，才能发挥系统的整体作用。物流标准化的过程就是系统的建立和系统之间协调、发展的过程。

2. 物流标准的种类

（1）基础标准：是制定其他物流标准应遵循的、全国统一的标准，是制定物流标准必须遵循的技术基础与方法指南，主要包括专业计量单位标准、物流基础模数尺寸标准、集装基础模数标准、物流建筑基础模数尺寸标准、物流专业术语标准、物流核算统计标准、标志图示和识别标准等。

（2）分系统技术标准：包括运输工具标准、作业机具标准、传输机具标准、仓库技术标准、站台技术标准、包装托盘集装箱标准、货架货罐标准、相关消防安全标准等。

（3）工作标准和作业规范：工作标准是工作的内容、方法、程序和质量要求所制定的标准。主要包括：各岗位的职责及权限范围；完成各项任务的程序和方法以及与相关岗位的协调、信息传递方式，工作人员的考核与奖罚方法；物流设施、建筑的检查验收规范；吊钩、索具使用、放置规定；货车和配送车辆运行时刻表、运行速度限制以及异常情况处理方法等。

物流作业规范是指在物流作业过程中，物流设备的运行、作业程序、作业要求等方面的规范要求，这是实现作业规范化、效率化以及保证作业质量的基础。

11.5.2　物流标准化的方法

（1）确定物流基础模数尺寸。物流基础模数尺寸的作用和建筑模数尺寸的作用大体是相同的，其考虑的基点主要是简单化。基础模数尺寸一旦确定，设备的制造、设施的建设、物流系统中各环节的配合协调、物流系统与其他系统的配合就有所依据。目前国际标准化组织（International Organization for Standardization，ISO）及欧洲各国已基本认定 600mm×400mm 为基础模数尺寸。

确定基础模数尺寸的方法是：由于物流标准化系统比其他标准化系统建立得晚，所以，确定基础模数尺寸主要考虑了目前对物流系统影响最大而又最难改变的事物，即输送设备。采取"逆推法"，由输送设备的尺寸来推算最佳的基础模数。当然，在确定基础模数尺寸时也考虑到了现在已通行的包装模数和已使用的集装设备，并从行为科学的角度研究了人及社会的影响。从其与人的关系看，基础模数尺寸是适合人体操作的高限尺寸。

（2）确定物流模数。物流模数，即集装基础模数尺寸。由于物流标准化的基点应建立在集装的基础上，所以在基础模数尺寸之上还要确定集装的基础模数尺寸，即最小的集装尺寸。

集装基础模数尺寸可以从 600mm×400mm 按倍数系列推导出来，也可以在满足600mm×400mm 的基础模数的前提下，从货车或大型集装箱的分割系列推导出来。日本在确定物流模数尺寸时采用后一种方法，以货车（早已大量生产并实现了标准化）的车厢宽度为确定物流模数的起点，推导出集装基础模数。

（3）以分割及组合的方法确定系列尺寸。物流模数作为物流系统各环节标准化的核心，是形成系列化的基础。依据物流模数进一步确定有关系列的大小及尺寸，再从中选择全部或部分，确定为定型的生产制造尺寸，这就完成了某一环节的标准系列。根据物流模数可以推导出大量的系列尺寸。

11.5.3　物流标准化建设

随着贸易的国际化，标准也趋向于国际化。以国际标准为基础制定本国标准，已经成为世界贸易组织对各成员的要求。目前，世界上约有近 300 个国际和区域性组织制定标准和技术规则，如国际标准化组织、国际电工委员会（International Electrotechnical Commission，IEC）、国际电信联盟（International Telecommunication Union，ITU）、国际物品编码协会（European Article Numbering Association，EAN）与美国统一代码委员会（Uniform Code Council，UCC）联盟等。从世界范围看，各个国家物流体系的标准化工作都还处于初始阶段，重点在于通过制定标准规格尺寸来实现全物流系统的贯通，提高物流效率。与物流密切相关的有两大标准化体系是国际标准化组织和 EAN. UCC。

目前，ISO/IEC 下设了多个物流标准化的技术委员会，负责全球的物流相关标准的制定和修订工作。已经制定了 200 多项与物流设施、运作模式与管理、基础模数、物流标识、数据信息交换相关的标准。国际标准化组织与联合国欧洲经济委员会（UN/ECE）共同承担电子数据交换标准制定，国际标准化组织负责语法规则和数据标准制定，UN/ECE 负责报文标准的制定。在国际标准化组织现有的标准体系中，与物流相关的标准约有 2000 条，其中运输 181 条、包装 42 条、流通 2 条、仓储 93 条、配送 53 条、信息 1605 条。

EAN. UCC 物流标准化的很重要的一个方面就是物流信息的标准化，包括物流信息标识标准化、物流信息自动采集标准化、自动交换标准化等。EAN 就是管理除北美的对货物、运输、服务和位置进行唯一有效编码并推动其应用的国际组织，是国际上从事物流信息标准化的重要国际组织。而 UCC 是北美地区与 EAN 对应的组织。近两年来，两个组织加强合作，达成了 EAN. UCC 联盟，以共同管理和推广 EAN. UCC 系统，意在全球范围内推广物流信息标准化。其中推广商品条码技术是该系统的核心，它为商品提供了用标准条码表示的有效的、标准的编码，而且商品编码的唯一性使得它们可以在世界范围内被跟踪。EAN 开发的对物流单元和物流节点的编码，可以用确定的报文格式通信，国际化的 EAN. UCC 标准是电子数据交换的保证，是电子商务的前提，也是物流现代化的基础。

物流标准化的进展可以分为两个阶段。

第一阶段，在 20 世纪末之前的长期发展过程中，物流标准化问题尚未提出，运输、仓储、信息、邮政、商贸、机械等物流相关行业，按照传统流通方式制定本行业的技术装备和作业环节标准，没有充分考虑行业衔接与整合运作的需要。在现有与物流业相关的标准中，这一阶段的标准占据了主要部分。

第二阶段，从 21 世纪初开始，随着我国物流产业的逐渐形成，物流业在国民经济中的地位日益突显，物流标准化问题开始受到各有关方面的重视。按照供应链管理理论和现代物流发展的规律，建立完整、系统、相互衔接的物流标准体系，推进物流业的健康发展，成为迫切需要解决的问题。在国家标准化主管部门的指导下，各相关部门制定的物流方面的技术标准，无论在产业衔接方面还是在各相关行业普遍应用性方面都有了一定程度的进步。近几年，我国发布了商品编码、物流术语方面的国家标准，建立了全国物流标准化技术委员会和全国物流信息管理标准化技术委员会，表明物流标准化开始起步。

由于我国经济体制与经济发展的特殊性，物流标准化水平较低，被看作阻碍物流发展的一个瓶颈，受到业内各界的广泛关注。总体上看，我国物流标准化存在的主要问题是：相关行业各自形成一套标准体系，致使现有技术标准形式多样、版本不一、标龄老化、水平较低，存在多方面差异与缺陷，物流标准化滞后于物流业的发展；涉及多行业的通用性，基础性标准薄弱，物流服务标准缺乏。当前急需填补有关物流服务、物流统计、物流企业、人员素质等方面的基础性标准；涉及物流标准化的专业技术组织与科研机构分散在众多部门、行业中，在各自产业领域推进物流标准化，相互之间缺少交流合作机制，协调性较差；物流标准化实施的市场基础比较薄弱，直接影响物流标准化的实际应用。

物流标准化的重要性主要体现在以下几个方面。

（1）物流标准化是物流管理，尤其是大系统物流管理的重要手段。在进行系统管理时，系统的统一性、一致性、系统内部各环节的有机联系是系统能否生存的首要条件。保证统一性、一致性及各环节的有机联系，除了需要有一个适合的体制形式，有效的指挥、决策、协调的机构领导体制，还需要许多方法手段，标准化就是手段之一。方法、手段健全与否又会反过来影响指挥能力及决策水平。例如，由于我国目前物资编码尚未实现标准化，各个领域又分别制定了自己领域的统一物资编码，其结果是不同领域之间信息不能传递，电子计算机无法联网，妨碍了系统物流管理的实施。如我国铁道及交通两个部门集装箱未能实现统一标准，极大阻碍了车船的广泛联运，妨碍了物流水平的提高。

（2）物流标准化是物流产品的质量保证。物流活动的根本任务是将工厂生产的合格产品保质保量并及时地送到用户手中。物流标准化对运输、包装、装卸、搬运、仓储、配送等各个子系统都制定相应标准，形成物流的质量保证体系，只要严格执行这些标准，就能将合格的物资送到用户手中。

（3）物流标准化对物流成本、效益有重大决定作用。标准化的效益体现在：实行标准化后，可实行一贯到户物流，速度快，中转费用低，降低装卸作业费用，降低中间损失。例如，我国铁路、交通集装箱由于未实行统一标准，双方衔接时要增加一道装箱工作，为此，每吨物资效益损失一元左右，相当于火车 30 公里以上的运费。

（4）物流标准化是加快物流系统建设、迅速推行物流管理的捷径。物流系统涉及面广，跨度非常大，推行标准化会少走弯路，加快物流管理的进程。

（5）物流标准化也给物流系统与物流以外系统的连接创造了条件。物流本身不是孤立存在的，在流通过程中，上接生产系统，下连消费系统。在生产物流中，物流和相关工序相连接，彼此有许多交叉点。要使本系统与外系统衔接，通过标准化简化和统一衔接点是非常重要的。

（6）物流标准化是消除贸易壁垒，促进国际贸易发展的重要保障。在国际经济交往中，各国或地区标准不一是重要的技术贸易壁垒，严重影响国家间进出口贸易的发展。因此，要使国际贸易更快地发展，必须在运输工具、包装、装卸、仓储、信息，甚至资金结算等方面采用国际标准，实现国际物流标准统一化。例如，集装箱的尺寸规格只有与国际上相一致，与国外物流设施、设备、机具相配套，才能使运输、装卸、仓储等物流活动顺畅进行。

■ 本章小结

质量，是指反映实体满足明确的和隐含的需要能力的特性之总和。

物流是一个系统，由运输、仓储、包装、搬运、流通加工和信息等要素构成，贯穿在生产、分配、流通和消费的整个过程中。作为一个组成部分，物流质量是供应链上满足顾客要求，提升服务质量的重要环节之一。

物流质量管理，通过制定科学合理的基本标准，对物流活动实施的全对象、全过程、全员参与的质量控制过程。

物流对象的质量，即物流活动搭载商品的质量保证及改善。

物流企业服务的基本内容包括运输、储存包装、装卸搬运、流通加工、配送、物流信息处理、物流系统设计以及其他的，如市场调查与预测、库存决策决议、订货指导、业务过程诊断、各种代办业务等，物流服务质量体现在这一内容展开的全部过程中。

物流的工作质量涉及物流各环节、各工种、各岗位的具体工作质量，用绩效考评的办法来进行其物流工作质量的考核。

物流工作质量管理分为物流活动决策支持的工作质量管理、物流调度管理控制的工作质量管理和物流业务的工作质量管理三个组成部分。

物流质量不但取决于物流服务质量、物流工作质量，而且取决于物流工程质量，优良的工作质量对于物流质量的保证程度，受制于物流技术水平、管理水平、技术装备。

物流工程质量管理就是指工程设施、技术装备质量的综合管理。

物流质量体系是物流质量管理的核心，是组织机构、职责、权限、程序之类的管理能力和资源能力的综合体。

物流质量保证，是企业对客户在物流产品和物流服务质量方面提供的担保，保证客户购得的物流产品和物流服务的质量可靠，使用正常，满足需求。

■ 关键概念

质量　物流质量　物流质量管理　物流企业服务　物流工作质量　物流工作质量管理物流标准化　物流工程质量管理　物流质量体系　物流质量保证　物流质量保证体系

■ 思考题

1. 简述物流服务质量管理体系的内容。
2. 简述物流工作质量关键绩效指标系统的内容。
3. 简述物流工程质量需要强调的内容。
4. 简述物流质量保证体系运转的基本方式。
5. 简述物流标准化的原则。
6. 简述物流标准化的方法。

■ 案例分析

施乐公司物流绩效标杆管理

第 12 章

物流与供应链金融

➤**本章导读**

1. 掌握物流与供应链金融的基本概念、主体和内容。
2. 认识物流与供应链金融的特点。
3. 理解物流与供应链金融的职能。
4. 思考和辨析物流与供应链金融的区别与联系。
5. 了解国内、外物流与供应链金融的发展状况。
6. 熟悉物流与供应链金融的运作模式。
7. 了解物流供应链金融风险成因、管理和防范。

12.1 物流与供应链金融概述

快速发展的现代物流业对物流企业运作提出了更高的要求，物流管理已从物的处理提升到物的附加值方案管理，可以为客户提供金融融资的物流供应商在客户心中的地位会大幅度提高，物流金融发展是中小企业融资的需要。改革开放以来，经过不断发展，我国中小企业的数量已占我国企业总数的 99.3%以上，其总产值和实现利税分别占全国的 55.6%和 46.2%。中小企业已成为拉动国民经济增长不可或缺的组成部分。但与此同时，资金紧张、融资困难始终是制约中小企业发展的主要因素之一，物流与供应链金融将有助于形成物流企业的竞争优势。物流企业开展物流金融服务，无论是对客户、金融机构、客户的客户，还是物流企业本身，都是一个共赢的选择。

12.1.1 物流金融

物流行业是中国服务业中最有发展前景的行业之一，发展的空间非常巨大。同时，资金流在国民经济体系中与物流同量反方向循环，如果银行从资金融通的角度支持物流，这样对于支持物流企业融资、控制银行风险以及推动经济增长都具有非常积极的意义。

1. 物流金融的概念和理解

物流金融为在物流运营过程中，与物流相关的企业通过金融市场和金融机构，运用金融工具使物流产生的价值得以增值的融资和结算的服务活动。

广义的物流金融是指在整个供应链管理过程中，通过应用和开发各种金融产品，有效地组织和调剂物流领域中货币资金的运动，实现商品流、实物流、资金流和信息流的有机统一，提高供应链运作效率的融资经营活动，最终实现物流业与金融业融合化发展的状态。

狭义的物流金融是指在供应链管理过程中，第三方物流供应商和金融机构向客户提供商品和货币，完成结算和实现融资的活动，实现同生共长的一种经济模式。

这种新型金融服务原本属于金融衍生工具的一种，之所以称为物流金融业务，而不是传统的抵押贷款或者质押融资，是因为在其发展过程中，逐渐改变了传统金融贷款过程中银行、申请贷款企业双方面的责权关系，也完全不同于担保贷款中担保方承担连带赔偿责任的三方关系。它越来越倚重于第三方物流企业，目前主要表现为物流企业的配套管理和服务，形成了银行、物流企业、贷款企业三方的密切合作关系。

2. 物流金融主体

在物流金融中涉及四个主体：买方、卖方、第三方物流企业和金融机构。

（1）物流企业与金融机构联合起来为资金需求方提供融资，促成交易的实现。

（2）物流金融的开展对提高商品流通和物流管理效率有着非常迫切的现实需要。

（3）物流企业给客户提供金融担保服务将成为一项物流增值服务的项目。

3. 物流金融的特点

1）物流金融的服务性

（1）物流金融服务在国际乃至未来中国，都有广阔的前景。不管是世界最大的船运公司马士基，还是世界最大的快递物流公司联合包裹速递服务公司（UPS），其第一位的利润来源都已经是物流金融服务。这些跨国公司依托良好的信誉和强大的金融实力，结合自己对物流过程中货物的实际监控，在为发货方和货主提供物流服务的同时，也提供金融性的服务，如开具信用证、仓单质押、票据担保、结算融资等，这样不仅吸引了更多客户，而且在物流金融活动中还创造了可观的利润。在这里，这笔资金不仅充当交换的支付功能，而且具有了资本与资本流动的含义，而且这种资本的流动是紧密地服务于业务链的。

（2）充分发挥物流银行的服务性特征。物流银行可以帮助需要融资的企业（即借方企业），将其拥有的动产作为担保，向资金提供企业（即贷方企业）出质，同时，将质物转交给具有合法保管动产资格的中介公司（物流企业）进行保管，以获得贷方企业贷款的业务活动。

2）物流金融的增值性

当前，国际竞争日益加剧，如何才能在微利时代节约成本实现利润最大化？这个问题无论是对于企业的生存发展还是国家的繁荣昌盛，都具有非常大的现实意义。物流已从原先的常规物流和物流概念的传递阶段向倡导高附加值现代物流服务的阶段发展。因此，物流金融的结合将为物流和金融企业带来双赢和增值。

3）物流金融的市场性

市场是提供资源流动和资源配置的场所。在市场中，依靠价格信号，引领资源在不同部门之间流动并实现资源配置。一个好的市场可以帮助社会资源实现最佳配置。金融市场属要素类市场，专门提供资本。企业在这个市场上进行资金融通，实现借贷资金的集中和分配，完成金融资源的配置过程。物流企业通过金融市场上对金融资产的交易，最终可以帮助实现社会实物资源的配置。

4）物流金融的时代导向性

我国经济转型，为物流业的发展提供了新的发展机会，如图 12-1 所示。

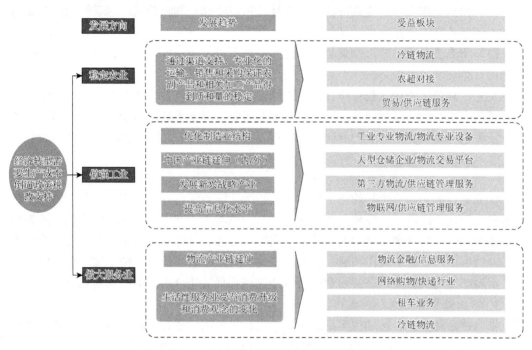

图 12-1　中国物流行业主要的发展机会

面对这一变革，企业可通过物流金融实现：①信息化，所有质押品监管，都借助物流公司的物流信息管理系统进行，从银行总行到分行、支行的有关该业务管理人员，都可以随时通过互联网，输入密码后登录物流公司的物流信息管理系统，检查质押品的品种、数量和价值；②远程化，借助物流公司覆盖全国的服务网络，再加上借助于银行系统的全国资金清算网络，使动产质押业务既可以在银行所设机构地区开展业务，也可以在全国各地开展异地业务，并能保证资金快捷汇划和物流及时运送。

5）物流金融的效率性

一方面，物流和供应链管理能帮助解决融资的金融风险问题，克服"想贷怕贷"的困境；另一方面，金融机构多年风险管理的经验和发展的金融衍生产品可以帮助企业降低供应链风险，提高供应链效率。

我国一般的产品出厂经过装卸、储存、运输等各个环节到消费者手中的流通费用约占商品价格的 50%，物流过程占用的时间约占整个生产过程的 90%。并且，经销商用于库存占压和采购的在途资金也无法迅速回收，大大影响了企业生产销售的运转效率。而物流金融将经济活动中所有供应、生产、销售、运输、库存及相关的信息流动等活动视为一个动态的系统总体，通过现代化的信息管理手段，对企业提供支持，从而使产品的供销环节最少、时间最短、费用最省。

6）物流金融的广泛性

物流金融的广泛性具体体现在以下三个方面。

（1）服务区域具有广泛性，既可以在金融服务所设机构地区，也可以超出金融服务所设机构地区开展业务；凡有银行网点的区域和物流公司服务区域，都可以办理业务。

（2）物流金融所涉物流品种具有广泛性，可以上溯到物流公司能够看管的所有物流品种，包括各类工业品和生活品等。

（3）物流金融服务客户对象具有广泛性，既可以是制造业，也可以是流通业；既可以是国有企业，也可以是民营企业和股份制企业；既可以是大型、中型企业，也可以是小型企业；只要这些企业具有符合条件的物流产品，都可以开展该项业务。对于流动资金缺乏的厂商，物流银行业务可增加厂商流动资金；对于不缺乏流动资金的厂商，物流银行业务也可增加其经销商的流动资金；亦可二者有机结合，促进企业销售，增加利润。

12.1.2　供应链金融

供应链金融是物流金融的进一步发展和扩大。它能够将企业供应、生产、销售的融资需求结合在一起，创造性地打通和重建核心企业与上、下游企业之间的连接。既为供应链各个环节的弱势物流企业提供新型贷款融资服务，同时又通过金融资本与实业经济协作，使整个产业链的运作畅通、高效、稳固。供应链金融作为一种金融革命，对社会经济活动产生巨大影响，有必要对供应链金融进行优劣势分析，提出创新思路。

1. 供应链金融的概念和理解

供应链金融中多种基础性产品的出现，远远早于供应链管理思想的萌芽。其中保理在几个世纪以前的西方国家就已经很常见。现代意义上的供应链金融概念，发端于 20 世纪 80 年代，深层次的原因在于跨国企业，特别是世界级企业巨头寻求成本最小化冲动了的全球性外采和业务外包。在这之后，供应链管理一直集中于物流和信息流层面，直到 20 世纪末，离岸外包引致的供应链整体融资成本问题以及部分节点资金流瓶颈带来的"短板效应"，抵消了生产的"成本洼地"配置带来的成本节约。由此，财务供应链管理的价值发现过程开始深化，供应链金融的概念浮出水面。

关于供应链金融概念的界定很多，可归纳为以下三类。

第一类观点来自物流服务商，认为供应链金融是物流与金融业务的集成、协作和风险共担的有机结合服务，是一种物流金融或金融物流。它为商品流通的全过程提供服务，服务对象是供应商、生产商、销售商、物流企业、金融机构等。

第二类观点来自供应链中的核心企业，认为供应链金融是一种在核心企业主导的企业生态圈中，对资金的可得性和成本进行系统性优化的过程。

第三类观点来自商业银行，认为供应链金融是商业银行站在供应链全局的高度，把供应链上的相关企业作为一个整体，基于交易过程中构成的链条关系和行业特点设定融资方案，将资金有效注入供应链上的相关企业，提供灵活运用的金融产品和服务的一种融资创新解决方案。

2. 供应链金融的概念

供应链金融（supply chain finance，SCF），是银行围绕核心企业，管理上下游中小企业的资金流和物流，变单个企业的不可控风险为供应链企业整体的可控风险，通过立体获取各类信息，将风险控制在最低的金融服务。

供应链金融改变了过去银行对单一企业主体的授信模式，围绕某一家核心企业，从原材料的采购，到制成中间及最终产品，最后由销售网络把产品送到消费者手中的供应链条，将供应商、制造商、分销商、零售商，直到最终客户连成一个整体，全方位地为链条上的"N"家企业提供融资服务，通过相关企业的职能分工与合作，实现整个供应链的不断增值。因此，也称为"1+N"模式。

3. 供应链金融的特点

（1）参与主体多元化。供应链金融不仅包括传统信贷模式中的金融机构、融资企业，还增加了核心企业和物流企业。新增的两个主体在供应链金融中发挥着重要的作用。核心企业为供应链金融提供信用支持，其运营状况直接决定了整条供应链的运行情况。物流企业扮演着供应链的"介者""信息汇集中心""监管者"的作用：一方面，物流企业为中小企业提供专业化个性化的物流服务，利用质押物为中小企业担保；另一方面，物流企业为银行提供仓储监管、质物价格评估以及拍卖等中间服务，发挥其在物流管理、资产设备以及人才上的优势，弥补了银行在质押物监管方面知识和技能的缺失。

（2）具有自偿性、封闭性和连续性的特点。自偿性是指还款来源为贸易自身产生的现金流。

封闭性是指银行通过设置封闭性贷款操作流程来保证专款专用，借款人无法将其挪为他用。

连续性是指同类贸易行为在上、下游之间会持续发生。

因此，以此为基础的授信行为可以反复进行。供应链金融的风险控制更加注重于贸易的真实性、交易风险以及第一还款源的风险控制。

（3）突破了传统的授信视角。首先，供应链金融的授信是针对供应链整体，实现的是"1+N"的授信方式。这改变了供应链融资的营销方式，它不再孤立地寻找客户，而是围绕核心企业的供应链寻找客户的资金需求，大大降低了供应链的客户开发成本和增加了企业对银行的依存度。

其次，供应链金融改变了对中小企业的授信方式，降低了中小企业的融资门槛。供应链金融主要考察的是供应链金融的交易背景，而不是中小企业的静态财务报表。

12.1.3　物流金融与供应链金融结合的联系与区别

1. 物流金融与供应链金融的联系

供应链金融是融资模式发展的新阶段，是对物流金融下融资的继承和发展。两者的共同点：均是基于传统金融产品和服务而进行的创新；均是针对真实的贸易背景开展的；均以融通资金为目的；均是整合物流、资金流与信息流的解决方案。

物流金融就是面向物流业的运营过程，通过应用和开发各种金融产品，有效地组织和调剂物流领域中货币资金的运动。这些资金运动包括发生在物流过程中的各种存款、贷款、投资、信托、租赁、抵押、贴现、保险、有价证券发行与交易，以及金融机构所办理的各类涉及物流业的中间业务等。物流金融服务业态如图 12-2 所示。

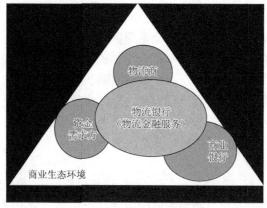

图 12-2　物流金融服务业态

　　供应链金融是对一个产业供应链中的单个企业或上、下游多个企业提供全面的金融服务，以促进供应链核心企业及上、下游配套企业"产—供—销"链条的稳固和顺畅，并通过金融资本与实业经济协作，构筑银行、企业和商业供应链互利共存、持续发展、良性互动的产业生态。供应链金融服务业态如图 12-3 所示。

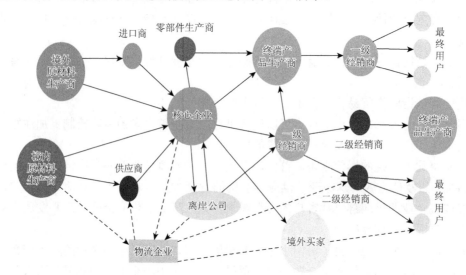

图 12-3　供应链金融服务业态

2. 物流金融与供应链金融的区别

1）参与主体与作用范围不同

　　物流金融的参与主体一般是单个企业和为其提供服务的金融机构、第三方物流企业等，其作用范围也局限于单次或一段时间的物流过程。一般来说，第三方物流企业在物流金融业务中起着主导作用。物流金融参与主体相互关系如图 12-4 所示。

　　供应链金融是比物流金融更广泛的概念，其参与主体是整个供应链和外部金融机构，也包括专业的物流服务提供商，甚至涉及投资者。其作用范围是整个供应链的交易与往来，而第三方物流企业在其中扮演着中间人和代理商的角色。供应链金融参与主体相互关系如图 12-5 所示。

图 12-4 物流金融参与主体相互关系

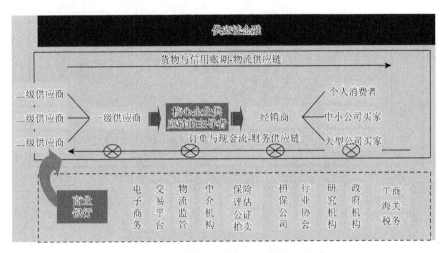

图 12-5 供应链金融参与主体相互关系

2）运作机理与服务产品不同

物流金融的操作是与物流过程相伴而生的，旨在解决物流过程中的资金问题，其产品的开发也是围绕着物流设施投融资、物流保险、物流结算等。物流金融运作机理如图 12-6 所示。

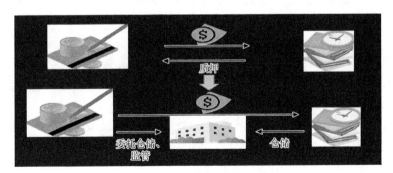

图 12-6 物流金融运作机理

供应链金融植根于整个供应链条的运作，旨在利用金融工具协调供应链上下游物流、资金流、信息流的关系，实现整个供应链的资金平衡与绩效提升。通过线上线下结合，着力打造四流（包含信息流、资金流、商流、物流）合一的集装箱物流管控体系，采用云端大数据为相关企业提供信息支持，进而解决国内外贸易环节中的个体商户、中小贸易商、生产商及物流企业融资难的问题。从这个意义上来讲，供应链金融囊括了物流金融的内容。供应链金融运作机理如图 12-7 所示。

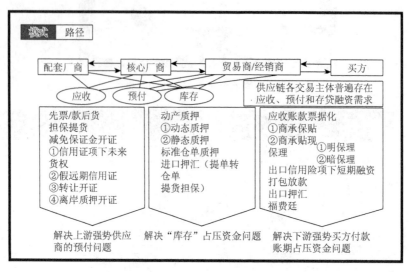

图 12-7　供应链金融运作机理

3）服务对象不同

物流金融面向所有符合其准入条件的中小企业，不限规模、种类和地域等。

供应链金融是为供应链中的上、下游中小企业及供应链的核心企业提供融资服务的。

4）担保及风险不同

开展物流金融业务时，中小企业以其自由资源提供担保，融资活动的风险主要由贷款企业产生。供应链金融的担保以核心企业为主，或由核心企业负连带责任，其风险由核心企业及上、下游中小企业产生；供应链中的任何一个环节出现问题，将影响整个供应链的安全及贷款的顺利归还，因此操作风险较大。但是，金融机构的贷款收益也会因整条供应链的加入而随之增大。

5）物流企业的作用不同

对于物流金融，物流企业作为融资活动的主要运作方，为贷款企业提供融资服务；供应链金融则以金融机构为主，物流企业仅作为金融机构的辅助部门提供物流运作服务。

6）异地金融机构的合作程度不同

在融资活动中，物流金融一般仅涉及贷款企业所在地的金融机构；对于供应链金融，由于上下游企业及核心企业经营和生产的异地化趋势增强，因而涉及多个金融机构间的业务协作及信息共享，同时加大了监管难度。

12.1.4　国外物流金融发展概况

物流金融起源于物资融资业务。金融和物流的结合可以追溯到公元前 2400 年，当时的美索不达米亚地区就出现了谷物仓单。而英国最早出现的流通纸币就是可兑付的银矿仓单。

1. 国外的物流金融业务

在物流业与金融业界，有一些随时准备在迷宫中发现"新奶酪"的企业，携手挖到了一片"蓝海"——物流金融，并以极大的热情进行了尝试。

1）发达国家的物流金融业务

国际上，最全面的物流金融规范体系在北美（美国和加拿大）以及菲律宾等地。以美国为例，其物流金融的主要业务模式之一是面向农产品的仓单质押。仓单质押既可以作为向银行贷款的抵押，也可以在贸易中作为支付手段进行流通。美国的物流金融体系是以政府为基础的。早在 1916 年，美国就颁布了美国仓库存储法案（US Warehousing Act of 1916），并以此建立起一套关于仓单质押的系统规则。这一体系的诞生，不仅成为家庭式农场融资的主要手段之一，同时也提高了整个农业营销系统的效率，降低了运作成本。

2）发展中国家的物流金融业务

相对于发达国家，发展中国家的物流金融业务开始得较晚，业务制度也不够完善。非洲贸易的自由化很早就吸引了众多外国企业作为审查公司进入当地。这些公司以银行、借款人和质押经理为主体，设立三方质押管理协议，审查公司往往作为仓储运营商兼任质押经理的职位。通过该协议，存货人，即借款人在银行方面获得一定信用而得到融资机会。此类仓单直接开具给提供资金的银行而非借款人，并且这种仓单不能流通转移。

在非洲各国中较为成功的例子是赞比亚的金融物流体系。赞比亚没有采用北美以政府为基础的体系模式，而是在自然资源协会的帮助下，创立了与政府保持一定距离，不受政府监管的自营机构——赞比亚农产品代理公司（The Zambian Agricultural Commodity Agency Ltd.）。该公司参照发达国家的体系担负金融物流系统的开发和管理，同时避免了政府的干预，从而更能适应非洲国家的政治经济环境。

2. 西方各界实践物流、商流、资金流和信息流的四流合一的完美结合：物流与供应链金融

过去企业生产后的运箱交给货运代理人或物流公司去做，而资金的支付或融资通过银行进行。由此造成了单据和货物脱离，这一方面有可能出现有人利用银行只审单据不管货物的原则进行欺诈，另一方面企业占压的资金时间比较长。四流合一可看成是物流运作的完美境界，不过在中国，资金流上的不可执行性让物流成为跛足。真正意义上的资金流解决方案，在现在看来更像是一个梦想。西方各界，特别的物流与金融界为解决物流与资金流的完美结合，进行了很多的尝试与创新。

1）物流、账单流和资金流集成管理

图 12-8 表示的是物流账单流和资金流的相互关系，该图说明了以下的思想。

（1）应用有效支付和收款解决方案可以增加运营资金的效率，优化资金流。

（2）资金流的有效管理可以减少资金成本，提高企业的投资收益。

（3）账单流和资金流的有效管理可以促进物流效率。

例如，出口商在接到订单之后进行生产，接着购料，这需要资金。料到齐之后开始生产，也需要流动资金。生产完之后成品运到仓库，又要压 1 个月或两个月，等买主来

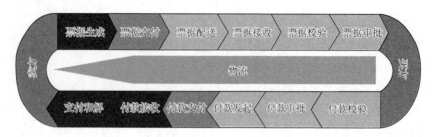

图 12-8　物流、账单流和资金流的相互关系

应招。客户确认，产生应收账款，应收账款现在一般不用信用证，用 Open Account，60天之后才能回款。万一收不回来，这个出口商将蒙受重大损失，甚至是破产。

从资金面来讲，购料的部分物流银行可以帮他垫付，或者开信用证，从工厂生产出产品一直转运到仓库，都可以进行存货融资（inventory finance），最后客户交易完成，销售收入实现，可以进行应收账款买断，即保理业务。

2）资金链延伸到前端，四流合一正在进行

在贸易融资上，银行不仅做到了保理，还有信息流的共享。例如，UPS 有一个全球的货物跟踪系统。通过这个系统，在工厂、海关、仓库等供应链每一个节点（milestone）上，库存都可以追溯或跟踪（trace and track），甚至会细化到货物在仓库里的具体位置。如果没有信息，请求银行贷款，银行可能会拒绝，它会考虑，把款放出去，抵押的物品在哪里？通过与 UPS 合作，银行可以到 UPS 的系统上查询。进行双重审核，银行做最终的决定。每一家银行的授信准则都不一样，这是一个新的观念。银行如果愿意来做，就可以通过和 UPS 合作。

3）通过存货融资，降低财务成本，强化客服关系

财务成本，不是压在卖方身上，就是压在买方身上，它是一定存在的，通过存货融资以后，资金周转就快了。例如，过去要用 100 万美元来经营一桩生意，现在70 万就可以了，资金使用效率的提高就意味着成本的下降。在物流上节省一些钱，只是局限在物流这个执行层面，首席执行官、首席财务官决策层面考虑的问题是流动性：周转是怎样加快的，投资回报能增加多少。他只看财务数据，他认为这些更重要。在一般市场上取得存货融资的机会不大。到了应收账款的时候，还可以买断做保理。如果客户对买方很有信心，不希望用保理业务，只做资金融通，费用会相对低廉一些。从第一点开始介入，提供流动资金，再加上保理业务，把购料融资、存货融资和保理业务结合起来，这就是对流动性的帮助。首先，要不要做购料融资，还要看物流公司的财务状况。如果财务状况不好，帮这家公司融资，是没有太大意义的。提供融资对公司是有选择的；第二，可以通过保险或再保险来覆盖风险；第三，可以通过进口保理商来覆盖，这些风险都可以覆盖了。所以从前端到后端，全部的风险都是可以控制的。

12.1.5　我国物流与供应链金融概况

1. 我国物流金融发展的基本情况

（1）我国物流与供应链金融缺乏良好的行业生态环境。

（2）我国物流与供应链金融需建立完善的相关制度保障。

（3）我国物流企业缺乏高品质物流与供应链金融服务集成。

（4）我国物流与供应链金融缺乏统一的操作规范和有效的联动反应。

（5）我国物流与供应链金融缺乏完备、有效的信用机制和风控管理。

2. 物流与供应链金融对我国商业银行拓展物流服务的意义

"十三五"规划中，物流业作为促进我国经济发展的主要产业，在未来将有快速的发展，物流业对金融服务的需求也必然随之快速增长。准确把握物流业的发展规律和发展趋势，开拓物流业的金融服务市场，对于商业银行而言具有一定的现实意义。

（1）物流业金融服务有望成为商业银行新的业务增长点。虽然我国物流业起步较晚，但在政府的政策支持和大力推进下，我国物流业已进入了快速发展阶段，已形成了服务模式多样、多种经济成分并存的物流企业群体，出现了各具特色的、不同类型的物流企业。同时，我国公路、铁路、航空等基本运输体系的不断完备、信息技术等的迅猛发展，为物流业提供了巨大的发展潜力。物流业的发展必然带来在资金结算管理、物流设施的投融资、物流保险等方面的各种金融服务需求，这将给商业银行的市场开拓带来新的商机，成为银行新的业务增长点。

（2）商业银行与物流业客户合作有利于培育新的客户群体。物流企业的上游是生产厂商，下游是生产企业、零售店甚至最终消费者。物流企业作为连接货物供需双方的关键环节，一般和许多生产企业签订长期物流合同，并保持着较为稳定的合作伙伴关系。和物流企业合作不仅可以与其建立长期稳定的业务关系，而且为银行同其上下游其他领域的优质客户，特别是大型跨国公司合作提供了重要途径。商业银行可以通过延伸服务，培育与物流企业相联系的上、下游优质企业成为银行新客户。

（3）物流业广泛的金融需求将推动银行的产品创新以及现代物流业呈现多样性的高速发展态势，物流企业需要银行提供与之相适应的金融服务。

物流企业的经营模式多种多样，对资金需求、资金结算速度均有较高的要求。同时，面对物流业国际化的趋势，物流企业对国际上常用的保理业务、买方信贷、国外保函担保、封闭式账户贷款等业务品种的需求也迫在眉睫。因此，与物流企业的合作将有利于推动银行的产品创新，开拓新的业务领域。

12.2　物流与供应链金融模式

12.2.1　物流与供应链金融的内容

随着现代金融和现代物流的不断发展，物流金融的形式也越来越多，按照金融在现代物流中的业务内容，物流金融可分为物流质押金融模式、物流结算金融模式、物流仓单金融模式、物流授信金融模式和综合运作模式。

目前，我国物流金融运作模式的核心是质押融资。我国物流金融领域中开展的质押融资业务，实质上是提供资金的金融机构或银行委托第三方物流企业管理借方企业的质押物，并按照一定的比例向借方企业提供融资的业务。

自供应链金融业务产生以来，其模式主要有基于预付账款的保兑仓融资模式、基于存货的融通仓融资模式、基于应收账款的融资模式。三种模式都已基本成熟，在物流业与金融业中广泛使用，三种模式在应用效果上各有千秋，企业应根据自身实际情况，选择适合自己的业务模式，以达到最佳的经济效益。

物流与供应链金融服务包括以下类型：物流金融——物流与资金流互动中的增值服务；物流银行——库存商品融资金融服务，物流仓储、抵押融资与物流监管相结合；物流保险——物流风险控制与物流业保险服务；供应链金融——基于结构融资理论、供应链渠道理论、交易成本理论和委托代理理论的链条式、一体化物流金融服务。

12.2.2　物流与供应链金融模式的类型

物流与供应链金融运作基本模式主要有质押、担保、垫资等，在实际运作过程中，可能是多种模式的混合。例如，在取货时，物流企业先将一部分钱付给供应商，一部分仓单质押，货到收款后再一并结清。既可消除厂商资金积压的困扰，又可让买家卖家两头放心。资金可由银行提供，如果物流企业自有资金充足也可由物流企业全部垫资。

目前，为物流商提供的金融服务形式多种多样，物流业涉及的金融业务主要有物流结算业务、物流融资业务、物流金融客户服务业务、物流金融技术支持业务、物流金融政策支持等。例如，以托运人的应收账款冲抵物流费用；货物在途就可向托运人支付货款，以使托运人资金周转加快，并提前向供应商支付费用，让供应链迅速周转；将一个长期合同的费用化整为零，多次支付，客户可以多次获得收入，直接给予贷款服务等。一些物流商为了从头到尾控制供应链，保证特殊产品的运输质量与长期稳住客户，都开始关注金融市场，但物流商也担心此类服务的风险，因为有此项服务需求的客户，其金融信誉度很有可能极低，他们在银行已无法成功融资。

1. 垫付货款模式

关于垫付货款模式的说明：在货物运输过程中，发货人将货权转移给银行，银行根据市场情况按一定比例提供融资。当提货人向银行偿还货款后，银行向第三方物流供应商发出放货指示，将货权还给提货人（图12-9）。

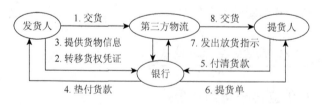

图12-9　垫付货款模式图

2. 仓单质押模式

仓单质押的基本模式是静态质押，指借款企业将商品质押给银行，质押品存放在银行指定的物流企业监管下的仓库，物流企业代替银行监管质押物，同时物流企业向金融机构出具质押专用仓单或者质押物清单，企业凭此仓单申请融资，银行根据质押物的用途、流动性及价格波动性向企业提供一定数量的融资。企业可以选择一次或多次向银行还贷，银行根据企业还贷情况向物流企业发出发货指令，物流企业根据银行指令向企业交货（图 12-10）。

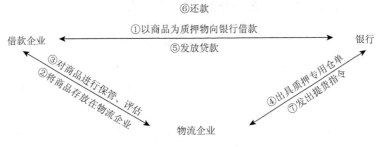

图 12-10 仓单质押模式图

3. 保兑仓模式

关于保兑仓模式的说明：制造商、经销商、第三方物流供应商、银行四方签署"保兑仓"业务合作协议书，经销商根据与制造商签订的《购销合同》向银行交纳一定比率的保证金，该款项应不少于经销商计划向制造商在此次提货的价款，申请开立银行承兑汇票，专项用于向制造商支付货款，由第三方物流供应商提供承兑担保，经销商以货物对第三方物流供应商进行反担保。银行给制造商开出承兑汇票后，制造商向保兑仓交货，此时转为仓单质押（图 12-11）。

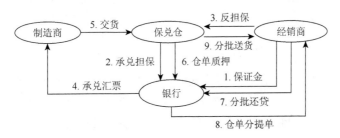

图 12-11 保兑仓模式图

4. 融通仓模式

融通仓模式是指物流企业以周边中小企业为主要服务对象，以流动商品仓储为基础，提供融资质押品仓储、监管、价值评估、物流配送以及企业融资担保等综合性服务。统一授信模式融通仓是银行根据其规模、运营现状、经营业绩、资产负债比以及信用状况，配置融通仓一定的信贷额度。物流公司可以直接利用信贷额度向企业提供质押贷款业务，根据我国金融法律，物流公司尚不能从事金融业务，实践中一般是采取由物流公司提供担保，借款人将商品质押给物流公司进行反担保来进行融资的方式（图 12-12）。

图 12-12 融通仓模式图

12.3　物流与供应链金融服务运作模式

12.3.1　国内环境下物流与供应链金融的服务运作模式

根据金融机构（如银行等）参与程度不同，可以把物流金融运作模式分为资本流通模式、资产流通模式和综合模式。所谓的资产流通模式是指第三方物流企业利用自身综合实力、良好的信誉，通过资产经营方式，间接为客户提供融资、物流、流通加工等集成服务；资本流通模式是指物流金融提供商利用自身与金融机构的良好合作关系，为客户与金融机构创造良好的合作平台，协助中小型企业向金融机构进行融资，提高企业运作效率；综合模式是资产流通模式和资本流通模式的结合。

下面对上述三种模式中几种典型的操作方案进行介绍，试图给企业的实践活动提供参考依据。

1. 资产流通模式

（1）方案 1：替代采购。该方案是由物流公司代替借款企业向供应商采购货品并获得货品所有权，然后根据借款企业提交保证金的比例释放货品。在物流公司的采购过程中，通常向供应商开具商业承兑汇票并按照借款企业指定的货物内容签订购销合同。物流公司同时负责货物运输、仓储、拍卖变现，并协助客户进行流通、加工和销售，如图 12-13 所示。

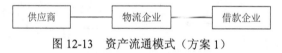

图 12-13　资产流通模式（方案 1）

（2）方案 2：信用证担保。在这模式中，①物流企业与外贸公司合作，以信用证方式向供应商支付货款，间接向采购商融资；②供应商把货物送至融通仓的监管仓库，融通仓控制货物的所有权；③根据保证金比例，按指令把货物转移给采购商，如图 12-14 所示。

图 12-14　资产流通模式（方案 2）

2. 资本流通模式

（1）方案 1：仓单质押融资业务。最简单的仓单融资是由借款企业、金融机构和物流公司达成三方协议，借款企业把质物寄存在物流公司的仓库中，然后凭借物流公司开具的仓单向银行申请贷款融资。银行根据质物的价值和其他相关因素向其提供一定比例的贷款。质押的货品并不一定要由借款企业提供，可以是供应商或物流公司，如图 12-15 所示。

图 12-15　资本流通模式（方案 1）

（2）方案 2：买方信贷。该方案为买方信贷业务。对于需要采购材料的借款企业，金融机构先开出银行承兑汇票。借款企业凭银行承兑汇票向供应商采购货品，并交由物流公司评估入库作为质物。金融机构在承兑汇票到期时兑现，将款项划拨到供应商账户。物流公司根据金融机构的要求，在借款企业履行了还款义务后释放质物。如果借款企业违约，则质物可由供应商或物流公司回购，如图 12-16 所示。

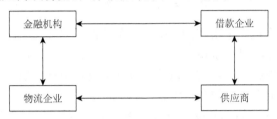

图 12-16　资本流通模式（方案 2）

（3）方案 3：授信融资。本方案为统一授信贷款业务，就是物流公司按企业信用担保管理的有关规定和要求向金融机构提供信用担保，金融机构把贷款额度直接授权给物流公司，由物流公司根据借款企业的需求和条件进行质押贷款和最终结算，在此模式中，金融机构基本上不参与质押贷款项目的具体运作。物流公司在提供质扣融资的同时，还为借款企业寄存的质物提供仓储管理服务和监管服务，如图 12-17 所示。

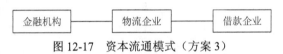

图 12-17　资本流通模式（方案 3）

（4）方案 4：反向担保。在本方案中，针对借款企业直接以寄存货品向金融机构申请质押贷款有难度的情况，由物流公司将货品作为反担保抵押物，通过物流公司的信用担保实现贷款。也可以组织企业联保，由若干借款企业联合向物流公司担保，再由物流公司向金融机构担保，实现融资。甚至可以将物流公司的担保能力与借款企业的质押物结合起来直接向金融机构贷款，如图 12-18 所示。

图 12-18　资本流通模式（方案 4）

3. 综合运作模式

综合运作模式包括资产流通运作模式和资本流通运作模式，是物流金融高层次的运作模式，其对物流金融提供商有较高要求，例如，物流金融提供商应具有自己全资、控股或参股的金融机构。例如，我们所熟悉的 UPS 公司，在 2001 年 5 月并购了美国第一国际银行（first international），将其改造成为 UPS 金融公司。由 UPS 金融公司推出包括开具信用证、兑付出口票据等国际性产品和服务业务。UPS 作为中间商在沃尔玛和东南亚数以万计的中小出口商之间斡旋，在两周内把货款先打给出口商，前提条件是揽下其出口清关、货运等业务和得到一笔可观的手续费，而拥有银行的 UPS 再和沃尔玛在美国进行一对一的结算，如图 12-19 所示。

图 12-19　综合运作模式

12.3.2　国际贸易背景下物流与供应链金融的运作模式

从事国际贸易的企业希望银行能够提供一体化的完整产品组合，满足其货物和现金管理的各项需求；国际贸易融资也与一般的贷款不同，它直接进入流通环节，与商品的价值实现密切相关，银行面对的市场风险压缩在商品货币循环的狭小空间中。这一特征为银行与物流公司的业务协作提供了前提条件。

1. 跟单托收结算方式中的物流与供应链金融运作模式

该模式运作流程如图 12-20 所示。

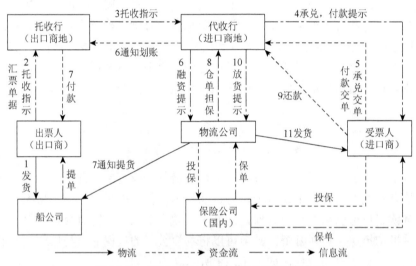

图 12-20　物流与供应链模式下银行托收流程

2. 信用证结算方式中物流与供应链金融的运作模式

进口商在与出口商签订买卖合同后，根据合同条款，在规定的时间内通过银行授信的物流公司向银行申请开立信用证，进口商凭保证金或由物流公司提供担保。开证行应该是物流金融供应链中的节点银行。开证后开证行将信用证传递给出口方银行，出口方银行收到信用证后审核信用证的真实性并通知出口商。出口商接受信用证后，应立即发货，取得装运单据交议付行/保兑行议付货款。出口方银行议付后，寄单索汇。开证行接受单据，通知进口商付款赎单。进口商如同意接受单据，应将货款及应付手续费付给开证行。这时，开证行和进口商之间由于开立信用证而形成的契约关系就此终结。其过程如图 12-21 所示。

3. 保理结算方式中物流金融的运作模式

如图 12-22 所示。

（1）出口商向进口国的保理商提出保理申请。

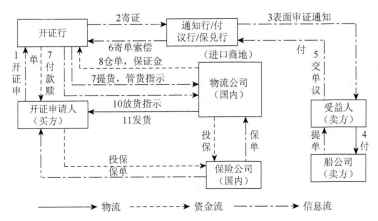

图 12-21 物流与供应链模式下信用证结算流程

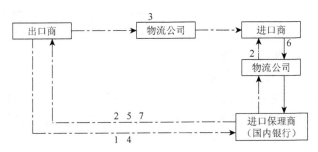

图 12-22 物流与供应链模式下保理流程

（2）进口国保理商通过其授信的物流公司对进口商进行资信调查。物流公司确定进口商信用额度，通知保理银行，银行同出口商签订保理协议。进口商为了能取得充足的货物，有可能在资信不足的情况下请求同一供应链中的银行授信的物流公司虚报资信情况。为了促使物流公司尽职尽责和避免串通欺诈，银行应该要求物流公司提供担保。

（3）出口商在信用额度内发货，并将发票和运输单据通过保理商转交给进口商，保理商收到票据后取得质押权并通知物流公司提货和监管货物。

（4）出口商将发票副本寄给保理商。

（5）出口商如要融资，则保理商在收到发票副本后即以预付款方式向出口商支付不超过发票金额的80%的融资。保理商负责应收账款的管理及催收，并提供100%的风险担保。

（6）到期后，进口商将货款付给保理商，也可以由物流公司垫付，进口商向物流公司提供货物质押或担保。

（7）保理商扣除有关费用及贴息后将剩余的20%的发票金额转入出口商的银行账户。

12.4 物流供应链金融的发展模式和职能

12.4.1 物流供应链金融的发展模式

物流与供应链金融以核心客户为依托，以真实贸易背景为前提，运用自偿性贸易融资的方式，通过应收账款质押、货权质押等手段封闭资金流或者控制物权，对供应链上下游企业提供综合性金融产品和服务。

物流与供应链金融的本质是信用融资，在产业链条中发现信用。在传统方式下，金融机构通过第三方物流、仓储企业提供的数据印证核心企业的信用、监管融资群体的存货、应收账款信息。在云时代，大型互联网公司凭借其手中的大数据成为供应链融资新贵，阿里蚂蚁金服、京东、苏宁等都是典型代表。

1. 基于 B2B 电商平台的物流供应链金融

在企业对企业（business to business，B2B）电商交易平台中，实体企业对于金融方面有着大量需求，而此类平台刚好可以为整条供应链上提供金融服务。国内电商门户网站，如焦点科技、网盛生意宝、慧聪网、敦煌网等，B2B 电商交易平台，如金赢网、找钢网都在瞄准供应链金融，往金融化方向挺进。

找钢网在 2015 年上线胖猫物流及以"胖猫白条"打头的金融服务。"胖猫白条"针对优质采购商提供的"先提货，后付款"的合作模式，意味着找钢网在供应链金融方面迈出了实质性脚步。截至目前，找钢网已经积累了接近 4 年的客户交易数据，垂直的数据风控能力是找钢网做供应链金融的优势。

2. 基于 B2C 电商平台的物流供应链金融

B2C 电商平台，如淘宝、天猫、京东、苏宁、唯品会、一号店等都沉淀了商家的基本信息和历史信息等优质精准数据，这些平台依据大数据，向信用良好的商家提供供应链金融服务。

（1）以京东为例。近年来，京东频频加码互联网金融，供应链金融是其金融业务的根基。京东通过差异化定位及自建物流体系等战略，并通过多年积累和沉淀，已形成一套以大数据驱动的京东供应链体系，其中涉及从销量预测、产品预测、库存健康、供应商罗盘到智慧选品和智慧定价等各个环节。京东供应链金融利用大数据体系和供应链优势在交易各个环节为供应商提供贷款服务，具体可以分为六种类型：采购订单融资、入库环节的入库单融资、结算前的应收账款融资、委托贷款模式、京保贝模式、京小贷模式。京东有非常优质的上游的供应商、下游的个人消费者、精准的大数据，京东的供应链金融业务水到渠成。

（2）专注于在线旅游代理的途牛旅游网也开始将触角伸向互联网金融这一领域。途牛目前基于旅游场景，在互联网金融方面主推三类产品。

一是客户层面的分期付款，针对 120 万的会员提供了超过 70 亿元的授信，该项业务在 2015 年 8 月份上线，增长很快，风险控制也非常好。

二是理财业务，2014 年四季度上线，2015 年 10 月份单月交易规模已经超过 10 亿元规模。

三是供应链金融服务，2015 年 9 月 16 日，途牛宣布，其旗下两个商业保理公司获批，注册资金共计 13 亿元人民币，设立商业保理公司旨在为目前逾 8000 家合作伙伴，还有包含酒店、景区等在内的其他旅游产业链相关企业提供保理服务，满足更多旅游行业中小企业的融资需求。

途牛自 2015 年建立 50 亿元资金储备，至今已累计向合作伙伴提供资金支持超 17 亿元。2016 年，途牛将筹备上线融资租赁业务以及上线供应链保险平台，向汽车厂商购买车辆，再通过租赁的方式提供给合作伙伴，付清租金时同步转让车辆所有权，可以有效缓解中小合作伙伴一次性付款的压力，适合于提供周边游、国内地接、境外地接服务商。途牛此举意在加强对供应商的把控，同时也希望继续以旅游＋金融的方式获得更多利润。

3. 基于支付的物流供应链金融

随着网络和移动端的发达和广泛运用，在线支付成为了人们日常生活中较为主要、便捷和频繁使用的结算方式。只想做支付的支付公司只能带来常项收入和服务，却不能更好地满足消费者的"胃口"并提供增值服务。因此，支付宝、快钱、财付通、易宝支付、东方支付等均通过支付切入物流供应链金融领域。不同于支付宝和财付通 C（消费个体）端的账户战略，快钱等支付公司深耕 B（商业企业）端市场。以快钱为例，2009 年开始，快钱开始探索物流供应链融资，2011 年快钱正式将公司定位为"支付＋金融"的业务扩展模式，全面推广物流供应链金融服务。如快钱与联想签署的合作协议，帮助联想整合其上游上万家经销商的电子收付款、应收应付账款等相应信息，将供应链上下游真实的贸易背景作为融资的基本条件，形成一套流动资金管理解决方案，打包销售给银行，然后银行根据包括应收账款等信息批量为上下游的中小企业提供授信。

4. 基于 ERP 系统的物流供应链金融

传统的企业资源计划（enterprise resource planning，ERP）管理软件等数据信息技术（information technology，IT）服务商，如用友、畅捷通平台、金蝶、鼎捷软件、久恒星资金管理平台、南北软件、富通天下、管家婆等，他们希望通过自身已有的优势，寻找更多产业融合的优势。其通过多年积累沉淀的商家信息、商品信息、会员信息、交易信息等数据，基于这些数据构建起一个供应链生态圈。

例如，老牌财务管理 ERP 企业用友网络，互联网金融是公司三大战略之一。数千家使用其 ERP 系统的中小微企业，都是其供应链金融业务平台上参与的一员。汉得信息与用友的模式略有不同，汉得的客户均是大型企业，而其提供供应链金融服务的对象，将会是其核心客户的上下游。

5. 基于一站式供应链管理平台的物流供应链金融

伴随着一站式服务的全面周到理念，一些综合性第三方平台，集合了商务、物流、结算、资金的一站式供应链管理，如国内上市企业的怡亚通、苏州的一号链、南京的汇通达、外贸综合服务平台阿里巴巴一达通等，这些平台对供应链全过程的信息有充分的掌握，包括物流掌握、存货控制等，已集成为一个强大的数据平台。他们将逐渐运用平台化和平台经济推动物流供应链金融的发展。

（1）深圳怡亚通，创立于 1997 年，是一家一站式供应链管理服务平台，其推出两天两地一平台战略："两天网"是指两大互联网平台（宇商网＋和乐网），而"两地网"，即怡亚通打造的两大渠道下沉供应链平台（"380"深度分销平台与和乐生活连锁加盟超市），而"一平台"即怡亚通打造的物流主干网（B2B＋B2C 物流平台）。怡亚通纵向整合供应链管理各个环节，形成一站式供应链管理服务平台，并通过采购与分销职能，为物流客户提供类似于银行存货融资的资金代付服务，赚取"息差"收入；同时，针对需要外汇结算的业务开展金融衍生交易，在人民币升值背景下赚取了巨额收入。在一站式供应链管理服务的产业基础上开展金融业务的模式，是其盈利的重要来源之一。

（2）阿里巴巴旗下的外贸综合服务平台一达通，则是一家面向中小外贸企业的集约化外贸进出口环节服务的公司，开创了将国际贸易与流通服务分离的外贸服务新业态，采用标准化、专业化、网络化的手段为国内中小微企业提供通关、物流、退税、外汇、融资等一站式外贸综合服务。一达通的长期目标是通过高效整合中小企业外贸流通服务资源，增强中国外贸在国际金融、物流、渠道、品牌等服务业的话语权和贸易盈余。目前，一达通面向中小外贸企业推出的金融服务产品有赊销保、信融保和远期外汇保值等。无论是赊销保还是信融保，都是为了能让供应商提前拿到资金，减少资金积压，不仅能够大幅提升供应商的接单能力，还能降低企业运行成本，改善外部交易服务条件，特别是金融服务条件，有效地扩展了中小企业生存发展空间，让"小"企业也能享受"大"服务。

6. 基于软件即服务（SaaS）模式的行业解决方案的物流供应链金融

细分行业的信息管理系统服务提供商，通过 SaaS 平台的数据信息来开展供应链金融业务，如国内零售行业的富基标商、合力中税；进销存管理的金蝶智慧记、平安银行橙 e 网生意管家、物流行业的宁波大掌柜、深圳的易流 e-TMS 等。

以平安银行生意管家为例，生意国内首个免费的 SaaS 模式供应链协同云平台，是平安橙 e 网的核心产品。橙 e 平台将平安银行供应链金融传统优势推向更纵深的全链条、在线融资服务。"更纵深的全链条"是指把主要服务于大型核心企业的上下游紧密合作层的供应链融资，纵深贯通到上游供应商的上游、下游分销商的下游。"在线融资"是指橙 e 平台为供应链融资的各相关方提供一个电子化作业平台，使客户的融资、保险、物流监管等作业全程在线。

7. 基于第四方物流金融服务平台的物流供应链金融

伴随第四方物流理念在中国的悄然兴起，大型商贸园区依托于其海量的商户，并以他们的交易数据、物流数据作为基础数据，这样的贸易园区有很多，如深圳华强北电子交易市场、义乌小商品交易城、临沂商贸物流城、海宁皮革城等。

以浙江的银货通为例，浙江的"块状经济"历来发达，"永康五金之都""海宁皮革城""绍兴纺织品市场""嘉善木材市场"等都是知名的块状产业聚集区。而这些产业集群的特征是，其上下游小微企业普遍缺乏抵押物，但却具有完整的上下游供应链。在这样的背景下，银货通在"存货"中发现了信用，首创存货质押金融，是国内首家基于智能物流、供应链管理的存货金融网络服务平台。同时，其相继推出了"货易融""融易管""信义仓"三大服务系统。截至目前，银货通通过动产质押，实际实现融资超 10 亿元，管理仓储面积超 10 万平方米，监管质押动产价值 25 亿元。

8. 基于大型物流企业的物流供应链金融

物流占据了整个商品交易过程中重要的交付环节，连接了供应链的上下游。它们基于物流服务环节及物流生产环节在供应链上进行金融服务。国内大型快递公司及物流公司，快递公司如顺丰、申通、圆通、中通、百世汇通等，物流公司如德邦、华宇、安能等均通过海量客户收发物流信息进行供应链金融服务。目前顺丰、德邦已经开始通过物流数据渗透了货主采购，仓储物流费用等方面进入供应链金融。

以顺丰为例，2015 年 3 月底，顺丰全面开放全国上百个仓库为电商商家提供分仓备货，同时推出顺丰仓储融资服务。优质电商商家如果提前备货至顺丰仓库，不仅可以实现就近发货，还可凭入库的货品拿到贷款。顺丰具备庞大的物流配送网络、密集的仓储服务网点及新兴的金融贷款业务，三点连接形成完整的物流服务闭环。除仓储融资，顺丰金融供应链产品还有基于应收账款的保理融资，基于客户经营条件与合约的订单融资和基于客户信用的顺小贷等。

12.4.2　物流供应链金融的职能

1. 物流融资职能

该项职能体现在物流工作整个流程中，包括采购、生产、加工、仓储、运输、装卸、配送直至到达需求方手中。由于物流业务地理范围广阔，需要巨大的基础设施投资，单个企业难以形成规模经济，必然需要银行、资本市场、政府财政的大量资金支持。1993 年，美国的商收物流投入是 6700 亿美元，相当于美国当年 GDP 的 11%。高资金的投入促进了美国高效率的物流发展，物流现代化又极大地刺激了美国经济。这都离不开美国财政金融对基础设施建设的鼎力相助。而我国的统计数据表明，1991～2002 年物流行业固定资产投资额从 325.8 亿元上升到 3568.8 亿元，增长了 10 倍，年均递增速度达到 24.3%。

研究高速发展的物流产业，总结物流融资运作的规律也有利于金融收提高经营绩效和物流收的稳健发展。物流融资业务主要包括：商业银行贷款融资，这是物流企业最主要的融资方式；证券市场融资，物流企业可以争取公司股票或债券的发行，也可通过参股、控股上市公司方式实现融资；开拓实物型、技术型融资账务，实物型租赁和技术参股，特别是与物流经营相关的大型耐用设备租赁和关键技术合作，是物流企业可以优先考虑的项目；票据性融资账务，商业票据的贴现可以使物流企收获得必要的资金来源。另外，商业贷款以外的其他金融授信业务，如银行承兑汇票、支票、信用证、保函等也是适合现代物流企收发展的融资业务；物流发展基金和风险基金可以是已经上市的、面向公众筹资的投资基金，也可以是未上市的投资基金，其资金来源主要由财政补贴和企业的多元化投资组成；争取境外资金和政府财政的战略投资亦为可取之策。

2. 物流结算职能

为物流业服务的金融机构面临大量的结算和支付等中间业务。为了实现 B2B、B2C 的流程，诞生了现代物流。物流的发展方向就是满足不同批量、不同规格、不同地区的需求。随着物流业的顾客扩展到全国范围乃至世界范围，金融服务也就随之延伸到全国和世界范围。如果没有金融结算及资金划转等服务措施的配套，物流企业的成本无法降低，中小企业就会对现代物流服务望而却步。大型物流企业会对订单较小、运送距离较远、服务要求较多的产品失去兴趣，物流的灵活性、多样化、个性化的发展优势就会丧失。对于客户而言，如果网上下单不能获得应有的服务，物流的价值将大打折扣。

我国现行的结算方式主要运用支票、汇兑、委托收款、托收承付、银行汇票、商业汇票、银行本票和信用卡等八种代表性的结算工具；另外还有多种的结算服务可供选择，如信用证、国际保理等。每一种方式都有自身的特点：银行承兑汇票由于有银行作为付款人，付款保证性强，具有融资功能，但同时票据的流转环节多，查询难度大；商业承兑汇票是由付款人或收款人签发，付款的保证程度视企业的信誉高低而定；本票是由出票银行签发，支票则由出票单位签发，都适合在同城使用；信用卡属于电子支付工具，方便、灵活、快捷，但是该结算方式受银行网络的限制；汇兑是异地结算的主要方式，适用于付款人主动付款；委托收款是收款人委托开户银行收款的结算，同城、异地结算都可以使用，属于商业信用，保付性较差；托收承付要求购销双方必须签订购销合同约定，现实中经常发生付款争议；国内信用证通过银行传递，手续严密，具有融资功能，但是手续烦琐、手续费用也比较高。物流企业选择这些方式的时候要兼顾安全性、时效性和经济性。

物流企业在异地结算方式的选择：如果是一次性交易，宜采用先收款后发货或一手钱一手货的方式，如现金、信汇、电汇、自带汇票等方式；经常往来的客户，可先发货后收款，采用汇款、异地托收承付、委托银行收款等方式。

3. 物流保险职能

物流业的责任风险几乎伴随着账务范围的全程：运输过程、装卸搬运过程、仓储过程、流通加工过程、包装过程、配送过程和信息服务过程。物流保险作为物流金融的重要组成部分，提供一个涵盖物流链条各个环节的完整的保险解决方案，努力帮助物流公司防范风险。

针对这个具有巨大潜力的市场，保险公司应整合相关险种，为物流企业量身设计各种新的保险组合产品，如物流综合责任保险，使保险对象可以扩大到物流产业任何一个环节，如物流公司、货运代理公司、运输公司、承运人、转运场、码头和车站等。

物流公司的责任较传统的运输承运人大得多，服务的内涵和外延远比运输服务要广，并且不同的服务受不同的法律制约。但是国际国内都还没有关于物流服务的专门法律，因此，物流保险作为针对物流企业定制和设计的金融产品，能极大地简化物流业的复杂环境，为物流业的拓展提供保障。

4. 产业融合职能

物流供应链金融作为产业模式升级的自然演化，"从产业中来，到金融中去"，具有深厚的行业根基，颠覆了传统金融"基于金融而金融"的范式，打开另一扇窗，兼具金融的爆发力和产业的持久性。

1）从产业链生态发展考虑

首先，物流供应链金融本质上是弥补了中小企业年化融资成本8%～20%的空白，给予了中小企业全新的融资工具，这在中小企业融资难背景下，具有强大的生存空间。

其次，满足了核心企业产业转型升级的诉求，通过金融服务，变现其产业链长期淹没的价值。

再次，对于银行等资金供给方而言，由于核心企业的隐性背书，降低了向中小企业放款的风险，且获得较高的回报。

2）从产业链链条中的核心企业突破瓶颈考虑

中国正处于经济的换挡期，行业产能过程、转型压力自不必多讲，但就产业中企业来讲，由于自身优劣势禀赋不同，在转型大潮中表现出不同的诉求。小部分掌握了产业核心资源的企业，希望利用金融业务将其在行业中长期建立起来的优势变现；大部分中小微企业则对解决融资问题具有更强的偏好。无疑，物流供应链金融对整个产业链的再升级都是战略级突破口。

3）从产业链链条中的中小企业有序发展考虑

目前绝大多数中小企业在产业融合中的痛点问题是：融资难、融资贵、融资乱、融资险。多层次金融市场的缺失，使得中小企业暴露于无主流金融机构覆盖的尴尬境地，中小企业融资也多是"富贵险中求"，融资成本高，且相应金融服务机构散、乱，对中小企业稳定经营造成重大影响。

从另一方面讲，针对中小企业的金融服务仍是一片尚未被充分开发的大市场，新的金融模式、新的技术应用都可能彻底启动行业崛起阀门。

总之，核心企业切入供应链金融，构建新的优势领地，其掌握的物流、信息流、资金流将充分发挥优势；中小企业获得低成本的稳定资金，为主业提供持续动力；第三方物流企业业务量上升，同时个别优秀企业也可通过物流、仓储建立的优势切入供应链金融业务；通过物流供应链金融中的应用和拓展，电商平台价值将大为提升。

12.5 物流供应链金融风险控制与管理

物流供应链金融最近几年在我国实现了跨越式发展，物流企业、银行业金融机构、中小企业等纷纷加入物流金融的行列中。随着物流和电子商务的常态化，物流供应链金融将成为一个新的趋势和方向。但同时，物流供应链金融的发展也受到了阻碍，出现了虚假仓单、信用违约等问题，这些问题的根源在于物流供应链金融风险管理。因此物流供应链金融风险管理将是进行物流供应链金融业务和构建供应链良好生态的重中之重。

12.5.1 物流供应链金融风险成因

（1）物流供应链金融风控管理滞后、监管不力。最近几年，我国物流供应链金融发展迅猛，成为物流企业、电商平台和银行争相涌进的领域。物流金融是新型的具有多赢性的业务品种。对于每一项金融创新而言，可以说都是收益与风险并存，也必然会伴随着阻力和枝蔓。如虚假仓单和交易、客户信用违约等都是经常提及的。在 2013～2014 年的中国物流发展报告中显示，物流金融行业的变动较大，呈现出总体下滑、国退民进、优化整顿的态势。动产质押监管业务量下降 40%以上，业务收入下降 30%以上。据报道，在重灾区上海，一年中大约有 1000 起质押业务的诉讼。一大批钢材市场和钢贸企业破产退出，银行业损失较大，在有些银行的坏账中，质押融资坏账达到 50%，部分责任人因此被撤职、降职，甚至受到法律惩处。

（2）物流供应链金融风控机制不健全。政府部门、银行业金融机构还未形成规范的认识，政府部门不作为，银行业金融机构过度逐利、过度放贷、放松管理。

由于第三方物流仓储公司现场监管人员渎职或与借款人联手欺诈等人为因素造成的操作风险，银行对物流仓储机构准入审查不严、巡核库工作流于形式等导致风险。

银行在供应链物流金融业务操作中，如果不能有效地杜绝各类合同、协议和操作流程设计中的明显漏洞与缺陷，严格按照既定流程办理业务，则会给内外部欺诈留下可乘之机与操作空间。

（3）物流供应链金融风控信息体系不透明。重复质押、量价不足、以假充真、以次充好、虚假仓单等行为就是利用了信息不对称的漏洞。

（4）物流供应链金融法律规范不完善。物流金融业务参与方多、环节多、关系复杂、产品多样，相关部门缺乏管理措施，容易引发事故。

12.5.2　物流供应链金融风险类型

物流供应链金融所带来的风险主要包括信用和评估风险，链条中的经营管理和财务风险，质押标的风险，信息传递的风险，代收、垫付资金账期风险，行业及外部风险以及法律风险等。

1. 信用和评估风险

1）信用风险

由于物流供应链金融委托代理关系的本性，信用是其健康运行的基础，信用风险也就成为其要面临风险中最重要的一种。物流供应链金融业务的广泛参与性以及业务流程的复杂性都使得其表现出与传统信贷相比更为复杂的信用风险。

随着融资工具风向上、下游延伸，风险也会相应扩散。在这种情况下，虽然最大的金融利益会向核心企业集中，但其实风险也会相对集中。因为如果供应链的某一成员出现了融资方面的问题，那么其影响会迅速地蔓延到横条供应链。

另外，在实际操作中，国内的银行通常会将核心企业的信用放大 10%～20%，用以对供应链上的企业进行更大的授信支持来开发业务。但现实问题是：如果这家大企业用 10 家银行，每家银行都对他们进行类似授信支持，无形间这个核心企业的信用被扩大了 100%～200%，这对企业应付如此巨大的信用增长及银行监管如此巨大的增长风险的能力均提出了巨大的挑战。

从已完结项目的统计数据来看，80%以上物流供应链金融业务的失败都是由风险预测及评估的失误或不足而造成的。由此可见，能否实现对信用风险的准确分析、评测以及有效规避是决定物流供应链金融业务成败的关键内容。

2）评估风险

评估风险是指物流企业和银行业金融机构在参与物流金融业务时，因为其评估系统不完善或其他操作不合理所带来的风险。作为物流企业，在从事货物的评估工作时，在相关数据的获得上经验丰富，在对商品价值进行评估时具有优势；而银行业金融机构的优势集中体现在丰富的金融业务评估操作上。

在评估工作中的主要操作由物流企业承担，银行业金融机构更多地起指导和决策作用。对于物流企业来说，作为质押物的商品种类繁多，如有些商品的市场价格不稳定，一旦在储存期间出现价格降低现象，会给物流企业带来相应的损失；有些商品由于自身属性的特点，对存储条件要求很高，这也就会导致储存成本较高，从而增加物流企业的仓储成本；物流企业选择的质押物应为比较畅销的货物，变现能力较强，如评估不当或是相关人员操作不当，都会给物流企业带来潜在风险等。

此外，物流工作人员也可能因为自身经验缺乏或疏忽大意等原因对质押物的真实价值判断失误，未对融资企业有关质押商品价值的说法进行准确核实，导致评估结果出现偏差，高估质押物的价值是仓单质押业务的核心风险。物流企业对质押物的评估风险是由物流企业评估系统的不够准确，对质押物的评估方法不够科学以及物流企业相关评估人员的专业性不强等因素导致的。对银行业金融机构来说，虽然没有真正接触到操作层面上的评估，但在综合风险评估中出现失误，将会承担更多的损失。

2. 链条中的经营管理和财务风险

（1）经营管理风险是指在物流金融业务开展过程中物流企业由于自身经营管理不善而给企业自身带来的风险，经营管理风险对于任何企业来说都是普遍存在的，可以说经营管理风险是所有企业的共性风险，但是经营管理风险对于物流企业来说又具有其独特性。一方面由于我国物流行业起步较晚，相关制度不够完善，相关专业人才缺乏，这就使得物流企业在管理上存在许多漏洞。而物流金融又是物流企业参与的一项新业务，从事金融服务的物流企业因涵盖了整个产销供应链的多元化服务，则会面临更大的经营风险。物流企业的经营管理风险集中体现在运营操作风险和内部管理风险两个方面。

（2）在整个物流供应链金融链条中任何一个环节上出现财务危机都会带来连锁反应。

核心企业作为供应链的最大受益者一定会受到最大影响。所以这对其自身的资金管理和综合管理是一个相当大的考验。特别是国内很多企业没有建立起完善的信用和资金管理体系，而供应链金融往往会对核心企业的资金管理能力提出很高的要求，稍有不慎就会引发大的金融灾难。

中小企业方面虽然取得了长足的发展，但与大型企业相比，产业进入时间晚，其本身仍有许多不利于融资的因素，具体表现在：财务制度不健全、企业信息透明度差导致其资信不高。据调查，中国中小企业 50%以上的财务管理不健全，许多中小企业缺乏足够的财务审计部门承认的财务报表和良好的连续经营记录。

金融机构方面，物流供应链金融的创新之处就在于将仓单至物流过程纳入质押对象，这势必牵涉到对仓单和物流过程的定价评估问题。一方面，由于价格的变动，会导致质押对象的价值发生升值或者贬值，从而引起一定的抵押风险；另一方面，对银行内部来说，要严防内部人员作弊和操作失误。在对抵押品的估值和评价中，要客观公正，以科学的方法保证估值和评价的准确性，确保银行的利益不受损失。

3. 质押标的风险

1）质押标的风险分两个阶段进行

第一阶段是物流企业的监管风险，主要是由于仓储制度不够全面、仓储设施的安全性较差、操作不够规范、进出货物不够及时以及库存的安全性没有保障。

第二阶段是指贷款企业在合同到期时不能还清贷款而将抵押货物进行变现操作时，由于各种原因质押物不能按预期进行变现而产生的风险，具体包括以下四个方面。

（1）权属问题。如果融资企业将非法取得的物品或是用他人的物品进行抵押，再或是将同一物品进行多次重复质押，势必会造成物流企业和银行的损失。

（2）意外风险。物流企业对质押物进行审核时，一般会选择物理、化学属性比较稳定的物品进行质押，若将易变质、易挥发、易串味儿等物品作为质押物，在保管期间稍有不慎就会导致质押物价值受损，使物流企业蒙受损失，如将酒精类物品作为质押物，在保管期间很容易挥发，导致质押物质量和价值受损。

（3）价值风险。商品的市场价格不稳定，一旦在储存期间出现价格降低现象，会给物流企业带来相应的损失。

（4）质押物投保率。若借款人事先已对质押货物进行投保，则能有效降低质押物的各种不确定因素带来的风险，反之，未投保则对于质押物可能面临的风险无法保证。

2）质押标的其他风险

对物流企业来说风险还来源于客户信贷、质押货物的选择和保管以及内部操作运营。其主要表现形式有以下几种。

（1）客户资信风险。客户的业务能力、业务量及商品来源的合法性，对仓库来说都是潜在的风险。在滚动提货时，提好补坏，有坏货风险，还有以次充好的质量风险。

（2）仓单风险。仓单是质押贷款和提货的凭证，是有价证券也是物权证券，但目前仓库所开的仓单还不够规范，如有的仓库甚至以入库单作为质押凭证，以提货单作为提货凭证。仓单业务风险主要是因仓单质押融资业务中对各方法律关系的认识不足或权责界定不清而可能引起的风险。需要界定清楚出质人与质权人之间的权利质押合同关系、贷款银行与出质人及标准仓单受让人签订代为偿还借款的受让变现合同关系等。

（3）质押商品选择风险。并不是所有的商品都适合做仓单质押，因为商品在某段时间的价格和质量都是会随时发生变化的，也就是说会有一定程度的风险。

（4）商品监管风险。在质押商品的监管方面，由于仓库同银行之间的信息不对称，信息失真或信息滞后都会导致一方决策的失误，造成质押商品的监管风险。质押监管业务还面临着诸多风险，如物流企业的技术缺乏、质押物所有权的变化、物流管理水平不高、合同中的法律漏洞与瑕疵等给权益方带来的风险。

4. 信息传递的风险

由于每家企业都是独立经营和管理的经济实体，供应链实质上是一种未签订协议的、松散的企业联盟，当供应链的规模日益扩大、结构日趋复杂时，供应链上发生的错误信息的批回也随之增多。信息传递延误将导致上、下游企业之间的沟通不够充分，对产品生产以及客户的需求在理解上出现分歧，不能真正满足市场的需要。这种情况将可能给商业银行传递一种不正确的或有偏差的信息，影响商业银行的判断，从而带来风险。

5. 代收、垫付资金账期风险

在贸易量比较大的市场，对商品的款式、价格、质量的要求复杂多变，有时不便于批量进货，也难以与一家或几家供货方建立长期稳固的供销关系，很多交易的双方并不认识，而仅凭电话联系好商品型号与价格发货，因此回收货款便委托物流公司完成。由于这种方法节省费用与人力，在货运市场逐步盛行。但货主可能要面临物流企业卷走或挪用代收货款的风险。

垫付费用对一些资金相对紧张的委托人而言具有一定的吸引力，因而它已经成为物流企业承揽业务的手段之一，但却具有一定的风险。首先是客户的资信问题，一旦客户资金链断裂，垫付的费用可能无法收回；其次是垫付费用的合法性问题；最后还要考虑到诉讼成本问题。对于一些拖欠，考虑到诉讼成本、维系客户等问题，物流企业会放弃垫付费用。

6. 行业及外部风险

行业及外部风险主要是指我国相关政策制度的不完善以及市场经济运行的不成熟所导致的风险。

（1）政策制度表现为政策的适用性；市场经济运行包括国内外政治经济的稳定性和对市场和经济走势的把握等方面。我国关于物流行业的政策性文件主要有：2001 年发布的《关于加快我国现代物流发展的若干意见》；2004 年的《关于促进我国现代物流业发展的意见》与 2009 年制定的《物流业调整和振兴规划》等。这些文件中关于物流金融业务的描述较少，尚未成型，处在研讨阶段。近年来出台的关于物流金融服务政策多为一些地方性文件，如中国人民银行深圳市中心支行发布的《关于金融支持物流业发展的指导意见》等。

（2）来自于操作人员和企业个体的信用与道德风险。这类风险主要是指银行及物流企业操作人员的诚信与职业素养、质押物来源的合法性、客户的诚信度等因素带来的道德与信用风险。例如，银行工作人员、客户、监管人员之间串通，物流企业资金链断裂而铤而走险等。

（3）市场环境波动及其他偶发风险。市场的大的经济环境变化，可能导致质押物价格波动，相关企业资金链断裂，银行收紧银根等，从而导致风险的发生。同时，因质押物选择或保管不当导致货损等风险以及自然灾害、意外事故等不可抗力或偶发因素造成的风险等。

7. 法律风险

物流供应链金融业务中所面临的法律风险主要由于合同条款存在漏洞或安排不合理以及相关法律制度不完善。其中，针对合同条款与质押物的所有权等法律问题贯穿于任何经济活动过程之中。质押物所有权是不固定的，具有很大的流动性，而物流金融服务涉及的主体较多，很有可能发生权利纠纷。同时，我国《合同法》与《担保法》等法律并没有明确界定物流金融主体纠纷的处置方法，其他指导性文件更是鲜有涉及，因此物流金融服务很可能产生很多的法律纠纷。在我国现行法律体系中，并没有明确规定仓单的内容、仓单转让与遗失等问题，仅依靠现有法律法规难以满足物流金融服务发展的需要。例如，根据《合同法》的相关规定，仓单可以转让给其他人，以获取提取标的的权利，如果持有仓单的第三人并非出于善意的目的，那么出质人即便是偿还贷款后也难以正常提取仓储物；反之，若出质人获得了仓单，则银行权益无法在质押到期后获得充分的保障。

12.5.3　国内物流供应链金融风险防范

1. 物流企业内部风险防范

（1）物流企业应建立专门的物流金融业务小组，严格规范管理办法和管理程序，切实避免因内部管理漏洞所造成的经营风险。同时完善监管制度，保证管理设施的安全性，使监管职能能够顺利执行。

①物流企业要确保质押物的安全，若在监管过程中出现质押物破损或灭失现象，物流企业要承担相应的损失。

②仓单是物流企业仓库保管人员在收到进行抵押的货物时出具给融资企业的收货凭证，是融资企业以后进行提货的依据，所以物流企业在出具仓单时，要确保货物的真实价值与仓单描述的相一致。物流企业仓库保管人员应该依据事先的协议操作，确认仓

单的真实性后才可以发货。

③物流企业受金融机构委托负责质押物的监管工作，及时有效地将质押物信息传递给银行，有利于双方及时进行信息交流，有利于作出决策。

④对于动态质押模式来说，质押物不断进出仓库，物流企业必须加强对质押物的安全库存控制，始终保证库存货物价值和数量不低于要求的最低价值。

（2）物流企业的工作人员素质、管理机制和机器设备水平发挥着重要的作用。

①建立完善的专业人员的选拔和培训制度，选拔物流、金融等方面专业知识和综合实力较强的工作人员，并定期对相关人员进行专业的技能培训，提高工作人员的管理能力或操作技能；针对物流企业管理人员和相关操作人员个人素质而言，物流企业在招聘重要岗位工作人员时，应对员工以往的个人能力、工作表现、个人生活作风等方面进行严格审核；企业应建立完善的奖惩机制，根据员工平常的工作表现给予相应的惩罚或奖励，不仅能提高员工工作的积极性，还能有效降低相关风险的发生。

②物流企业应该加强内部管理，制定相关的管理规范，探索出最适合企业自身的管理制度和组织结构；部门之间要明确各自的职责，保证物流金融能够顺利、有序地进行；建立企业内部信息共享机制，便于各部门之间的沟通与协调，使各部门之间的信息传递更加及时，避免信息延误给企业带来损失，又有利于对物流金融运作过程进行灵活的管理和控制。

2. 质押物的风险防范

（1）在动产质押上，动产本身的权属风险主要体现在质押物的所有权问题上，如果融资企业将非法获得的物品或所有权属于他人的物品作为质押物，或是将物品进行多次重复质押，势必会造成物流企业和银行的损失。在质押物入库前，物流企业应对其进行全面调查，确保质押物是属于融资企业的合法货物。

（2）动产意外风险主要是质押物本身属性所导致的风险，也是物流企业审核质押物时最关键的问题，物流企业在选择质押货物时，一般会选取物理和化学等各种属性均比较稳定的物品进行抵押，确保货物在质押期间不会出现变质、挥发以及串味等现象，若出现上述现象势必会导致质押物价值受损，使物流企业蒙受损失。所以，物流企业在对质押物进行评估时，一定要谨慎考虑质押物本身的属性是否稳定。

（3）对于动产质押来说，进行质押的货物市场价格很可能会出现上下波动，一旦在货物储存期间出现价格下跌现象，会给物流企业带来相应的损失。若在存储期间质押物价格下降，就会造成质押物价值缩水，当融资企业在合同到期时不能还清贷款，变卖或拍卖质押物也不能足额偿付银行的贷款，从而给银行和物流企业造成损失。所以，物流企业要慎重选择质押物，尽量选择市场价格稳定的物品进行质押。

（4）质押物的投保率也是导致质押物风险的一个重要原因，若融资企业与保险公司共同签订保险合同，即融资企业事先对质押货物进行投保，在物流企业参与物流金融业务过程中，质押货物一旦出现破损、灭失等价值受损问题，保险公司则负责分担物流企业的部分或全部损失，有效降低物流企业的风险。由此可以看出，质押物是否投保对物流企业参与物流金融业务起重要作用。

3. 加强客户的信用管理和评估体系

进一步完善客户资信评估体系，积极防范客户资信风险，必要时可以采用一些有效的评估方法，科学、客观地对客户资信进行系统评估。

（1）物流企业可以根据自身的专业优势和以往的实践经验，积极探索，开发适合物流金融业务中符合质押物评估特点的评估方法，建立起一套科学、完备的评估系统，且该系统应具备适用性广泛、评估准确的特征，并在不断实践过程中优化升级，使评估系统越来越准确，最大限度地降低物流企业的评估风险。

（2）在质押物的评估环节选择科学的评估方法十分重要，既要有定性分析，包括对当前经济形势的分析和咨询专家的意见等；还要有一定的定量分析，包括对统计资料的查询以及质押物的各种价格。只有将定性分析和定量研究有机结合起来，得到的评估结果才具有可信度。在物流金融业务开展初期，应加强与专业评估机构的合作，聘请相关的评估专家或是派遣物流企业内部相关人员去学习有关质押物的评估知识，确保能够独立、准确地完成评估工作。

4. 防范融资企业所带来的风险

融资企业的经营状况，第三方物流企业应主要针对融资企业的财务状况、现金流量情况和非财务状况三大方面进行全面详细的审核。

（1）物流企业以及合作的金融机构应加强对融资企业各方面的审核工作，对于财务状况不明确、账目弄虚作假或是经营状况早已入不敷出的企业，物流企业应拒绝或是慎重与其合作；对于已经建立合作关系的融资企业，物流企业也应对融资企业的经营状况进行定期审核。

（2）物流企业还应加强对融资企业经营状况的实时监控，一旦经营状况出现问题，能够及时采取应对措施。另外，与融资企业确立长期稳定的合作关系，有利于物流企业对融资企业的经营状况的了解更加深入，也能比较准确地对融资企业的发展前景进行判断和预测。

（3）应该加强物流企业和银行业金融机构内部工作人员的素质和忠实度管理，避免内部人员与融资企业串谋行为的发生。

（4）物流企业作为金融机构和融资企业沟通的纽带，应最大限度地发挥自身的联结作用，三方应建立良好的信任机制和信息共享机制，降低物流金融三方的交易成本和机会成本，实现信息的有效沟通，有效地降低信用风险的发生。

5. 防范环境风险

政策制度、国内外政治经济和市场经济走势等内容都具有不确定性，因此不能通过风险转移或是风险控制等方式来消除环境风险，只能通过事先分析、调查来进行风险回避。风险回避则要求物流企业和银行业金融机构依据搜集和预测结果实时对企业运作模式进行调整，尽可能降低因国家出台的政策法规、国际经济环境或是经济周期的影响给物流企业参与物流金融业务带来的不利影响。

6. 法律风险防范

从宏观层面上讲，国家需要尽快研究出台相配套的法律法规，并加强执法，规范市场行为，促进物流金融的健康发展。相对于我国不健全的物流金融法律体系，早在 1916 年美国就出台了仓库储存法案（US Warehousing Act of 1916），并在此基础上建立了一系列的仓单质押规则。在欧盟，由于欧洲复兴开发银行的积极推动，其成员国中颁布动产担保法律的国家已经达到 22 个。

因此，我国应当：一方面，物流行业贷款政策、保险政策及金融担保、质押与权利让渡政策等必须优先完善；另一方面，完善相关法律体系，加强法规的可操作性，增加执法力度，坚决杜绝违法行为。同时，物流企业和银行业金融机构也应当加强自身的学习和意识，并积极促进法律法规的规范和形成。

7. 银行业金融机构的风险防范

（1）建立一套健全有效的风险控制体系。因质押商品市值变化、监管不力与质物变现产生的市场风险以及因管理不善产生的内部人员道德风险可能会给银行业金融机构带来还款风险，因此完善风险控制体系、防范金融风险成为银行相关部门的首要任务。

（2）加强企业的信息化管理，能够与客户、银行之间进行有效信息的共享，实现银行对仓库的监管，尽量规避信息延误给物流企业带来的风险。

（3）进行质押商品选择时，应优先选择那些有较好适用性、处置方便、价格与质量均比较稳定的商品品种（黑色金属、有色金属、大豆粮食作物等），尽量规避那些变现能力较差的品种。

（4）在方法上不断改进并完善质押商品价值计算的科学性，做好投资决策，以便正确地选择质押货物与质押贷款比例，不断降低物流金融业务的市场与安全风险。基于贷款的谨慎性管理原则，防止金融机构的盲目经营扩张，银行贷款比例应不超过70%。对于那些经验不足、市场风险较大的企业，可以将贷款比例降低一些。

（5）努力提高银行开展物流金融服务的效率。以质押贷款为例，其业务办理所需手续过于繁杂，耗费的周期较长，无形中降低了资金周转速度，极大地增加了仓单质押风险。因此，银行业金融机构应当简化仓单质押融资流程，提高金融服务效率。

（6）不断更新物流融资理念，如今银行业金融机构发放贷款的重要依据之一就是贷款对象的所有制标准。应积极探索支撑物流金融健康发展的新金融服务领域或产品，通过低成本、高效率的多种金融产品和服务，打开各主体共赢的局面。

（7）完善物流金融服务创新中的物流企业征信管理。银行业金融机构在对物流企业进行资格审查时，评估指标除了质押担保，还必须包括企业成长性评估，因为它与企业还款来源密切相关。另外，企业经营管理团队、产品技术含量、市场份额等也在审查工作的范围之内。

除此之外，银行业务流程中的风险控制也是非常重要的。银行要在充分考虑生产商品牌、知名度、财务状况的情况下，尽量选择商品销路好、市场份额高的单位共同合作。从一定意义而言，物流公司的专业化程度也是重要考核指标之一。物流企业的资产规模、仓库管理水平、信息化水平、质押物监管能力、资本偿付能力越强，说明该公司的专业化程度越高，物流银行业务的申请也会更容易。第三方物流企业只有在充分了解客户的基础上才能建立长期有效的合作关系。

■ 本章小结

物流金融就是面向物流业的运营过程，通过应用和开发各种金融产品，有效地组织和调剂物流领域中货币资金的运动。这些资金运动包括发生在物流过程中的各种存款、贷款、投资、信托、租赁、抵押、贴现、保险、有价证券发行与交易，以及金融机构所办理的各类涉及物流业的中间业务等。供应链金融是融资模式发展的新阶段，是对物流金融下融资的继承和发展。两者的共同点：均是基于传统金融产品和服务而进行的创新；均是针对真实的贸易背景开展的；均以融通资金为目的；均是整合物流、资金流与信息流的解决方案。

随着现代金融和现代物流的不断发展，物流金融的形式也越来越多，按照金融在现代物流中的业务内容，物流金融可分为物流质押金融模式、物流结算金融模式、物流仓单金融模式、物流授信金融模式和综合运作模式。

自供应链金融业务产生以来，其模式主要有基于预付账款的保兑仓融资模式、基于存货的融通仓融资模式、基于应收账款的融资模式。三种模式都已基本成熟，在物流业与金融业中广泛使用，三种模式在应用效果上各有千秋，企业应根据自身实际情况，选择适合自己的业务模式，以达到最佳的经济效益。

物流与供应链金融服务包括以下类型：物流金融——物流与资金流互动中的增值服务；物流银行——库存商品融资金融服务，物流仓储、抵押融资与物流监管相结合；物流保险——物流风险控制与物流业保险服务。供应链金融——基于结构融资理论、供应链渠道理论、交易成本理论和委托代理理论的链条式、一体化物流金融服务。

物流供应链金融最近几年在我国实现了跨越式发展，物流企业、银行业金融机构、中小企业等纷纷加入物流金融的行列中。随着物流和电子商务的常态化，物流供应链金融将成为一个新的趋势和方向。但同时，物流供应链金融的发展也受到了阻碍，出现了虚假仓单、信用违约等问题，这些问题的根源在于物流供应链金融风险管理。因此物流供应链金融风险管理将是进行物流供应链金融业务和构建供应链良好生态的重中之重。

■ 关键概念

物流金融　供应链金融　垫付货款业务　仓单质押　保兑仓　融通仓　物流银行
物流保险　互联网+供应链金融　物流供应链金融运作模式　物流供应链金融发展模式
中国物流金融服务平台

■ 思考题

1. 什么是物流金融？物流金融的主体是什么？
2. 什么是供应链金融？供应链金融的特点是什么？
3. 物流与供应链金融的职能是什么？
4. 简述物流与供应链金融的区别与联系。
5. 物流与供应链金融服务包括什么？
6. 物流与供应链金融运作模式有哪些？
7. 物流与供应链金融发展模式有哪些？
8. 物流与供应链金融存在哪些风险？
9. 如何防范物流与供应链金融的风险？

参 考 文 献

白世贞，言木. 2005. 现代配送管理[M]. 北京：中国物资出版社.

毕功兵，王慧玲. 2006. 国际物流[M]. 北京：中国物资出版社.

崔介何. 2004. 物流学概论[M]. 北京：北京大学出版社.

大卫·辛奇-利维，菲利普·凯明斯基，艾迪斯·辛奇-利维. 2000. 供应链设计与管理[M]. 季建华，邵晓峰，王丰，等，译. 上海：上海远东出版社.

邓风祥. 2003. 现代物流成本管理[M]. 北京：经济管理出版社.

董维忠. 2006. 物流系统规划与设计[M]. 北京：电子工业出版社.

方仲民. 2003. 物流系统规划与设计[M]. 北京：机械工业出版社.

冯世耕. 2004. 物流配送中心规划与设计[M]. 西安：西安交通大学出版社.

傅桂林. 2005. 物流成本管理[M]. 北京：中国物资出版社.

何明珂. 2004. 物流系统论[M]. 北京：高等教育出版社.

侯龙文. 2006. 现代物流管理[M]. 北京：经济管理出版社.

黄中鼎，刘敏，张敏. 2006. 现代物流管理学[M]. 上海：上海财经大学出版社.

蒋长兵. 2007. 物流系统与物流工程[M]. 北京：中国物资出版社.

兰洪杰. 2006. 物流战略管理[M]. 北京：清华大学出版社.

李波. 2005. 现代物流系统规划[M]. 北京：中国水利水电出版社.

李严锋，张丽娟. 2016. 现代物流管理[M]. 4版. 大连：东北财经大学出版社.

李云清. 2004. 物流系统规划[M]. 上海：同济大学出版社.

林正章. 2006. 国际物流与供应链[M]. 北京：清华大学出版社.

刘北林. 2005. 国际物流实务[M]. 北京：中国物资出版社.

刘志学. 2001. 现代物流手册[M]. 北京：中国物资出版社.

马士华. 2006. 生产与运作管理[M]. 北京：高等教育出版社.

马士华，林勇. 2006. 供应链管理[M]. 2版. 北京：高等教育出版社.

彭扬，倪志伟，胡军. 2006. 物流信息系统[M]. 北京：中国物资出版社.

汝宜红. 2009. 物流学[M]. 北京：高等教育出版社.

汝宜红，宋伯慧. 2005. 配送管理[M]. 北京：机械工业出版社.

邵晓峰，张存禄，李美艳. 2006. 供应链管理[M]. 北京：机械工业出版社.

宋华. 2000. 现代物流与供应链管理案例[M]，北京：经济管理出版社.

宋建阳，张良卫. 2006. 物流战略与规划[M]. 广州：华南理工大学出版社.

宋华，胡左浩. 2000. 现代物流与供应链管理[M]. 北京：经济管理出版社.

孙家庆. 2005. 国际物流理论与实务[M]. 大连：大连海事大学出版社.

王国华. 2004. 中国现代物流大全[M]. 北京：中国铁道出版社.

王利，许国银，黄颖. 2006. 现代物流管理[M]. 北京：中国物资出版社.

王之泰. 2003. 新编现代物流学[M]. 北京：首都经济贸易大学出版社.

王转，程国全. 2003. 物流中心系统规划[M]. 北京：中国物资出版社.

邬星根，李莅. 2005. 仓储与配送管理[M]. 上海：复旦大学出版社.

吴清一. 2006. 物流系统工程[M]. 北京：中国物资出版社.

夏露，李严锋. 2008. 物流金融[M]. 北京：科学出版社.

夏文汇. 2006. 物流战略管理[M]. 成都：西南财经大学出版社.

谢如鹤，罗荣武，张得志，等. 2003. 物流系统规划原理与方法[M]. 北京：中国物资出版社.

杨海荣. 2002. 现代物流系统与管理[M]. 北京：北京邮电大学出版社.

易华. 2005. 物流成本管理[M]. 北京：清华大学出版社.

周建亚. 2007. 物流基础[M]. 北京：中国物资出版社.

周万森. 2005. 仓储配送管理[M]. 北京：北京大学出版社.

周哲，申雅君. 2007. 国际物流[M]. 北京：清华大学出版社.